西南民族地区旅游产业低碳化转型机理与调控政策研究

杨德云　李　晶　裴金平　廉　超　著

中国财经出版传媒集团
经济科学出版社
Economic Science Press

图书在版编目（CIP）数据

西南民族地区旅游产业低碳化转型机理与调控政策研究/杨德云等著. —北京：经济科学出版社，2020.10
ISBN 978 – 7 – 5218 – 1793 – 5

Ⅰ.①西… Ⅱ.①杨… Ⅲ.①民族地区 – 地方旅游业 – 关系 – 低碳经济 – 研究 – 西南地区 Ⅳ.①F592.77

中国版本图书馆 CIP 数据核字（2020）第 150079 号

责任编辑：李晓杰
责任校对：郑淑艳
责任印制：李 鹏 范 艳

西南民族地区旅游产业低碳化转型机理与调控政策研究

杨德云 李 晶 裴金平 廉 超 著
经济科学出版社出版、发行 新华书店经销
社址：北京市海淀区阜成路甲 28 号 邮编：100142
总编部电话：010 – 88191217 发行部电话：010 – 88191522
网址：www.esp.com.cn
电子邮箱：esp@esp.com.cn
天猫网店：经济科学出版社旗舰店
网址：http://jjkxcbs.tmall.com
北京密兴印刷有限公司印装
710×1000 16 开 14.75 印张 270000 字
2020 年 10 月第 1 版 2020 年 10 月第 1 次印刷
ISBN 978 – 7 – 5218 – 1793 – 5 定价：58.00 元
（图书出现印装问题，本社负责调换。电话：010 – 88191510）
（版权所有 侵权必究 打击盗版 举报热线：010 – 88191661
QQ：2242791300 营销中心电话：010 – 88191537
电子邮箱：dbts@esp.com.cn）

此书受桂林旅游学院"人文地理与城乡规划"广西本科高校特色专业建设项目资助

目　录

第一章　绪论 ………………………………………………………… 1
　一、研究背景 …………………………………………………… 1
　二、研究目的和意义 …………………………………………… 4
　三、研究内容及研究思路 ……………………………………… 6
　四、研究方法及创新之处 ……………………………………… 8

第二章　研究综述和理论基础 ……………………………………… 10
　一、研究综述 …………………………………………………… 10
　二、相关理论概述 ……………………………………………… 29
　三、本章小结 …………………………………………………… 37

第三章　西南民族地区旅游产业低碳化转型的条件、现状及潜力评价 ……… 38
　一、西南民族地区旅游产业低碳化转型的内外条件分析 …… 38
　二、西南民族地区旅游产业碳排放的现状分析 ……………… 49
　三、西南民族地区旅游产业碳排放与旅游经济发展之间的
　　　脱钩关系分析 ……………………………………………… 73
　四、西南民族地区旅游产业碳排放减缓的制约因素分析 …… 76
　五、西南民族地区旅游产业低碳化转型潜力评价 …………… 78
　六、本章小结 …………………………………………………… 84

第四章　西南民族地区旅游产业低碳化转型的作用机理研究 …… 86
　一、西南民族地区旅游产业低碳化转型的影响因素分析 …… 86
　二、西南民族地区旅游产业低碳化转型影响因素的作用机理 …… 95

三、各影响因素对西南民族地区旅游产业低碳化转型的综合作用 ……… 103
　　四、本章小结 …………………………………………………………… 106

第五章　西南民族地区旅游产业低碳化转型影响因素及发展效率评价 ……… 108
　　一、西南民族地区旅游产业低碳化转型影响因素的灰色关联评价 …… 108
　　二、基于层次分析法分析的西南民族地区旅游产业低碳化转型评价 … 123
　　三、基于 DEA 模型的西南民族地区低碳旅游发展效率评价 ………… 143
　　四、本章小结 …………………………………………………………… 152

第六章　西南民族地区低碳化转型的系统动力学与情景分析 ……………… 154
　　一、西南民族地区低碳化转型的系统动力学研究 …………………… 154
　　二、西南民族地区旅游产业低碳化转型的情景分析 ………………… 179
　　三、本章小结 …………………………………………………………… 183

第七章　西南民族地区旅游产业低碳化转型的调控模式和政策保障体系与对策建议 …………………………………………………………… 185
　　一、西南民族地区旅游产业低碳化转型的调控原则 ………………… 185
　　二、西南民族地区旅游产业低碳化转型的调控模式 ………………… 187
　　三、西南民族地区旅游产业低碳化转型调控政策的保障体系 ……… 192
　　四、促进西南民族地区旅游产业低碳化转型的政策建议 …………… 193

第八章　结论与展望 ………………………………………………………… 204
　　一、研究结论 …………………………………………………………… 204
　　二、研究展望 …………………………………………………………… 208

参考文献 ……………………………………………………………………… 210

第一章 绪 论

一、研究背景

人类文明的发展史伴随着技术创新的发展和人类对自然的不断适应开发利用，人类创造了无数征服自然的神话但是也给自然带来了无法弥补的破坏。联合国政府间气候变化专门委员会（IPCC）在第五次评估报告指出，过去50年全球气候变暖，超过90%的可能性与人类使用燃料产生的温室气体增加有关。全球气候变暖导致自然灾害性气候事件频发，对农林牧渔等经济社会活动带来不利影响。20世纪全球平均温度上升约0.6摄氏度，全球各国不同范围地出现各种异常高温天气，北半球冰雪消融期较百年前提前9天，近几十年的全球气候变化被美国期刊《科学》评为十大科学事件。如何解决全球气候变化是关乎人类可持续发展的一个关键问题，已成为全世界人类的共同使命。

早在20世纪70年代，全球气候变化问题就引起了国际社会的普遍关注。1979年，第一次世界气候会议呼吁保护气候；1992年《联合国气候变化框架公约》确立了发达国家和发展中国家"共同但有区别责任"的应对气候变化的原则；1997年通过《京都议定书》确定发达国家量化减排指标；2007年巴厘路线图明确了《联合国气候变化框架公约》和《京都议定书》的谈判；2009年12月哥本哈根举行的缔约方会议上就温室气体排放和应对气候变化取得了新共识；2015年底，第21届世界气候大会通过的《巴黎协定》为人类社会在2020年以后应对气候变化做出了具有法律约束力的安排，开启了气候管理的新时代，低碳发展逐渐成为各国转变经济增长方式、推动经济社会可持续发展的重要手段。

作为负责任的发展中国家，中国在应对全球温室气体排放和气候变暖问题上采取了积极的政策和措施，在改善气候变化方面上做出了积极的贡献。中国政府在2007年发布的《中国应对气候变化国家方案》、2011年发布的《"十二五"控制温室气体排放工作方案》和《中国应对气候变化的政策和行动（2011）》白皮书、2013年发布的《国家适应气候变化战略》、2014年《国家应对气候变化规划（2014~2020）》对优化产业结构和能源结构、大幅降低单位国内生产总值二氧化碳排放量做了制度安排和减排目标。特别是，国家发展和改革委员会和国家能源机构于2016年公布的《能源生产和消费革命战略》（2016~2030）表明，计划到2020年，与2015年相比，中国每单位国内生产总值的二氧化碳排放量减少18%，每单位国内生产总值的能源消耗量减少15%。其中确定了11个领域的具体措施。国务院于2017年1月发布的《"十三五"节能减排综合性工作方案》指出，与2015年相比，中国的能源消耗计划在2020年减少15%。2017年10月，党的十九大明确宣布要"建立健全绿色低碳循环发展的经济体系"，实现减排目标、减缓能源压力、提高经济效率和促进作为低碳切入点的新的动态能源的发展，为发展清洁发展机制的过渡提供重要的指导。

  以消费为出发点的旅游业并非"零碳产业"，其发展与自然资源的开发利用、生态环境保护密切相关。旅游业因人口迁移、旅游活动和相关设施的运营等对资源和环境造成压力，住房、旅游、休闲和购买是人为碳排放的一个重要来源，也是造成全球气候变化的一个因素。据联合国世界旅游组织（UNWTO）估计，2010~2030年，国际游客人数每年预计增加3.3%（平均每年增加4300万人左右），到2030年将增加到1.8亿人左右。全球性旅游人数的逐年增多，将给地球生态环境带来显著影响，因旅游业发展而产生的碳足迹将迅速增加。2005年UNWTO统计数据表明，全球二氧化碳排放量的5%、全球温室效应影响的14%出自旅游业。如若放任其发展，预计2035年将递增1.5倍排放量。其中航空运输的碳排放增长速度最快，占旅游业碳排放总量的3%，2050年甚至会翻1倍以上。可见，旅游业是应对气候变化和减少二氧化碳排放的主要领域之一，其低碳发展方式将成为旅游研究的一个重要部分。如何在发展旅游业的同时尽可能削减其碳排放量，维持生态系统的可持续性，循环高效利用旅游地区的有限资源，是各国政府应认真思考的问题。对此，绿色低碳旅游问题得到国际社会的极大关注。为响应联合国《里约环境与发展宣言》，UNWTO、世界旅游理事会（WTTC）与地球理事会（Earth Council）联合制定的《关于旅游业的21世纪议程》，正式文本于1997年6月联合国大会第九次特别会议上发放。2003年4月，在UNWTO组织的第一次气候变化和旅游问题国际会议上，与会者各方就气候变化对旅游业产生的问题和旅游业发展的影响达成普遍共识。2007年10月召开了第二届国际气候变化和旅游大会，大会中达成的《气候变化与旅游：应对全球气候挑战》为旅游业的低碳化转型发展奠定了坚实基础。

第一章 绪　论

　　近年来，我国旅游产业的持续快速发展已成为 GDP 的主要贡献源之一。根据文化旅游部数据中心的统计数字，2018 年，游客人数达到 55.4 亿，国家旅游收入达到 51.3 亿元。旅游业已成为现代生活水平的重要指标。旅游业快速发展的同时，碳排放问题也越来越严重。根据 UNWTO 的研究，全球旅游业产生的碳排放约占总排放量的 4.9%，对全球温室气体的影响和贡献为 14%，若不及时采取措施积极应对，旅游产业碳排放量在 2035 年之前仍将以 2.5% 的年均增长速度继续增加。为了进一步促进旅游部门的节能，中国国家旅游局于 2008 年 11 月发布了一系列关于旅游部门应对气候变化措施的意见，充分认识到旅游业在应对气候变化方面的重要性，并积极鼓励旅游业通过节能旅游、低碳旅游、绿色旅游减少温室气体排放，根据开发再循环经济和低碳经济的要求，降低二氧化碳的排放。国务院在 2009 年发布了《国务院关于加快发展旅游业的意见》，强调在旅游节能项目的框架内，五年内将 A 级旅馆的用水量减少 20%。2010 年，国家旅游局发布了《关于进一步推进旅游行业节能减排工作的指导意见》，强调根据 2012 年前将能源消费量减少 10% 的总体目标，将每年节省能源与 2009 年的能源消费量相比较，到 2015 年达到 20%，将节能减排指标作为有条件地区的星级饭店、A 级景区年度复核的考核依据。2010 年，国家旅游局印发了《关于促进旅游饭店业持续健康发展的意见》，强调要坚持低碳环保，加强节能管理，鼓励低碳消费，减少污染排放，推进节能减排，确保减排目标的实现。2014 年，国务院发表了《国务院关于促进旅游业改革发展的若干意见》，更加重视旅游业的节能和环境保护。目前，我国旅游业正处于快速发展阶段，在未来较长的时间内，旅游业碳排放规模还会进一步扩大，迫切需要采取积极的行动以应对气候变化，推动旅游业节能减排。

　　西南民族地区包括广西壮族自治区、贵州省、云南省三省区，受其地理位置、民族性因素的制约，经济发展与中东部地区相比相对落后，但因其拥有丰富的自然旅游资源和独特的人文资源，该地区已成为国内外旅游者的重要选择。随着西南民族地区旅游业的发展壮大，由于旅游资源容易受到短视发展思路的影响，导致对其保护不足或开发不当，使其面临着严峻的碳排放和生态环境问题，存在旅游产业的自然资源和生态环境破坏严重、能源消耗量大、能源利用效率低、碳排放高等突出的生态环境问题，对旅游业的可持续发展提出了严峻的挑战。因此，在旅游经济发展与碳排放共存和迅速发展的动态环境中，通过探讨旅游产业的碳排放状况及其低碳化转型的影响因素和内在机理，更加关注西南民族地区这样的欠发达地区对旅游资源的保护与循环利用，以符合当地现状并顺应全球低碳旅游发展趋势，已成为国内外管理学、经济学和地理学领域重要的研究课题和热点之一。加强西南民族地区生态环境保护，促进区域旅游产业节能减排，采取有效的调控政策措施，推进旅游产业实现低碳化转型，对促进资源节约型、环境友好型社会的构建，推进旅游产业的转型升级和可持续发展具有重要的理论和现实研究意义。

二、研究目的和意义

（一）研究目的

本书通过对西南民族地区旅游产业低碳化转型机理与调控政策进行研究，深入探析西南民族地区旅游产业低碳化转型的现状、条件、影响因素、作用机理、绩效评价、系统动力学分析、情景模拟、政策建议等内容，为进一步推动西南民族地区旅游产业实现低碳化转型和绿色可持续发展，促进旅游业发展方式转变，实现节能减排和减缓气候变化，更好地适应新时代西南民族地区旅游产业可持续发展以及经济社会绿色健康发展提供了理论参考。本书主要实现以下具体目标：

第一，西南民族地区旅游产业低碳化转型面临的内外条件分别是什么，这些条件对西南民族地区旅游产业低碳化转型的影响过程是如何体现的。

第二，西南民族地区旅游产业的碳排放现状如何，该地区碳排放具有哪些显著的特征，其与旅游产业发展具有怎样的脱钩关系，其对旅游产业低碳化转型的发展潜力具有怎样的影响，其发展潜力如何。

第三，西南民族地区旅游产业低碳化转型的主要影响因素包括哪些，这些影响因素对西南民族地区旅游产业低碳化转型的作用机理是什么，它是如何通过影响因素之间的相互作用对西南民族地区旅游产业低碳化转型进行系统影响，构建其作用机理。

第四，西南民族地区旅游产业低碳化转型的影响因素之间具有怎么样的权重和比例关系，各地区之间旅游产业低碳化转型的综合水平及排序如何，评价其旅游产业低碳化转型的投入产出绩效状况；并检验西南民族地区旅游产业低碳化转型的系统动力学仿真效果及情景模拟效果。

第五，结合西南民族地区旅游产业低碳化转型的现状、特点和规律，明确西南民族地区旅游产业低碳化转型的调控原则、调控模式及政策建议，促进西南民族地区旅游产业实现低碳化转型和可持续发展。

（二）研究意义

1. 理论意义

本书在旅游产业低碳化转型尚未形成统一的理论框架和尚无成熟的模式予以借鉴的条件下，研究西南民族地区旅游产业低碳化转型问题，有重要的学术价值。第一，有利于弥补现今关于旅游产业低碳化转型的相关理论和实践研究的不足，解决理论和实践研究相脱节的问题，丰富旅游产业低碳化转型及低碳旅游研究的相关理论研究内容。第二，有利于深化旅游产业低碳化转型以及低碳旅游研究的深度和广度，以及通过深入探讨西南民族地区旅游产业低碳化转型的影响因素及其作用机理，完善旅游产业低碳化转型及低碳旅游的理论研究框架体系。第三，有利于为旅游产业低碳化转型提供思路和指导方向，为促进旅游产业结构转型升级和健康可持续发展提供理论依据。

2. 实践意义

本书在经济增长目标与碳减排目标双重约束背景下，探讨西南民族地区推进旅游产业低碳化转型的政策建议和对策措施，有很强的应用价值。第一，有利于促进西南民族地区旅游产业进一步优化产业结构，积极应用新能源技术，提高能源利用效率，推动旅游产业降低碳排放，推动旅游产业转型升级，实现从粗放式发展向集约式发展转变，更好地保护旅游生态环境，推进旅游产业的可持续发展；第二，通过对旅游产业低碳化转型的条件、现状、影响因素、作用机理、绩效评价等内容进行深入研究，有利于深入把握西南民族地区旅游产业低碳化转型的现实状况、特点和规律，为西南民族地区乃至其他西部地区和民族地区制定有针对性的推进当地旅游产业低碳化转型的政策建议和对策措施提供决策咨询，进而推动旅游产业实现低碳化转型和健康可持续发展；第三，有利于更好地贯彻和宣传绿色发展理念，倡导低碳生活，并将低碳发展理念应用到相关旅游业配套产业的发展中，推动西南民族地区乃至其他地区的资源节约型、环境友好型社会的建设，促进节能减排和生态环境的保护，有效应对气候变化，促进区域经济社会的长远可持续发展。

三、研究内容及研究思路

（一）研究内容

本书对西南民族地区旅游产业低碳化转型的现状、条件、影响因素、作用机理进行了分析，对影响因素及发展效率进行了综合评价，通过系统动力学和情景分析方法对西南民族地区旅游产业低碳化转型进行了系统分析，并提出了相关政策建议。研究内容主要包括以下几个方面：

一是西南民族地区旅游产业低碳化转型的条件、现状及潜力评价。首先从内外部条件等角度探析西南民族地区旅游产业低碳化转型的基础条件、优势、劣势及面临的机遇和挑战等；其次结合碳排放测度方法，从交通、住宿、旅游活动和餐饮四个层面对西南民族地区旅游产业碳排放的现状进行分析；再次结合 Tapio 脱钩模型，对西南民族地区旅游产业碳排放与旅游经济发展的脱钩关系进行研究，在此基础上进一步探讨西南民族地区旅游产业碳排放减缓的制约因素；最后从西南民族地区旅游产业碳排放预测与趋势、碳排放规模差异的变化趋势、旅游产业低碳化转型的潜力分析等角度，对西南民族地区旅游产业低碳化转型的潜力进行研究。

二是西南民族地区旅游产业低碳化转型的作用机理研究。首先，从驱动力因素、抑制力因素角度，深入探析西南民族地区旅游产业低碳化转型的影响因素，并构建西南民族地区旅游产业低碳化转型的影响因素模型，探析各影响因素之间的内在联系；其次，从各影响因素角度，进一步探讨各影响因素对西南民族地区旅游产业低碳化转型的作用机理及其影响路径；最后，结合综合动因论，探析各影响因素对西南民族地区旅游产业低碳化转型的综合作用及其影响特征。

三是西南民族地区旅游产业低碳化转型影响因素及发展效率评价。通过构建西南民族地区旅游产业低碳化转型评价指标体系，运用灰色关联评价分析法和层次分析法，从各影响因素角度对西南民族地区旅游产业低碳化转型的影响因素及其综合水平状况进行评价；然后采用 DEA 投入产出效率分析法，对西南民族地区低碳旅游发展效率进行综合评价。

四是西南民族地区低碳化转型的系统动力学与情景分析。首先，从低碳旅游资源、低碳旅游参与者、低碳旅游相关部门和低碳旅游经济发展等角度，构建西南民族地区低碳旅游的系统动力学模型，进而对西南民族地区低碳旅游系统进行仿真模拟和预测；其次，采用情景分析方法，从基准情景、高速增长情景、低碳增速情景和碳脱钩情景四种情景对西南民族地区旅游产业碳排放进行预测，为选择合理的旅游产业低碳化发展路径提供决策参考。

五是西南民族地区旅游产业低碳化转型的调控模式和政策保障体系与对策建议。首先，根据西南民族地区旅游产业低碳化转型的研究结果及实际状况，提出西南民族地区旅游产业低碳化转型的调控原则；其次，从低碳旅游萌芽初创期、发展成长期、成熟稳定期等阶段，提出西南民族地区旅游产业低碳化转型的调控模式；再次，从促进西南民族地区旅游产业低碳化转型的基本保障、重要保障和兜底保障等角度，提出西南民族地区旅游产业低碳化转型的政策保障体系；最后，从宏观、中观和微观等不同层面，提出促进西南民族地区旅游产业低碳化转型的政策建议。

（二）研究思路

第一，通过结合理论和实证分析，对西南民族地区旅游产业低碳化转型的相关文献资料和研究成果进行系统梳理，在实践调研分析的基础上，从内外条件分析角度，对旅游产业低碳化转型的条件和现实基础进行研究，进一步从交通、餐饮、住宿、旅游活动等层面，采用碳排放测度模型，对西南民族地区旅游产业的碳排放量进行测算并对其碳排放现状和特征进行研究。第二，结合Tapio脱钩模型对西南民族地区旅游产业碳排放与旅游经济发展之间的脱钩关系进行分析，探讨西南民族地区旅游产业碳排放状况的制约因素，在采用标准差（VOC）、变差系数（CV）、基尼系数（G）、首位度（S）、赫芬达尔系数（Hn）等方法对西南民族地区旅游产业碳排放规模差异的变动情况进行研究的基础上，对西南民族地区旅游产业碳排放状况和趋势进行预测，并进一步探讨西南民族地区旅游产业低碳化转型的发展潜力。第三，从低碳规制、资源环境约束、能源利用效率提高、旅游消费结构优化、低碳技术进步和创新等驱动力因素角度，以及旅游经济发展、旅游人口规模扩大、碳锁定等抑制力因素角度，构建西南民族地区旅游产业低碳化转型的影响因素模型，并从单因素和综合因素角度对西南民族地区旅游产业低碳化转型的作用机理进行研究。第四，采用灰色关联评价方法、层次分析法分别对西南民族地区旅游产业低碳化转型的影响因素进行综合评价，并进一步采用DEA投入产出效率分析法，对西南民族地区低碳旅游发展效率进行综合评价。第五，在上述理论和实证分析的基础上，进一步采用系统动力学模型、情景分析方法，对西南民族地区旅游产业低碳化转型的仿真效果及情景模拟进行验证和分析。第六，在此基础上进一步提出西南民族地区旅游产业低碳化转型的调控原则、调控模式及对策建议，以期更好地推动西南民族地区旅游产业实现低碳化转型和长远可持续发展。

四、研究方法及创新之处

（一）研究方法

（1）采用文献分析、归纳法等方法。对西南民族地区旅游产业低碳化转型的相关文献进行梳理，总结前人的相关研究成果，为深入开展本课题研究奠定重要的理论基础；同时，采用实地调研法、访谈法、专家座谈法等，对西南民族地区旅游产业低碳化转型的现状、问题和特点等进行实践调研，为准确把握西南民族地区旅游产业低碳化转型的内在特点和规律提供理论和现实指导。

（2）定性分析法。结合比较分析法、归纳分析法、系统分析法等，对西南民族地区旅游产业低碳化转型的内外条件、影响因素、影响路径、作用机理等内容进行深入研究；并结合影响路径模型，对西南民族地区旅游产业低碳化转型影响因素的相互作用关系及其作用机理进行路径分析。

（3）定量分析法。从交通、餐饮、住宿、旅游活动等层面，采用碳排放测度模型，对西南民族地区旅游产业的碳排放量进行测算；采用 Tapio 脱钩模型，对西南民族地区旅游产业碳排放与旅游经济发展之间的脱钩关系进行研究；结合回归分析法，采用 STATA 统计分析软件，对西南民族地区旅游碳排放与旅游经济发展之间的关系进行回归分析；采用标准差（VOC）、变差系数（CV）、基尼系数（G）、首位度（S）、赫芬达尔系数（Hn）等方法，对西南民族地区旅游产业碳排放规模差异的变动情况进行研究；采用灰色关联评价方法、层次分析法，对西南民族地区旅游产业低碳化转型的影响因素进行综合评价；采用 DEA 投入产出效率分析法，对西南民族地区低碳旅游发展效率进行综合评价；采用系统动力学分析法，对西南民族地区低碳旅游中各影响因素的相互作用关系及其对低碳旅游系统行为的影响机理进行深入研究；采用情景分析法，从基准情景、高速增长情景、低碳增速情景、碳脱钩情景等情景类型角度，对西南民族地区旅游产业碳排放可能出现的不同情景进行预测，为选择合理的旅游产业低碳化发展路径提供决策参考。

(二) 创新之处

(1) 研究视角创新。本书以旅游产业低碳化转型为研究视角和切入点,围绕旅游产业低碳化转型问题,对西南民族地区旅游产业的碳排放进行测算,将旅游"吃、住、行、游、购、娱"六要素的能源消耗和温室气体排放转化为可供测量的碳排放问题,围绕旅游产业碳排放问题来深入研究如何推进旅游产业低碳化转型,并依次从旅游产业低碳化转型的驱动力要素和抑制力要素角度,全面、系统地探讨西南民族地区旅游产业低碳化转型的作用机理、影响因素与转型效率评价、情景仿真模拟与预测、政策保障与实施路径等内容,各影响因素的研究贯穿于课题研究的全过程,紧密围绕研究主题层次深入研究,因此,在研究视角上具有较大创新性。

(2) 研究方法创新。本书不仅综合运用碳排放测算模型、Tapio 脱钩模型、绝对和相对差异分析法、灰色关联分析法、层次分析法、DEA 投入产出效率分析法等多种研究方法,结合理论和实证分析,对西南民族地区旅游产业低碳化转型的特点和一般性规律进行研究,研究方法科学,论证过程规范合理,获得的研究结论也更具科学性、针对性和合理性;而且还通过构建系统动力学模型和采用情景分析法,对西南民族地区旅游产业低碳化转型进行情景仿真模拟和预测分析,研究方法新颖,但由于研究难度也较大,相关研究成果较缺乏,迫切需要拓展这方面的理论和模拟仿真研究。

第二章 研究综述和理论基础

本章主要对国内外有关旅游产业碳排放及旅游产业低碳化转型的研究成果进行梳理和归纳，发现国内外有关西南民族地区旅游产业低碳化转型的相关研究不足，指出本研究的主要侧重的研究内容及其理论贡献。在此基础上进一步对西南民族地区旅游产业低碳化转型的相关概念和内涵以及其理论基础进行归纳总结，为下文对西南民族地区旅游产业低碳化转型的深入研究奠定重要的理论基础。

一、研究综述

（一）国外研究

世界工业经济的发展和人口的剧增导致了二氧化碳在大气中的浓度逐渐增加，全球气候因此也发生了显著的变化。低碳研究成为国外专家学者重点关注的领域之一。低碳（low carbon）是一个生态学名词，是指降低由人类活动所产生的二氧化碳，使温室气体排放量更低。低碳发展作为旅游业发展的一个可持续旅游发展模式，通过使用低碳技术和建立碳汇机制，提高旅游业的质量，增加社会、经济和环境效益促进低碳旅游消费模式。"低碳经济"的概念源于2003年，由英国政府在能源白皮书《我们能源的未来：创建低碳经济》中首次提出，旨在实现低能源消耗、低排放量和低污染水平，并通过低能源消耗、低环境污染和低碳排放促进能源清洁和智能化，因此获得更多的经济绩效（DTI，2003），减少温室气体排放量和执行低碳经济应成为国际社会的热点（Department of Trade and Industry，2003）。"低碳旅游"是2009年5月在哥本哈根举行的世界经济论坛上首次被提出。实际上，与环境、气候与旅游业的相关研究早在1930年在学术界就已出现，到1990年，就已经有学者对气候变化与旅游业的关系进行了深入探索。

从 2003 年 4 月第一次气候变化和旅游问题国际会议在突尼斯举行,到 2007 年 10 月《达沃斯宣言》的通过,从 2009 年 5 月哥本哈根世界经济论坛正式提出"低碳旅游"的概念,到 2009 年 12 月世界气候大会的召开,在此期间,一些与旅游业和减少碳排放有关的倡议逐渐促进了低碳旅游,为旅游业低碳化发展指明了方向,同时也让低碳旅游逐步受到了学术界的重视。旅游业已成为世界上增长较快的部门,其国际规模和产值不容小觑(HESP, 2011)。旅游业虽然可以带来经济利益,但也会伴随能源消耗和二氧化碳的排放。2007 年,第二次气候变化和旅游业问题国际会议指出,旅游业产生的二氧化碳排放量占全球排放总量的 4% ~ 6%,如果任其发展,预计到 2035 年将达到 1.5 倍(Dong Y. F. & X. X. Yang, 2011)。随着全球旅游业的发展,许多研究人员从低碳经济理论出发研究低碳旅游。在国外,关于低碳旅游的研究主要集中在以下领域。

1. 关于气候变化与旅游业发展之间的关系研究

旅游业发展和气候变化之间有着密切的联系。一方面,旅游目的地的气候条件直接影响游客的流动,气候变化对游客流动有着重大影响(Bigano A., et al., 2008)。有学者认为,天气和气候是影响旅游业的重要因素,气候条件对旅游业的发展有着更大的影响,特别是在自然景观和适宜的气候方面,对增加旅游目的地吸引力有更大的重要性(Hu Y. & J. R. B. Ritchie, 1993)。有学者认为气候变化对旅游资源分布具有重要的影响(Scott D., et al., 2004),舒适的天气将吸引更多的游客参与到旅游活动中来(Coombes E. G. & A. P. Jones, 2010),而且更偏向于选择气温为 21℃ 的度假旅游目的地(Lise W. & R. S. J. Tol, 2002)。另一方面,旅游业碳排放对气候变化产生重要的影响。2003 年,第一届气候变化与旅游国际大会就提出了旅游业对气候变化具有负面影响。气候变化对旅游存在潜在威胁,但却忽视了旅游中化石燃料消耗对气候变化的影响,很多旅游者在规划自己的假期之时并没有考虑气候变化的影响。有学者认为,当前旅游业的发展模式是粗放型的发展模式,旅游业碳排放是温室气体排放的重要来源(Scott D., et al., 2010),鉴于旅游业目前在大多数国家的增长态势,随着旅游业的发展壮大,将会导致旅游业的碳排放量进一步增长,对环境和气候变化产生更大的影响。

2. 旅游业主体对旅游业碳排放的认知研究

尽管公众广泛认识到碳足迹的重要性,但旅游者在规划假期旅行时没有考虑到气候变化,旅游业在可持续发展道路上继续面临许多障碍。虽然减轻气候变化可以通过减少二氧化碳的排放量来实现，但有些人却认为减少碳排放量不是最重要的。同时，旅游动机积极影响旅游者的低碳旅游参与意愿，不同类型的旅游动机决定了旅游者参与低碳旅游的意愿。低碳旅游环境有助于他们更好地了解旅游目的地，更好地了解旅游目的地和选择旅游目的地。具有低碳旅游消费自然动机的游客比城市旅游者更愿意熟悉环境、思考环境问题，更好地理解低碳旅游。在低碳环境教育方面的积极经验使游客能够更好地了解环境，更好地了解低碳旅游，培养其保护环境意识。低碳环境教育有助于提高游客对低碳旅游业的认识和了解，因为它改变了游客的态度、价值观和行为，有助于解决环境污染问题。环境教育的介绍和示范可以提高旅游业的质量，满足游客的精神需求，并提高游客对低碳旅游的认识。因此，旅游者低碳旅游认知对低碳旅游参与意愿具有积极影响作用，并能够有效促进旅游者低碳旅游行为，但如果旅游者在环境知识感知方面比较缺乏，那么他们参加环境保护的意愿和行为就会降低。

3. 旅游行为对旅游业碳排放的影响研究

旅游部门的能源消耗与旅游者的行为密切相关，旅游者选择不同的旅行方式、不同的住宿设施、甚至食物消耗方式，这都会影响到旅游部门的能源消耗。例如，在新西兰，无论是每天的能源消耗量还是总的能源消耗量，国际游客的能源消耗量大约是国内游客的四倍，其中，运输占能源消耗的65%~73%，是减少旅游能源消耗的优先事项之一。夏威夷温室气体排放总量的22%以上来自游客，但每位游客每年的排放量比当地居民高4.3倍，其中二氧化碳、甲烷和氧化氮分别高4.3倍、3.2倍和4.8倍（Konan D. E. & H. L. Chan, 2010）。甚至旅游者能源消耗量与废弃物排放量均超过当地居民日常用量（Kuo N. W. & P. H. Chen, 2009）。有学者发现，欧盟与美国之间空域的开放导致跨大西洋旅费减少，美国游客前往欧洲联盟的人数增加，但温室气体排放量仅略有增加（Tol R. S. J., 2007；Mayor K. & R. S. J. Tol, 2008）。达沃斯的二氧化碳排放量已经远远超过瑞士平均水平的25%，其中采暖占大部分原因，碳排放约占86.3%（Walz A., et al., 2008）。生态旅游的好处因来源地、目的地、旅游文化和度假环境的选择而大不相同，例如，塞舌尔的二氧化碳排放量是世界平均水平的7倍，而法国的二氧化碳排放量只有世界平均水平的1/10，此外，影响生态旅游利益的主要因素有距离和运输方式，旅游业的可持续发展也可以通过短期旅游来实现（Gssling S., 2005）。来自新西兰旅游业和航空业的二氧化碳排放量估计数表明，2005年，国外游客的二氧化碳排放量为789.3万吨，来自国内旅游业的二氧化碳排放量为394.8万吨（Smith I. J. & C. J. Rodger, 2009）。2007年，进出新西兰的国际游轮乘客的年平均碳排放量为390克/（人·千米）（Oliver J. A., et al., 2010）。1995~2050年每年增加4.1%，直到20世纪中叶碳排放量才出现下降的情况（Mayor K. & R. S. J. Tol, 2010）。旅游者对全球二氧化碳的排放负有责任，并且在2035年以前，旅游者对全球二氧化碳的影响将保持一定速度的增长，现有的气候变化方案尚不足以有效地减轻旅游业发展对气候变化的影响，应寻求更科学的办法来减少碳排放。

同时，游客低碳消费方式是旅游碳减排考虑的重要方面。在游客减排认知中，游客对"旅游影响气候变化"的认知存在怀疑的态度，以及认同的态度，但仍有部分游客并不认同。虽然一些游客知道，他们自己的旅游行为可能影响碳排放和气候变化，但他们不愿意主动改变旅游行为和旅行方式来参与减少碳排放和应对气候变化的活动，游客并没有通过改变现有行为以减少碳排放的意识。与不了解旅游业碳排放原因及其影响的游客相比，那些了解这些原因的游客往往更会要求其他人却忽视自身在碳排放方面的责任。在减排支付意愿中，高经验旅游者碳排放认知要显著强于低经验旅游者，但碳减排意愿却弱于低经验旅游者。有学者研究认为，旅游者减少排放量的意愿与收入水平的变量没有很大关系，但与旅行距离的变量呈现负相关，即来源与目的地之间的距离越近，旅游交通碳排放支付意愿越为游客所接受。

4. 旅游碳排放的结构和分布研究

旅游住房产生的碳排放包括旅馆照明、空调、家用电器和餐饮服务等直接能源消费项目和隶属于酒店的物资采购运输、废弃物处理的间接能源消耗项目。酒店规模越大、床位越多的酒店，能源消耗量与碳排放量也更多。以塞舌尔为例，能源消耗与碳排放主要集中于高档旅游酒店。但受不同国家或地区经济发展水平与旅游发展水平的双重影响，酒店的能源消耗也存在显著的地区差异。此外，旅游活动也是碳排放的重要来源，能源消耗较为集中的空中活动与水上活动是在旅游活动中单位排放量最高的，而碳排放量及其影响因旅游目的地而异。

碳税与航空旅游需求存在负相关关系，与航空碳排放减小量存在正相关关系，随着碳税的增加，则出游成本增加，导致航空旅游需求减小。旅行距离是碳税影响旅游业航空需求的一个重要因素，其中最具代表性的是长距离旅行对航空旅游需求的影响。

5. 旅游业减排的影响因素研究

考虑全球气候变化受二氧化碳的影响，欧洲开始对空运部门征收碳税。研究表明，每吨1000美元的税收将使空运部门的碳排放量减少0.8%，使长途机票和短途机票的价格相对上涨，中途旅客的成本相对稳定，这将大大减少远距离旅游目的地和靠近旅游目的地的游客人数。如果用登机税取代碳税，英国航空业的碳排放在相同收入水平下会有所下降。相比其他食物来说，肉类食物的生产和消费会释放出更多的温室气体，如果旅游饭店的管理得到加强，旅游业的碳足迹就会减少。在塞舌尔，可再生能源被视为减排措施，由于诸如可再生技术的采购费用和维修费用等多种制约因素，可再生能源在企业实践中使用较少。

如何通过碳税来减少碳排放成为学者关注的重点，有学者研究认为，征收125美元/吨碳税将使空中旅行费用增加7%，将使碳排放量减少4%~13%（Jones C. & M. Munday, 2007），但经济补偿措施若以碳税为代表，将使游客减排意愿支付金额有所增加。同时，提升国家森林覆盖率及其碳存储量，也是减少温室气体的重要因素，这将会使大部分构建碳中和目的地的国家将林业项目建设作为减少温室气体的重要渠道。以哥斯达黎加为例，由国家旅游发展局和森林筹资基金会联合建立的碳税征收和使用机制，为该国的环境保护和重新造林提供了征收碳税的机会，从而加强了该国的林业碳吸收能力；同时积极推行可再生能源，减少煤炭、石油等化石燃料使用量，但受现有技术约束及经济成本的双重影响，成本问题仍需重点考虑。此外，加强企业与游客的低碳教育是减少温室气体的重要举措，低碳教育鼓励旅游者选择低碳旅游方式，企业也有意识地生产低碳旅游产品。

影响低碳旅游消费的主要因素是旅游目的地和旅游企业的发展和营销模式。而不同社会阶层、不同教育层次和不同收入水平的社会行为者也有着不同的特点，对低碳旅游业有着不同消费需求，旅游者消费决策是影响旅游者碳足迹的重要因素。

6. 低碳旅游碳排放的测算研究

从碳排放的测量理论角度来看，目前主要有以产品为导向的生命周期评估理论和以核算隐含碳排放为导向的投入产出分析理论。基于能源终端的"自上而下"和基于消费终端的"自下而上"是国外学术界目前用来测量旅游业碳排放量的一个重要方法，它分别与"生命周期理论"和"投入生产理论"相对应，但由于数据口径和测量对象存在不同，这两大测量方法存有较大差异。旅游业由于产业链长和产业关联度高而使碳排放测量对象变得复杂化，但外国研究人员一致地认为，旅游者选择不同的交通方式、不同的住宿方式以及不同的活动方式，都将影响着旅游过程中的能源消耗与碳排放量，旅游交通、住宿、活动的碳排放量由高到低排序依次为旅游交通、旅游住宿、旅游活动（Scott D.，et al.，2008）。有学者认为，跨国旅行能源消耗在旅游交通能源消耗与碳排放量中约为国内旅行的4倍，这也表明跨国旅行的碳排放量高于国内旅行的碳排放量（Becken S.，et al.，2003）；新西兰旅游交通的长距离旅行会造成交通能源消耗与碳排放量的增加（Smith I. & C. Rodger，2009），旅游业对空运的依赖以及远程旅游市场的扩大，使旅游业产生的碳排放成为空运产生的碳排放量增加的一个重要因素（Gössling S.，2000；Becken S.，2002），而学者研究发现，瑞士航空业的温室气体排放量占瑞士温室气体排放量的80%，占瑞士温室气体排放总量的69.6%（Perch N.S.，et al.，2010）。也有学者研究认为，空中中等距离旅游业碳排放量较少，短途和远途所产生的交通碳排放量较多（Scott D.，et al.，2008），因为短途空中旅游飞机的起飞、升降和着陆耗费大量能源，导致碳排放量增加。

有学者将碳足迹（carbon footprint）用于旅游业碳排放测算，认为旅游业的碳足迹主要集中于餐饮部门、交通部门和旅游景区（Gossling S.，et al.，2011）。特别是在餐饮业，食品的品种、来源和加工各不相同，碳足迹的大小也各不相同。例如，在餐饮部门中，减少餐饮部门碳排放的重要方法是选择当地当季、加工过程少的果蔬。旅游交通是旅游业中碳排放的主要来源，航空运输被视为一种"高碳"出行方式，作为一种高碳出行方式，空中旅行对长途和短期旅客的选择产生了更大的影响，对中途旅游者的影响较小。根据世界旅游组织公布的数据，交通部门的碳排放量占旅游部门碳排放总量的75%，飞机产生的碳排放量占总排放量的40%（Scott D.，et al.，2008）。

7. 在旅游业碳排放的治理方面

旅游业应积极应对气候变化，发展低碳旅游，促进旅游业节能减排。减少运输、住宿和旅游活动中的能源消耗对于发展低碳旅游业至关重要，可以通过碳管理系统来实现旅游业温室气体的减排。低碳产品和游客可以通过消费低碳产品获得新的旅游体验，旅游经营者可以通过开发和销售低碳旅游产品，为发展低碳旅游业做出贡献。不同市场的能源密集型可再生能源可以帮助旅游决策者选择低碳旅游产品。

对温室气体征收附加税可能会影响旅游目的地的选择，如果对特定地区的温室气体排放征税，那么征税地区将比未征税地区更容易失去旅游市场份额。国际旅游碳税征收对旅游者的目的地选择及出行方式产生重要影响，碳税征收将导致游客的旅游目的地和出行选择中短途旅行或周末旅游度假。应进一步支持缓解气候变化的措施，因为这些措施的实施有助于解决空气质量和生物多样性等可持续发展问题。碳补偿是旅游业管理部门应对温室气体排放和气候变化的重要途径，并且，游客增强环保意识也是旅游业应对气候变化的重要措施。同时，在旅游航空中使用新能源和新技术可减少航空部门的碳排放和污染，减少运输部门的温室气体排放，一些相关减排政策和对旅游者低碳行为的鼓励以及加强低碳旅游产品市场开发均有利于促进旅游业减排。针对旅游交通，航空作为旅游交通碳排放的主要来源，航空公司应增加飞机负荷率，加强客舱高密度配置，降低每名乘客每千米二氧化碳排放量。传统的经营理念应该被旅行社所摒弃，在利用电子信息技术的基础上，选择有吸引力的旅游活动进行创新。

总而言之，国外针对低碳旅游研究起步较早，更早关注旅游业碳排放及旅游业发展与气候变化之间的关系问题，且更加侧重于定量化的研究。国外学者虽然普遍认同低碳旅游是旅游业发展的方向和趋势，然而，目前仍有争议的问题是，发展低碳旅游业的时机是否成熟，低碳旅游业是否是实现可持续旅游业的最佳途径。尽管外国学术界对低碳旅游业进行了深入研究，但低碳旅游业的理论研究仍然不足。目前旅游部门碳排放主要侧重于旅游运输、旅游住宿和旅游活动，但这不足以确定旅游业的碳排放因素。因此，对旅游碳排放影响因素及其影响机理的研究仍需进一步深入。

（二）国内研究

自 2003 年英国能源白皮书提出低碳经济概念以来，研究人员就一直在研究如何将低碳经济纳入旅游业发展中来的问题。2009 年 5 月世界经济论坛正式提出了"低碳旅游"的概念，进一步引发了国内学者对旅游产业向低碳化转型，进而减少旅游产业温室气体排放问题的广泛关注。2009 年 12 月，国务院印发《关于加快发展旅游业的意见》，强调为了促进旅游业可持续发展，必须支持旅馆、旅游胜地、农村旅游经营者和其他旅游企业积极使用新能源，并积极发展循环经济，减少温室气体排放，广泛利用节能减排技术，倡导低碳旅游方式。低碳旅游逐渐成为旅游业发展的重要方向和趋势，也因此引发了国内学者对旅游产业低碳化转型问题的诸多研究，并取得了积极的研究成果。相关研究主要集中在以下方面：

1. 关于旅游产业低碳化转型的相关内涵与特征研究

旅游产业低碳化转型的相关内涵研究主要以低碳旅游为主题，进而深入探讨旅游产业低碳化的理论内涵，但尚未形成完善的理论体系。有学者提出，低碳旅游是一种可持续的旅游发展模式，通过采用低碳技术和推行碳汇机制，提高旅游业的旅游体验质量，提高旅游业的经济、社会和环境效益，其核心发展理念是通过减少旅游业发展产生的碳排放，增加旅游业的经济、社会和环境效益（蔡萌、汪宇明，2010）。也有学者指出，低碳旅游，即低污染绿色旅游，是以低碳经济理念为基础的，一方面在旅游资源的规划开发方面有新要求，另一方面在旅游者和旅游全过程方面也提出了明确要求，节约能源和减少污染必须反映在食物、住宅、流动、购买和娱乐链的每一环节中，以便用行动来诠释建设和谐社会和文明（刘啸，2009）。有学者认为，低碳旅游业旨在通过减少二氧化碳排放来保护旅游景点的文化和自然环境。在低碳旅游的背景下，低碳经济是一种新型的旅游形式，也是可持续发展的目标（黄文胜，2009）。有学者指出，低碳旅游是一种新的旅游发展模式，它利用低碳经济来开发和利用旅游资源，体现为低能源消耗、低污染和低碳环境，对环境损害是最小的（梅燕，2010）。低碳旅游是一种深层次的环保旅游，在内涵上它包括两个方面：一方面，低碳旅游是旅游业的低碳化，意味着旅游生产企业，如旅馆、景观和农村旅游经营者，应积极利用新的能源，广泛使用节能技术来减少温室气体排放，实行合同能源管理、积极发展循环经济，促进旅游业的现代化，带动旅游业和下游产业的技术进步，提高整个产业链的资源生产率，从而实现低资源消耗、低能源需求。另一方面，旅游消费低碳化，主要是相对于旅游消费者来说的，低碳旅游首先是一种低碳的生活方式，通过在旅游业中运送无害环境的行李、提供无害环境的旅馆住宿和减少二氧化碳排放，选择二氧化碳排放低的交通工具等。对于游客来说，如参与低碳旅游活动，既是一种享受，也是一种责任（梅燕，2010）。也有学者认为，低碳旅游的内涵可以分别从狭义和广义来诠释，其中，"低碳旅游"一词的狭义含义是指以低能源消耗、低排放和低污染措施为指导的绿色旅游消费；广义含义是指加速低碳技术的广泛应用，提倡城市发展模式，促进低碳经济和社会发展，包括建立低碳市场、促进低碳生活方式、保护自然、保持生态平衡、发展低能耗、低排放和低能耗的绿色旅游业（郑琦，2010）。

  关于低碳旅游特征的研究方面，有学者认为，低碳旅游具有低碳性、导向性、融合性、带动性等特点（郑琦，2010）。首先，低碳旅游最基本的特征是低碳性。主要表现在三个方面：一是旅游消费低碳性，低碳旅游业需要旅游者带头保护旅游目的地的生态和文化环境，减少自身旅游活动产生的碳排放；二是旅游产品低碳性，在不损害环境和工业环境的情况下，有秩序和合理地使用社会工业、文化和环境资源是必要的，以便能够重新利用和再利用社会资源；三是旅游设施低碳性，反映在采用新技术、新能源、自然能源等的公共设施得到广泛使用。其次,低碳旅游具有明显的示范和引导作用。低碳旅游业是一种新的旅游方式和消费方式,必须改变传统的消费模式和行为。再次,低碳旅游具有融合性。由于旅游消费的多样性以及需要以低碳方式再利用和再循环资源,低碳旅游比一般旅游更具融合性功能,包括产业融合、市场融合、文化融合、科技融合、社会融合、环境融合、资源融合等,为低碳旅游产业的发展开辟了广阔的前景。最后,低碳旅游具有带动性。低碳旅游的带动性表现在社会带动性和产业带动性两方面,社会带动性,是指低碳旅游是一种创新活动,能够与消费者进行良好的互动,创造一种有利于交流知识、思想和文化的学习环境,促进城市软环境和软实力的提升。产业带动性,是指低碳旅游既是一种服务消费模式,又是一种生产消费模式,从而可以形成以多种消费链为基础的产业集群。除此之外,还有学者从旅游对象角度提出了低碳旅游应具有的一些基本特征,如赵一雷(2015)认为低碳旅游过程中低碳景区应具有区域布局合理化、景区设施环保化、旅游产品低碳化、低碳建设模式化、全民参与化、管理科学化等特点。

2. 关于旅游产业低碳化转型的现状及存在问题研究

在旅游产业低碳化转型现状及存在问题方面。有学者以安徽省为例,认为安徽省发展低碳旅游的理论研究不够深入,旅游者、经营者及旅游地居民低碳意识薄弱,只有部分景区、景点采取了低碳措施,且安徽省内的很多景区对低碳技术的重视程度较低,与之相关的节电技术、节水技术、节油技术、垃圾处理等技术并没有得到很好的推广与应用(金鑫,2017)。有学者以广东省为研究对象,研究发现广东旅游业已具备低碳发展的行业基础,旅游参与者对低碳化发展认知有所提升,广东省低碳化发展渐显成效,政府、企业、旅游者已具备低碳理念,低碳化发展势头良好,但是广东低碳旅游发展仍然存在一些突出的问题,如低碳旅游整体战略薄弱,低碳旅游市场上知名度高的旅游城市和旅游景区不多,没有形成鲜明的低碳旅游景区特色;旅游者的一些旅游习惯与低碳理念背道而驰。企业没有把自己作为低碳旅游的推动者,生产较多的便携型的旅游用品等(宋一兵、古翠芝,2011)。有学者研究发现,河南省低碳旅游业由于资金和技术的制约,低碳设施和技术不足,低碳管理难以实施,游客虽开始有了低碳环保的意识,但多数游客并没有在旅游过程中践行低碳化行为(闫红娟,2014)。有学者以武汉市旅游景区为研究对象,通过实地考察发现,武汉市低碳旅游资源综合优势明显,商业高度发达,旅游产业特点突出,已初步形成了旅游产业链条,但同时武汉市旅游产业相关机构缺乏对游客低碳意识的宣传和教育,游客、景区和社会公众普遍缺乏低碳意识(谢红等,2015)。有学者对永济市低碳旅游现状进行分析,发现永济市低碳旅游虽然实行多年，但仍然存在着很多问题，如绝大部分旅游者虽然了解低碳旅游，但在旅游过程中低碳意识不强；旅游者对低碳旅游设施没有明显的偏好，对低碳旅游态度淡漠；政府对低碳旅游宣传的力度不够等（盛德华，2012）。

3. 关于旅游产业低碳化转型的影响因素及机理研究

第一，经济发展因素是旅游产业低碳化转型的重要影响因素，其对旅游产业低碳化转型影响具有两面性。经济发展在一定程度上对旅游产业的低碳化转型起到减缓作用。由于受到外部经济发展水平、技术水平、人口数量等诸方面因素的影响，致使旅游目的地在推进旅游发展过程中面临着碳排放增多的严峻挑战，在一定程度上不利于推进旅游目的地的低碳化转型。国内有部分学者就经济发展与碳排放之间的关系进行了探讨。有学者认为经济增长与碳排放之间有着显著的相关关系，由于中国经济增长过度依赖于投资的增加，而投资的增加将进一步推进工业的发展，此时意味着能源和交通需求的不断增加，最终导致碳排放的增加；而且伴随着经济发展不断加快，居民消费水平不断提高，地区工业化和城市化进程不断加速，也使碳排放不断增加（王中英、王礼茂，2006）。有学者指出，由于我国工业产值在国民经济中所占的比例较大，经济结构的"重型化"趋势意味着能源的消费比例和需求量大，况且我国在新能源开发和利用领域仍处于较低水平，使煤炭等能源消耗较大，凸显出能源消耗"高碳化"的特点（孙耀华、李忠民，2011）。有学者认为，目前我国经济增长与碳排放之间具有正相关关系，且经济增长对碳排放具有较强的依赖性，且其弹性系数约为0.8（郑长德、刘帅，2011）。有学者研究认为，我国碳强度与经济增长之间呈现出倒"U"形的关系；伴随经济发展过程中的贸易开放、重工业比例、煤炭消费以及城市化水平等因素的变动，将对我国二氧化碳排放产生较大的影响；特别是过高的煤炭消费比重及城市化水平，将不利于实现我国碳强度的下降（李锴、齐绍洲，2011）。总之，在经济发展过程中，由于受到地区经济发展水平、能源消费结构、技术条件等条件的制约，致使碳排放总量居高不下，"高碳化"特征较为突出，在一定程度上不利于旅游目的地旅游产业的低碳化转型发展。特别是在发展中国家，这种"高碳化"的发展特征更为突出，这对具有"高碳化"特征的旅游发展目的地来说，推进旅游目的地的低碳化转型仍面临着较大的困难。

但是，我们仍需看到，经济发展对旅游产业低碳化转型的影响还存在着其有利的一面，即经济结构等因素的调整和变化在一定程度上对旅游产业的低碳化转型起到了积极的推动作用，有利于加快推进旅游产业的低碳化转型。有学者对经济发展与碳排放之间的影响关系进行了研究,认为经济结构和能源消费结构的多元化发展,将能够有效减缓国家对能源的需求增长,有效降低国家碳排放水平,促使经济由高碳向低碳方向转变(张雷,2003)。同时,根据库兹涅茨曲线(Kuznets curve)的理论假说,经济发展与环境污染之间呈现出倒"U"形曲线的关系,即当一个国家或地区的经济发展水平处在较低水平之时,经济发展所导致的环境污染处在较低水平;但随着经济发展水平的提高,环境污染问题会变得越来越严重;直至经济发展水平达到某一临界点之后,随着经济发展水平的提高,环境污染问题才会有所好转,环境质量才有逐步改善。可见,依据库兹涅茨曲线的理论假说,在经济发展水平达到一定程度之后,将对降低碳排放量和改善环境质量发挥重要的促进作用。可以看出,这种情况在发达国家表现更为显著,突出表现在发达国家在经历了长期的工业化和城镇化过程之后,人们对转变原有粗放型的经济增长方式、改变过去"高碳化"生活方式以及对推行低碳化的经济和生活理念的愿望更为迫切,再加上现有成熟的技术水平等外部条件,使低碳化的发展成为可能。

  与此同时,区域经济发展理论也在一定程度上反映了区域经济发展对技术进步及知识创新的影响,进而对企业生产效率及资源利用率产生影响,最终影响到废气废物的排放状况。区域经济发展理论也在一定程度上强调了资本、劳动力和技术等生产要素在特定空间区域上的大量集聚,并通过发挥其集聚和扩散效应带动该区域及相关产业体系的发展,最终实现整个区域经济社会的健康、快速、协调发展。其中,产业集群理论作为一种新型的区域经济发展理论,其指出在特定的区域及领域中,通过实现对大量相关联企业和机构的集聚,充分发挥其竞争优势作用,加快推动区域经济的快速发展。产业集群理论突出强调了技术进步及创新在区域经济发展过程中所起的作用,特别是企业和机构的大量集群有利于培养劳动力要素在创造性要求较高的产业中的知识和创新的敏感性(魏守华等,2002)。因此,从区域经济发展范畴来看,加快推进区域经济发展,有利于加快促进技术进步和技术创新,而技术进步和创新,有利于进一步提高企业生产效率及原材料利用率,减少环境污染物排放,为区域旅游产业的低碳化转型提供了良好的技术条件和基础。

  第二,政府作用因素也是旅游产业低碳化转型的重要影响因素。1992年《联合国气候变化框架公约》在联合国大会上通过,并于同年开始正式开放签署,于1994年3月开始生效,该条约提出了要把大气中的温室气体浓度控制在防止气候系统受到危险的人为干扰的水平上。1997年,经《联合国气候变化框架公约》缔约方讨论,会议通过了《京都议定书》,并于2005年正式生效,《京都议定书》对主要发达国家的温室气体排放做出了有约束力的规定,要求主要发达国家在 2008~2012 年的温室气体排放在 1990 年的基础上平均减少 5.2%。2007 年 12 月,《联合国气候变化框架公约》缔约方针对《京都议定书》第一承诺期 2012 年到期后如何进一步降低温室气体排放的问题做了讨论,即"后京都"问题,并最终达成了"巴厘岛路线图",启动降低温室气体排放的谈判进程。2009 年,经过《联合国气候变化框架公约》缔约方的共同谈判,最终一致签署了不具法律效力的《哥本哈根协议》,进一步维护《联合国气候变化框架公约》和《京都议定书》确立的"共同但有区别的责任"原则,对发达国家和发展中国家的减排目标、方式和要求进行了下一步的安排。同时,世界各国也在积极采取措施应对全球气候变化,如欧盟通过发布促进可再生能源发展指令(EC Directive 2009/28)、改进欧盟排放交易体系的指令(EC Directive 2009/29)、燃油质量指令(EC Directive 2009/30)、碳捕集和封存项目指令(EC Directive 2009/31)、"新的减排责任分担协议"(EC Decision 406/2009)等以应对气候变化行动,制定了总量控制下的碳排放权限额和交易(cap & trade)、以政策和能源税(碳税)为主的税收政策、可再生能源绿色证书(Green Certificates)、固定电价政策(Feed-in tariff)等以低碳为核心的政策体系。此外,英国于 2008 年通过了《气候变化法案》,德国在 1991 年、2004 年分别出台了《可再生能源发电并网法》《可再生能源法》,美国众议院于 2009 年通过《美国清洁能源与安全法案》,等等。国际社会及各国政府部门在积极应对气候变化问题,推动节能减排以及生态环境和经济的可持续发展方面发挥了重要的推动作用。此外,我国政府在这些方面也做出了积极的贡献,如 2004 年国务院出台了《能源中长期发展规划纲要(2004~2020)》(草案),2004 年国家发展和改革委员会发布了《节能中长期专项规划》,2005 年全国人大常委会通过《中华人民共和国可再生能源法》,2005 年国务院出台了《关于做好建设节约型社会近期重点工作的通知》《关于加快发展循环经济的若干意见》《关于发布实施〈促进产业结构调整暂行规定〉的决定》和《关于落实科学发展观加强环境保护的决定》,2006 年国务院出台了《关于加强节能工作的决定》,2007 年国务院印发了《中国应对气候变化国家方案》等相关法律、法规和政策,对减缓我国气候变化,促进经济社会的可持续发展发挥了积极的作用。目前在我国政府的积极引导和推动下,我国在减缓气候变化、节能减排、新能源技术开发等方面已经取得了积极的进展,包括技术的进步和能源利用效率的提高,新能源和可再生能源的开发,生态环境的建设和保护等方面。张蓓(2011)认为,发挥政府的宏观调控职能和主导作用,对推进我国都市及乡村旅游的低碳发展具有重要的推动作用。

第三，旅游产业低碳化转型还受到其他各种因素的综合作用和影响。有学者通过构建内在影响关系模型，对张家界低碳旅游服务提供效率的影响因素进行了研究，认为旅游总人次、人力资本投资、固定资产投资对低碳旅游服务提供效率具有正向影响作用，但就业人数、燃料消耗总量对其服务提供效率具有负面影响作用（刘长生，2012）。有学者认为社会因素、环境因素、文化因素、市场因素、个性因素、生活方式和收入因素等对其低碳旅游决策会产生重要影响（陈小连，2011）。有学者研究认为低碳旅游的发展主要受到以下几方面因素的影响：一是低碳交通技术，主要包括航空运输、小汽车、轨道交通和公交节能技术以及旅游目的地流动管理等，其中旅游目的地流动管理属于软措施，其他属于硬措施；二是低碳旅游设施技术，包括低碳旅游设施节能技术、新能源与可再生能源利用技术等；三是综合排放管理技术（蔡萌，2012）。有学者从宏、微观角度探讨了低碳旅游影响因素状况，认为在宏观上，经济、技术和政策因素是影响低碳旅游发展的主要因素；在微观上，与低碳有关的决策行为、生产行为和消费行为都是影响低碳旅游发展的主要因素，而影响低碳旅游发展的最顶层因素是低碳消费行为，同时人才、资金、技术和政策等对低碳旅游发展的影响也较大（刘艳艳，2012）。有学者对乡村低碳旅游发展进行了研究，认为政府支持、资源优势、经济支持和技术支持是乡村低碳旅游发展的有利条件（赵金霞、徐卫萍，2012）。有学者对新疆低碳旅游发展进行了研究，认为新疆具有发展低碳旅游的有利条件，主要包括旅游资源丰富，发展潜力大，太阳能、风能、地热等可再生资源丰富，以及还有国家政策的大力支持等（甘娟，2011）。也有学者对我国发展低碳旅游的条件进行了研究，认为我国在发展低碳旅游方面同时具有有利条件和不利条件两个方面，其中有利条件表现在政治因素、政策因素、舆论因素和技术因素等方面；而不利条件主要表现在资金因素和民生因素等方面（杜陈猛，2010）。有学者认为无锡市发展低碳旅游的有利条件体现在政策因素和舆论因素等方面，而不利条件主要体现在资金因素、民生因素、技术因素和机制因素等方面（陈颖，2011）。

4. 关于旅游产业低碳化转型的动力机制研究

有学者研究认为政府部门作为一种发起性力量，能够有效促进低碳旅游的发展。政府部门的示范、导向作用，能够促进企业积极创新和利用新技术，为游客提供低碳旅游体验；此外，通过政府和旅游企业提供低碳旅游产品，也能够促进旅游者的低碳理念有效形成，将旅游者的选择转移给低碳旅游产品也可以有效地激励旅游企业加快低碳旅游产品的研究开发和推广（陈海波、莫莉萍，2011）。

有学者研究了我国低碳旅游发展动力机制，认为可将推动低碳旅游发展的动力归纳为六大外部动力和三大内部动力，其中六大外部动力包括：国际气候碳汇压力、环境资源压力、政府绩效驱动力、科技发展驱动力、低碳消费市场推力、其他利益相关者推力；三大内部动力包括：低碳旅游者推力、低碳旅游企业推力、低碳旅游目的地推力（年四锋等，2011）。有学者基于系统论原理和方法，对低碳旅游发展动力机制进行了研究，认为低碳旅游发展动力机制系统是由需求、引导、激励、约束和控制等子系统构成。其中，需求系统和供给系统对促进低碳旅游发展具有推动作用和拉动作用，需求系统包括旅游客源地需求、旅游可持续发展需求、低碳旅游经济效益、旅游业节能减排的需求，供给系统包括旅游目的地、低碳旅游产品、低碳旅游体验场景、低碳旅游目的地形象；而支持系统和管理系统对推动低碳旅游发展具有支持作用和催化作用，支持系统包括政府的积极支持、融资环境支持、碳交易市场支持、高科技的支撑，管理系统包括旅游企业的管理、旅游行业的管理、旅游营销宣传和旅游竞合管理（周连斌，2011）。有学者从推力、拉力及阻力等角度对江西低碳旅游发展动力机制进行了研究，认为江西低碳旅游发展的推力包括旅游者低碳消费方式驱动、旅游经济增长方式驱动、旅游业可持续发展驱动；低碳旅游发展的拉力包括生态旅游资源驱动、旅游业竞争压力驱动、生态经济区建设契机驱动；低碳旅游发展的阻力包括游客环保意识不强、碳减排技术门槛高、资金压力大、低碳旅游政策法规不健全等（胡婷婷，2012）。有学者研究认为低碳景区创建的基本动力包括：一是政府调控力，政府调控力的影响是直接的、巨大的和主导的，表现在减排指标压力、低碳政策推力等方面；二是市场拉动力；三是景区内生动力，景区内生动力表现在利润驱动、可持续发展、竞争激励等方面（周佳等，2012）。有学者研究认为推进森林旅游业低碳化的促进因素主要包括国际低碳化的压力、旅游业可持续发展的内在需要、森林旅游业更容易推进低碳化发展、全社会低碳旅游意识的提升等（陈贵松等，2009）。有学者基于利益相关者角度，构建了森林低碳旅游运作机制，该运行机制强调了政府部门、旅游企业、游客和社区居民等利益相关者在运行机制中所发挥的重要性作用，其中，政府部门通过发挥宏观调控机制，推动低碳旅游产业的发展；旅游企业通过构建低碳共建机制，加强低碳旅游产品的供给；游客和社区居民则通过发挥其低碳参与机制，积极倡导低碳消费行为和低碳生活方式（陈秋华等，2012）。有学者对城市低碳旅游生态发展的驱动力进行了分析，认为可将其驱动力分为两部分，即内生动力和外部动力，其中内生动力主要体现在低碳生态旅游发展的经济效益及其资源价值两方面，而外部动力主要体现在技术进步对低碳生态旅游发展的推动方面（陈海珊，2012）。有学者对低碳旅游实现机制进行了分析，将低碳旅游发展的动力分为基础动力和提速发展动力两种，其中基础动力包括环境保护、国家政策、旅游可持续发展要求、经济动力等；提速发展的主要动力包括技术、决策、舆论、资金和人才等，辅助动力包括企业的主动性及游客的自觉性等（郑丽，2012）。有学者探讨了古镇低碳旅游发展的动力机制，认为其动力机制的主体涉及政府、旅游企业和当地居民及游客，其中旅游企业在内部动力主体中起到了核心的作用，政府在外部动力主体中起着主导的作用，并且古镇低碳旅游发展的内部驱动力主要包括利润驱动、竞争驱动和产业链驱动，外部驱动力主要包括政府驱动和机会驱动（余含，2012）。有学者探讨了旅游景区低碳发展的动力机制，认为推进旅游景区低碳发展的外在动力主要包括政府对低碳旅游发展的政策扶持、政府对旅游景区资金需求的支持、政府对低碳旅游发展理念的宣传、低碳旅游示范区构建的示范作用等；其内在动力包括旅游景区的低碳化经营、低碳能源和技术的应用、游客低碳环保理念的形成等（朱飞，2011）。

5. 关于旅游产业低碳化转型评价研究

国外对低碳研究起步较早，且大多数研究集中在旅游部门碳排放的测定、旅游过程中碳足迹的调查、低碳旅游的实施路径等，研究方法主要以实证研究法、"自上而下"和"自下而上"研究法为主。国内的研究起步比较晚，大多数研究内容集中在低碳旅游的实施路径、碳足迹的调查，研究方法以定性描述为主。关于低碳旅游的评价和实证研究方面，国内学者分别从不同的层面进行了系统性研究。

一方面，在低碳旅游发展评价指标体系构建方面。有学者运用专家咨询和层次分析相结合的方法，构建由目标层、准则层、指标层的元素和低碳旅游目的地的综合评价指标（马勇等，2011）。有学者以山岳型景区为研究对象，在借鉴黄山风景区低碳旅游景区建设的成功经验基础上，从资源保护、规划与设计、低碳景区运营、低碳景区管理四个方面构建山岳型低碳旅游景区创建指标体系，并指标系统中的指标加权通过层次分析法进一步确定，对各项指标进行一致性验证（朱国兴等，2013）。有学者通过对低碳旅游景区的界定和发展背景的研究，根据低碳旅游的特性和旅游景区发展的基本要求，建立了由3大子系统、8项指标、46个要素因子构成的低碳旅游景区评价指标体系。本指标体系的建立有利于对国内低碳旅游景区的发展进行量化分析和有效评定，以促进低碳旅游景区的可持续健康发展（蒋芩，2012）。有学者以四川贡嘎燕子沟景区为例，分别从低碳旅游的其他参与者对低碳旅游的认知程度评价、旅游景区的低碳开发评价和低碳旅游资源评价三个方面构建低碳旅游景区评价系统，并进一步实证分析了四川贡嘎燕子沟景区的低碳旅游发展情况（谭锦、程乾，2010）。有学者针对上海国际旅游度假区的特点，构建了"RELAX"为核心的五大分目标，并在此基础上，通过层次分析法和专家咨询法，构建了针对上海国际旅游度假区的低碳旅游评价指标体系，并结合国内外的成熟的低碳旅游导则、绿色基础设施导则等，总结了上海国际旅游度假区的低碳旅游实施路径（廖元琨等，2015）。有学者针对低碳旅游景区建设的现状及发展要求，用层次分析法构建评价指标体系，该指标体系包括指标层（23个指标）、准则层（低碳旅游资源、低碳旅游设施环境、低碳旅游运营、低碳旅游管理4个准则）、目标层（旅游景区低碳化水平）。由此对池州九华天池景区进行了实证评价，其低碳化水平可以用定量化的数值来反映（方金生等，2015）。有学者根据低碳旅游目的地竞争力概念模型，选取低碳运营状况、低碳环境、低碳旅游设施、低碳管理水平和低碳旅游吸引物五个维度及其分解指标来构建低碳旅游目的地竞争力多层次评价指标体系，并运用层次分析法和专家咨询法来确定各指标的权重（吴儒练，2013）。有学者基于利益相关者理论及PSR（压力—状态—响应）模型，运用层次分析法来确定各评价指标权重，并通过建立递阶层次结构模型来构建镇江市低碳旅游评价指标体系（李颜戎、李雯，2016）。有学者运用层次分析法来构建低碳旅游评价系统，并进一步确定其评价因子，为低碳旅游评价系统的构建提供依据（吴晓山，2011）。研究人员主要利用因子分析来制定评估模型，遵循因子分析的主要原则和设想，并制定一套三级指标系统，以评估低排放旅游城市的城市发展水平。其中一级指标，为低碳旅游城市综合发展度；二级指标包括城市旅游竞争力水平、城市低碳化发展水平和区域环境支持指数三个子系统，最后分别从城市旅游竞争力、低碳化发展水平和区域环境等主要方面展开低碳旅游城市评价（梁琴，2012）。

  另一方面，在低碳旅游效率评价研究方面。有学者基于投入产出分析法，以张家界市景区环保交通低碳旅游服务为研究对象，构建低碳旅游服务提供效率评价的数据包络法（DEA）和随机前沿函数法（SFA），研究发现，环保交通低碳旅游服务提供效率较低、存在较为严重的季节波动性，但呈现出递增的变化规律；旅游总人次、人力资本投资、固定资产投资对低碳旅游服务提供效率产生正向影响，而劳动者数量、燃料消耗对其产生负面影响（刘长生，2012）。有学者首先通过构建三峡库区重庆段低碳旅游发展效率评价的指标体系，三峡库区重庆段15个区县的低碳旅游发展效率的测量和分析采用了数据包络分析法，其次采用了定性定量分析法，对影响旅游业效率的因素进行了定量分析，最后对效率的提升提出了针对性的建议（李晖，2017）。

6. 关于旅游产业低碳化转型的模式研究

关于旅游产业低碳化转型的模式选择研究方面，有学者总结出不同国家的低碳旅游发展模式：一是美国的低碳旅游发展模式，它通过法律监督和公司合作，促进可持续发展和改善美国的旅游业和环境，并且处在财政和技术支持下；二是英国的低碳旅游发展模式，它由政府领导，通过向旅游公司征税，并以国际合作为基础；三是法国的低碳旅游发展模式，政府通过"污染税"政策和财政补贴促进国家旅游发展；四是丹麦的低碳旅游发展模式，它是在一个鼓励低碳生活方式的无碳模式的框架内制定的，并由此创造低碳旅游环境。在此基础上，该学者提出了低碳旅游发展模式并给出如下建议和思路：建立一个由政府牵头的低碳旅游发展模式，其基础是制定低碳旅游标准、提供财政资助、增加低碳旅游的宣传和开展国际合作；在此基础上，首先旅游企业必须建立低碳旅游发展模式，以低碳旅游生产为重点；其次需要从旅行社、旅游区、交通状况、旅馆等方面采取措施；最后需要明确如何从形式、结构、消费等角度来看待低碳旅游业（汪娟、龙勤，2014）。有学者认为构建扬州市的低碳旅游模式是从社会层面循环、区域层面循环和企业层面的内部循环三个方面进行的：社会层面的循环涉及扬州市景区周边和扬州市等大范围的运行；区域层面涉及在扬州市低碳地区的游客、企业和当地居民，以及在低碳旅游系统的运作中选择其他工业部门；企业层面是关于旅游住宿企业、旅行社和旅游交通企业等，企业层面的循环要求扬州旅游企业积极利用先进的低能源设备和技术来回收国内资源（徐晓庆、储德发，2014）。有学者认为旅游景区低碳转型，不能简单理解为旅游六要素的节能减排，应该从低碳转型的内外压力、综合状态、意识响应三个层面来构建旅游景区低碳转型动力机制模型，在"压力—状态—响应"闭环低碳过渡过程中逐步取得进展。根据低碳过渡机制的基本要素，可以区分四类驱动因素：资源环境、开采消耗、技术研发和体制创新（李晓琴，2013）。有学者把酒店管理置于低碳旅游的视角下进行分析，认为酒店应该从企业文化的构建、提升服务水平、提高专业人才的素质、完善服务监督机制等几个方面来提升酒店管理的低碳水平，从而符合低碳旅游的要求（付薇，2014）。有学者从低碳旅游开发的角度提出低碳旅游发展模式有如下五种：一是自然资源保护开发型低碳旅游开发模式，也就是说，自然资源的开采必须在有效的科学保护的框架内进行，不仅要强调对自然资源本身的保护，而且还要强调综合保护景观中的相关组成部分，充分利用资源环境保护的综合效应；二是文化资源继承发扬型低碳旅游开发模式，即来自发展地区文化资源的主要吸引力是传统的乡村建筑、音乐艺术、特制食品、民间节日、历史渊源、民间手工艺等，以促进继承和发展；三是现代农业休闲观光型低碳旅游开发模式，即一种以田园景观和自然资源为依托，以保护自然生态为基础的农业景观、聚落景观和田园景观的深度发展，"农业文化+旅游+休闲"相结合，具有娱乐、求知和生态功能；四是科技工业参观体验型低碳旅游开发模式，即参观公司的象征性建筑，企业独有的人文景观和工厂的绿色建筑装饰，观察企业生产过程，发展知识，拓宽旅游前景，学习企业的先进管理经验，感受企业文化等科技工业低碳旅游行为；五是低碳旅游业态创新型开发模式，即以低碳绿色为主，环绕旅游业"吃、住、行、游、购、娱"六个元素的挖掘深度，形成了各种新的旅游表现形式，如徒步游、科普游、生态养生游、科技游等创新型业态的低碳旅游（杨俊，2015）。有学者从可持续发展的角度指出，可以从旅游开发者、旅游者和旅游经营管理者三个基本行为主体出发构建旅游低碳化发展模式，包括产品开发低碳化模式、旅游行为低碳化模式、经营管理低碳化模式等（张敏等，2012）。

（三）现有研究的不足和本书的研究方向

通过上面对国内外研究成果的系统梳理，可以看到，在国外研究方面，自2003年英国提出低碳经济概念以来，国外学者就开始关注气候变化和经济发展之间的内在影响和变化关系，而旅游业发展与气候变化之间存在着密切的关系，因此有关气候变化的研究也延伸到旅游业发展中，并形成了一系列研究成果，相关研究也主要集中在气候变化与旅游业发展之间的关系、旅游业主体对旅游业碳排放的认知、旅游行为对旅游业碳排放的影响、旅游碳排放的结构和分布、旅游业碳排放的影响因素、低碳旅游碳排放的测算、在旅游业碳排放的治理等方面；同时，随着国外学界、政界和国际组织对气候变化和温室气体排放问题的广泛关注，国内有关旅游业的碳排放问题也成为学者关注的焦点，并取得了一系列重要研究成果，目前研究主要集中在旅游产业低碳化转型的相关内涵与特征、旅游产业低碳化转型的现状和问题、旅游产业低碳化转型的影响因素和作用机理、旅游产业低碳化转型的动力机制、旅游产业低碳化转型评价、旅游产业低碳化转型模式等方面的研究。总体来看，国内外都从低碳旅游角度开展了相关研究，为推进旅游产业低碳化转型研究提供了重要的研究基础，但是国内外关于旅游产业低碳化转型研究的相关理论体系尚不完善，对旅游产业低碳化转型尚未形成系统的理论观点和统一的认识，相关理论研究仍比较薄弱，理论研究深度仍有待提高。纵观国内外关于旅游产业低碳化转型的相关研究，还存在以下方面的不足：

第一，系统性研究不足。对旅游业低碳化转型的系统理论研究有待深入和系统化。国内外关于旅游产业低碳化的研究成果仍较缺乏，且相关成果更侧重于实证研究，对理论机理方面的研究有待进一步拓展和深入。

第二，研究范围过窄。旅游业低碳化转型系统是一个复杂而庞大的系统，旅游业低碳转型研究必须扩大到旅游业的所有子系统，这就需要进行广泛研究，对动因进行全方位的揭示。当前国内外关于旅游产业低碳化转型的研究，更多侧重于碳排放的测算、旅游影响因素的分析、如何推进低碳旅游发展等方面，但忽视了旅游产业低碳化转型的内在作用机理及其影响路径研究，相关机理研究仍较缺乏。

第三，研究方法单一。国内外学者对旅游产业低碳化转型的研究方法仍较单一，主要基于生命周期评估理论、投入产出分析理论、层次分析法等，研究方法仍较单一，对系统动力学、情景分析法等新方法的应用仍较缺乏，迫切需要拓展这方面的理论和模拟仿真研究。

第四，关于旅游产业低碳化转型的影响因素评价和作用机理模型构建等方面的研究仍较缺乏，尤其对旅游产业低碳化转型影响因素的系统研究更是缺乏，需要加强旅游产业低碳化转型的影响机理研究。

第五，关于西南民族地区旅游产业低碳化转型的理论和实证研究都较缺乏，尤其是缺乏针对西部民族地区旅游产业低碳化转型的现实性、特殊性、复杂性等特点的分析，如何进一步结合理论和实证研究，深入推进西南民族地区旅游产业低碳化转型和可持续发展，是当前西南民族地区旅游经济高质量发展的重要选择。

为此，本书主要侧重以下几个方面内容的研究：

第一，深化西南民族地区旅游产业低碳化转型的影响因素和作用机理研究，进一步完善西南民族地区旅游产业低碳化转型的理论研究框架体系，形成完备的理论体系。目前，关于西南民族地区旅游产业低碳化转型的机理研究仍然不多，迫切需要开展更多的关于旅游产业低碳化转型系统中各子系统及其影响因素和作用机理的研究，才能更好地把握旅游产业低碳化转型的内在本质及机理。

第二，在研究方法上，结合多种理论和实证研究方法，从不同角度、不同层面对西南民族地区旅游产业低碳化转型的理论和实践问题进行研究，深化对西南民族地区旅游产业低碳化转型的内在机理研究。一方面，重视对西南民族地区旅游产业低碳化转型的理论研究，侧重定性分析，深入探析旅游产业低碳化转型的一般性规律研究；另一方面，侧重运用多种实证研究方法，如结合碳排放测度模型、Tapio 脱钩模型、回归分析法、差异分析法、灰色关联评价方法、层次分析法、DEA 投入产出效率分析法、系统动力学分析法、情景分析法等多种方法，对西南民族地区旅游产业低碳化转型的相关问题进行深入研究，进而深化对西南民族地区旅游产业低碳化转型内在特征、影响特点、作用机理、影响路径、情景模拟等内容的研究。

第三，拓展研究视野。目前关于旅游产业低碳化转型的研究，主要侧重于低碳旅游的碳排放测度及其相关理论研究，对旅游产业低碳化转型的内在机理及其模拟仿真路径的研究较缺乏，不利于深入推进旅游产业低碳化转型的理论研究。本书基于旅游产业低碳化转型的研究视角，通过对西南民族地区旅游产业低碳化转型的影响因素及其作用机理进行系统研究，并结合系统动力学、情景分析法等，对西南民族地区旅游产业低碳化转型进行深入研究，有利于拓展旅游产业低碳化转型的研究视角和理论内容。

总而言之，推动西南民族地区旅游产业低碳化转型是一个复杂的、变化的发展过程，涉及众多的旅游产业低碳化转型子系统，这些因素和影响系统在不同的发展区域和不同发展阶段，都会表现出不同的发展特点，并处于不断的动态变化过程中。并且，随着旅游经济发展壮大，涉及的影响因素包括低碳规制、资源环境约束、能源利用效率提高、旅游消费结构优化、低碳技术进步和创新等驱动力因素，以及旅游经济发展、旅游人口规模扩大、碳锁定等抑制力因素，这些因素之间相互作用和影响，共同驱动着旅游产业低碳化转型，对西南民族地区旅游产业低碳化转型和可持续发展产生重要的影响。

二、相关理论概述

（一）相关概念和内涵

1. 低碳的内涵

尹荣楼（1993）认为：低碳意指较低标准的温室气体排放量。温室气体是地球大气中能够吸收地面反射的一种长波辐射，在吸收地面反射的同时又重新发射辐射的一些气体。当前地球表面土壤和大气温度的上升所呈现的温室效应是大气中二氧化碳增加70%~80%的结果。张钟元等（2011）认为：低碳排放量意味着温室气体排放量低，主要是二氧化碳排放量。这是一个相对的概念，减少二氧化碳排放的同时不能对今世后代的正常生产和生活带来太大的影响。

纵观当前全球如美洲、欧洲、大洋洲等发达国家和地区制定的关于节能减排的低碳政策，中国能源和碳研究小组认为，全球低碳排放的概念主要是指在某一时刻实现温室气体（二氧化碳）较低标准的排放。对发展中国家而言，低碳经济应尽可能在其可持续发展框架内实现低碳排放。

低碳概念可简单理解为三种类型：第一种是减少了绝对排放量；第二种是零排放；第三种是低碳增长，温室气体排放量的增长速度低于国内生产总值（GDP）的；根据对低碳排放的这一解释，并根据低碳经济研究的结果，本书认为低碳排放意味着温室气体（主要是二氧化碳）的排放量低于或不高于二氧化碳的排放量。在目前情况下，依据中国的国情，低碳排放可以从以下三个方面理解：第一，低碳是一个相对化的标准，全球还未达成一致明确的量化限制标准，但必须满足一点，当前碳排放总量相比于历史排放量要有所下降。第二，如果GDP增长率大于零（经济正增长），碳排放增速应低于GDP的增长速度。第三，实现绝对数值的低碳排放是一个时间过程。库兹涅茨理论指出，随着经济发展水平和人均收入的递增，环境污染会呈现出递增趋势。但是随着经济发展和人均收入水平的递增，环境污染会迎来拐点，当人均收入增长达到一定水平，环境污染就会大大减少。这种伴随经济发展而来的环境污染退化是一个长时间的改善过程，当前全球环境污染仍处于上升阶段。

2. 低碳旅游的内涵

低碳旅游是人们在全球气候变化和促进低碳经济的背景下，改变以往粗放型的消费出行方式，降低旅游行程的碳排放，倡导低碳消费和低碳出游。

（1）低碳旅游不会改变旅游的根本属性。低碳旅游业是一种具有基本特征的旅游业，如休闲、娱乐等相关的旅游功能。同时，低碳旅游是一种人们消费低碳旅游产品，节省能源，采取无害环境的行为，或在旅游之后进行碳补偿或碳消费的旅游方式。低碳旅游是一种有别于传统旅游的全新的贯穿可持续发展理念的旅游消费方式。

（2）低碳旅游呈现明显的社会公共属性。首先，低碳旅游概念是全球温室效应背景下为响应可持续发展理念提出的一个新的旅游概念。旅游产业碳排放会影响整个地球的气候变暖，是没有区域边界的一种典型公共物品。而且旅游产业是一个综合性产业链，通过低碳旅游的倡导和实践能够有效减少全球多领域的碳排放量进而实现减弱全球温室效应，减缓全球变暖速度的目的。其次，旅游是全人类的一个公共需求，通过低碳旅游理念的宣传倡导，能够影响社会所有成员的共同的旅游低碳消费行为，同时每一个人都能够成为旅游低碳消费的监督者和传播者。低碳旅游适应了环境保护和人类健康需要，是一项公共权利，必须予以维护和尊重。最后，旅游业是一个综合性部门，涉及生产生活多个部门，低碳旅游产业的发展会影响多个不同产业部门的生产和消费。并且低碳旅游产业的良性健康快速发展需要体制机制的创新、社会公众态度的改变和行业发展技术的创新，旅游主管当局和各参与主体之间的互动迫切需要公共管理和公共协调。

（3）低碳旅游具有丰富的衍生价值。践行低碳旅游发展能够在全球环境、社会文化和经济发展等领域创造丰富的衍生价值：第一，环境效益。由于全球变暖等环境问题，一些世界知名的旅游景点正在消失，例如福布斯名单上的10个濒危旅游景点。低碳旅游减少了潜在的问题，从而最大限度地提高了环境效益。第二，社会文化效应。发展低碳旅游业有助于逐渐形成健康科学的生活方式，从而节省能源和提高能效，提高人们对环境和消费的认识，并改善人们的健康状况和国家的软实力。第三，经济发展效益。首先，随着低碳旅游发展的持续践行，旅游产业碳排放量会逐渐减少，可随之带来能源消耗量的减少、污染处理费用的降低、环境破坏的缓解，旅游单位成本下降；其次，低碳技术创新和旅游产品创新提高了旅游产业生产率，带来了更丰富的产业衍生产品价值和旅游产业开发价值；最后，低碳旅游产业的发展可以通过鼓励上游和下游行业侧重于减少碳排放，进一步促进低碳经济的发展。

（4）低碳旅游发展具有共同参与性。低碳旅游发展的过程，需要政府有关部门、旅游目的地居民、旅游者、旅游行业协会、旅游景区和景点、新闻媒体和互联网平台、旅游企业等各方利益相关者的共同参与。低碳旅游需要他们营建良好的软件和硬件环境：例如，政府的目标是建立低碳旅游胜地，发展有利于低碳旅游的公共服务，侧重建设低碳公共基础设施，并建立旅游业的体制；旅游业公司发展的重点是旅游吸引系统的低碳改造，以及旅游接待设施的低碳技术发展、旅游运输和清洁能源份额的增加。旅游目的地居民尽可能建立低碳消费系统，包括农村旅游目的地的沼气项目，提倡使用可再生能源，减少家庭废水以及动物排泄物的排放等。

（二）理论基础

1. 低碳经济理论

2003年"低碳经济"的概念提出后，世界各发达国家都开始相继开展低碳经济建设，尤其在"巴厘路线图"后，低碳经济变成了全球关注的焦点，全球经济发展向低碳经济转型成为一种必然。但是低碳经济转型对各国经济发展速度放慢和污染治理成本增加带来较大影响，碳排放的国际标准很难统一，以致2009年哥本哈根气候大会未能就气候变化的应对达成共识，但引起了全球各界对"低碳经济"理论的探讨、关注和实践。

低碳经济的关注点是如何提高能源的利用效率和优化清洁能源的使用结构，通过技术和制度创新实现减缓气候变暖和人类可持续发展目标。何建坤等（2010）指出，发展低碳经济，关键在于低碳技术创新。通过技术创新尽可能降低煤炭石油等高碳能源消费，减缓全球温室效应，实现经济发展和生态环境保护的双赢，维护全球经济和生态平衡。目前通用的对低碳技术的定义是："低碳技术是一种涉及电力、交通、建筑、冶金、化工、石化等部门以及在可再生能源及新能源、煤的清洁高效利用、油气资源和煤层气的勘探开发、二氧化碳捕获与埋存等领域开发的有效控制温室气体排放的新技术。"发展低碳经济是一场全球总动员的历史性革命，既关系各国的国家权益，又关系人类生产、生活和价值理念的改变。低碳经济既体现经济发展理念，又呈现经济发展模式，表现出经济性、技术性和目标性三大特性。

低碳经济理论对深刻理解低碳化转型理念，减少旅游产业碳排放，促进旅游产业低碳化转型和可持续发展提供了重要的理论指导。

2. 可持续发展理论

随着全球经济日益增长、人民生活水平的逐渐提高，环境恶化情况越来越突出，全球温室效应、海平线上升，全球经济发展遭遇资源稀缺和环境容量不足等问题。1987年，经济合作与发展组织在《我们共同的未来》首次定义可持续发展："既满足当代人们需要又不对后代人满足其需要的能力构成危害的发展。"遵循公平、持续、协调三大原则。公平性既强调不同国家和地区的资源利用和环境保护公平，又强调不同时间维度下当代人和后代人的需求公平。持续性指生态系统是一个受到干扰时能保持生产力的可自我修护的循环体系，但是其修护时间周期比较长，人们要根据可持续性发展的条件调整自己的生产和生活方式维护生态系统的自我修复。协调性强调可持续发展关乎全球的整体发展，需要全球共同的配合。可持续发展未来关注点是碳生产率，低碳经济的目标则是追求人与自然的协调和可持续发展。

旅游业可持续发展旨在协调旅游业发展与自然资源利用、碳排放、环境保护之间的关系，可持续发展理论为准确把握旅游产业低碳化转型的内在特点、要求和发展趋势提供了重要的理论指导。

3. 环境库兹涅茨理论

1995年，经济学家格鲁斯曼和克鲁格收集美国环境质量（环境污染指数）和人均收入数据，通过数据之间的演变关系和因果关系分析发现，经济发展水平对环境污染水平有很强的影响，在经济发展水平（人均收入）较低时污染水平与人均GDP成正比，当人均GDP达到一定水平后成反比。结合库兹涅茨人均收入不均等倒"U"形曲线提出环境库兹涅茨曲线（EKC）："在一个国家的发展轨迹上，特别是在工业化的起飞阶段，必然会有一定程度的环境退化，当人均收入达到一定水平后，经济发展将有利于环境质量的提高。"随着我国工业化和城市化进程的不断推进，资源储备与资源需求之间不匹配的矛盾日益明显，通过现有经济增长方式和消费模式的改变，有效降低资源浪费、提升资源的使用率、促进可持续消费和可持续发展成为一种必需。

环境库兹涅茨理论为把握旅游产业发展与碳排放之间关系，深入理解旅游产业碳排放的变化特点和规律具有重要的指导作用。

4. 脱钩发展理论

脱钩（decoupling）理论是经济合作与发展组织（OECD）提出的一种基本理论，用来描述阻断经济增长与资源消耗或环境污染之间的联系。20世纪末，经合组织将脱钩的概念引入农业政策研究，并逐渐将其扩展到环境等领域。"脱钩"一词是指随着经济增长和人均收入增加，而资源消耗和环境污染有所下降，增长与环境污染之间关系逐渐弱化。根据环境库兹涅茨曲线（EKC）假设，经济发展水平对环境污染水平有很强的影响，在经济发展水平（人均收入）较低时污染与人均GDP成正比，经济增长会增加生态环境压力和资源消耗；当人均GDP达到一定水平后成反比，更低的环境压力和资源消耗却能够带来经济增长人均收入的上升，这一过程可以看作一种脱钩。碳排放脱钩是脱钩理论的一个演化，将脱钩理论与低碳经济相结合，强调经济增长与温室气体排放之间也存在倒"U"形关系，是一种关于两者之间关系不断弱化乃至消失的理想化过程，当经济保持稳定增长（$\Delta GDP>0$）时，能源碳排放的GDP弹性越小，脱钩更显著，即脱钩的程度就越高。脱钩效果呈现出弱、强、衰退三种不同程度。而负脱钩效果呈现出扩张、强和弱三种不同程度。强脱钩反映经济增长与碳排放之间相关系数趋于零，是低碳经济发展的最理想状态；强负脱钩恰恰相反，是一种最为不乐见的状态。

脱钩理论证实了低碳经济的可能性，为准确把握旅游经济发展与旅游业碳排放之前的变化关系，掌握旅游产业碳排放的变化特点和规律具有重要的指导意义。

5. 生态足迹理论

生态足迹，也称生态占用，1992年由加拿大生态经济学家W·雷斯首次提出，M·魏克内格在1996年完善。生态足迹是一种可操作的定量计算方法，可以从两个方面进行衡量：一是从人类对自然利用的程度出发，测算维持一个人、一个地区、一个国家生产、生存所需要消耗的自然生态系统所提供的各种产品和服务总量；二是从自然提供的生命支持服务出发，测算一定数量人口生存发展过程中所生产排放的废弃物需要生态系统吸纳的以生物生产性土地衡量的一定数量的地域面积。通过区域生态足迹总供给差额的定量计算核定区域生态赤字或盈余状况，用以判定区域生态承载力和全球生态环境的贡献力。此外，生态足迹可用作判断一个国家或地区生态安全的标准：生态赤字是一个国家或地区生态安全的红色警报，警示我们此区域的生态环境已经进入不可持续发展范围。

生态足迹理论在准确把握旅游业的发展和能源消耗、碳排放和气候变化方面提供了重要的理论指导，有利于协调和处理旅游业发展和生态环境保护之间的关系，促进旅游业的可持续发展。

6. 碳交易及碳排放理论

1992年的《联合国气候变化框架公约》和1997年的《京都议定书》引用市场机制提出碳交易理念，将二氧化碳排放权物化成商品，放到全球市场中进行交易，从而促进全球温室气体（主要指二氧化碳）的减排，简称碳交易。从经济学的角度来看，碳交易遵循科斯定理，即需要控制以二氧化碳为代表的温室气体，这会给企业带来成本差异；既然每日交换商品可以被视为一种权力交换，排放温室气体的权利也可以交换。因此，碳交易依托市场经济成为解决污染问题最有效的方式，利用市场机制使气候变化的科学问题、碳减排的技术问题与可持续发展的经济问题得到了综合性解决。

碳排放测量已广泛应用包括实地监测法、单位排放系数法、能源消费法、生命周期法、投入产出法、生物地球化学模型和气候变化政策分析模型，通过碳排放的测算可以了解地区或企业的低碳发展状况是否达标，将碳排放量较大的区域或企业作为低碳发展战略的主攻方向，根据行业碳排放均值确定碳减排目标。但在实际研究中存在着碳排放定义不科学、计算方法不一致、碳排放因子不确定等问题。从20世纪末开始，一些发达国家政府和国际组织，如国际标准化组织（ISO）、世界资源研究所（WRI）和世界可持续发展工商理事会（WBCSD）、英国标准协会（BSI）等都关注制定碳排放核算标准，为推进碳理论研究起到重要的作用。

7. 利益相关者理论

"利益相关者"出自《战略管理：利益相关者管理的分析方法》，最早用于企业管理，起源于英美等西方国家。自这一理论出现至今，引起了管理、经济、社会、伦理等众多学科的共同关注和研究。利益相关者理论强调，一个企业或公司的发展光靠一个人或某一个群体是无法实现的，不能只关注企业股东的生存和利益，应该处理好企业发展中各相关利益体之间的权利和义务，调动各利益相关者的投入与参与，发挥各方的能力才能够让企业发展得更快更好。

20世纪80年代末，随着全球气候变暖，温室效应越来越明显，可持续发展理念的普遍被认可，人们的关注焦点开始切入旅游产业的发展。旅游景区环境的破坏、旅游资源的过度开发、旅游垃圾的持续增加等问题逐渐显现并被民众所关注，旅游业迫切需要一种可持续发展模式。在此背景下，学者们尝试将利益相关者理论与旅游产业发展研究相结合，在理论和实践领域做了大量的研究并取得了比较丰厚的成果。1987年，马希和亨希尔（Marsh & Henshall）对旅游者—居民期望及相互影响的战略价值做了深入的研究。1999年，"利益相关者"概念和行为标准列入《全球旅游伦理规范》中，获得了社会和官方的认可，并进一步促进利益相关者理论在旅游领域的研究。

利益相关者理论，为准确把握旅游产业低碳化转型过程中的管理者、旅游业经营者、游客、当地居民等相关利益主体之前的关系，协调各方利益，共同推进旅游产业实现低碳化转型，更好地促进旅游产业的健康可持续发展提供了非常有效的指导。

8. 产业发展理论

产业发展理论主要聚焦以下几个问题：不同产业发展的规律特征和差异、产业发展的影响因素、产业间的资源配置和协调、产业内的资源利用效率、产业发展周期特征、促进产业发展的政策制定与实施。通过不同产业发展规律特征和差异的研究，有利于政策制定者把脉产业发展阶段特点提出有针对性的符合产业发展规律的产业政策，指导企业制定符合产业发展规律的企业发展战略。随着经济的发展，产业结构也在不断变化。从产业高度看，它是在不断地从低水平向高水平发展。在产业结构上，从简单到复杂，在横向联系上不断演变。科林·克拉克（C. Clark）和威廉·配第（William Petty）先后对国民收入增长与劳动力转移方向之间的关系做了深入研究并提出相关的经济发展理论。克拉克于1940年提出产业发展定理：劳动力流动方向随着经济的发展和人均收入的增加发生变化。在经济发展初期，劳动力从第一产业向第二产业产业转移；伴随人均收入进一步增加，劳动力将向第三产业转移；劳动力在第一产业的分布将会减少，而在第二、第三产业的分布将会增加。1776年，亚当·斯密提出了绝对优势理论和大卫·李嘉图在1817年提出了相对优势理论，这均意味着在工业发展的过程中区域分工理论的重要性。从区域分工的角度确定城市产业发展的方向是城市发展的客观要求。通过城市发展优劣势和发展潜力的分析可以确定一个城市在区域内的作用，从而确定城市产业，避免"就城市论城市"的产业确定方法。

9. 产业生命周期理论

1980年，加拿大学者巴特勒（R. W. Butler）在产品生命周期理论的基础上，提出旅游地生命周期理论。该理论结合旅游产业发展特点及旅游地开发发展轨迹指出旅游目的地作为一种特殊的旅游产品，与普通产品一样具有显著的生命周期属性，其开发成长通常经历六个发展阶段：探索、参与、发展、巩固、停滞、衰落或复苏。同时，旅游目的地处在特定的发展阶段都有其自身的发展特征，该理论的提出，为旅游决策者和投资者等相关主体提供了重要的理论参考。旅游地生命周期理论认为：（1）在探索阶段，在特定的以自然景点原貌为主要特征的旅游地当中，一般只有少量的游客或探险者，各种旅游服务配套设施尚未建立，且其旅游环境和社会环境没有因游客的到来而发生太大的变化。（2）在参与阶段，到旅游地参观的游客逐渐增多，当地居民可以为游客的到来提供一些简易的饮食和住宿方面的服务，同时，相关政府部门也在有意识地加强相关旅游服务基础设施的建设，到当地旅游的游客数量也呈现一定的规律性、季节性的变化。（3）在发展阶段，旅游地的旅游设施建设力度不断加大，甚至呈现规模化发展态势，并出现大量的人造景观，外来参观旅行的游客大幅度增长，旅游市场不断发展壮大，旅游广告投入也不断增加，旅游设施和环境出现较大变化，甚至有出现环境恶化的迹象。（4）在巩固阶段，旅游地的游客数量呈增长之势，但是游客数量的增长速度有所下降，旅游地游客的季节性变化比较凸显，旅游地的功能分区较为明显，旅游地的广告数量也不断增加，旅游市场开拓力度也不断加大，旅游业发展与当地经济社会发展之间的联系也不断增强，旅游业发展对当地居民的影响也逐渐凸显，甚至有当地居民对旅游业的快速发展所带来的困扰产生不满情绪。（5）在停滞阶段，旅游地的游客数量达到一定的峰值，难以实现新的增长，旅游地的旅游景点及文化设施对游客形成的新吸引力有限，各种旅游发展问题也逐渐凸显。（6）在衰落或复苏阶段，衰落和复苏是两种不同的发展结果，衰落意味着旅游地的游客和设施的大幅消失，失去原有的旅游业发展盛况，而复苏则意味着旅游地在新的大规模投资和旅游资源开发的基础上，旅游业发展逐步进入复苏阶段，游客数量实现新的增长。

产业生命周期理论为从不同发展阶段角度准确把握低碳旅游的发展过程和变化特点，更好地掌握低碳旅游发展的现状、问题及其特征，进而为更好地采取应对措施推动低碳旅游发展提供了重要的理论参考。

三、本章小结

本章主要对西南民族地区旅游产业低碳化转型的国内外研究文献进行梳理和归纳，研究发现，国外的研究主要集中在气候变化与旅游业发展之间的关系、旅游业主体对旅游业碳排放的认知、旅游行为对旅游业碳排放的影响、旅游碳排放的结构和分布、旅游业减碳排放的影响因素、低碳旅游碳排放的测算、在旅游业碳排放的治理等的研究方面，而国内主要集中在旅游产业低碳化转型的相关内涵与特征、现状和问题、影响因素和作用机理、动力机制、转型评价、发展模式等的研究方面，并指出了其研究不足和本研究主要研究侧重点。同时，通过梳理前人的研究理论和成果，进一步分析了西南民族地区旅游产业低碳化转型的相关概念和内涵，然后从低碳经济理论、可持续发展理论、环境库兹涅茨理论、脱钩发展理论、碳交易及碳排放理论、利益相关者理论、产业发展理论和产业生命周期理论等角度，进一步探析了西南民族地区旅游产业低碳化转型的理论基础，为下文深入对西南民族地区旅游产业低碳化转型的理论研究和实证研究奠定重要的理论基础。

第三章 西南民族地区旅游产业低碳化转型的条件、现状及潜力评价

本章主要从内部、外部条件探析西南民族地区旅游产业低碳化转型的基础条件、优势、劣势及面临的机遇和挑战等。首先结合碳排放测度方法,从交通、住宿、餐饮和旅游活动四个层面对西南民族地区旅游产业碳排放的现状进行分析;并结合 Tapio 脱钩模型,对西南民族地区旅游产业碳排放与旅游经济发展的脱钩关系进行研究。其次进一步探讨西南民族地区旅游产业碳排放减缓的制约因素,进而准确把握西南民族地区旅游产业低碳化转型的现实基础和状况。最后结合西南民族地区旅游产业低碳化转型的内外条件、碳排放的现实状况,从西南民族地区旅游产业碳排放预测与趋势、碳排放规模差异的变化趋势、旅游产业低碳化转型的潜力分析等角度,对西南民族地区旅游产业低碳化转型的潜力进行研究。

一、西南民族地区旅游产业低碳化转型的内外条件分析

(一)西南民族地区旅游产业低碳化转型的内部条件分析

1. 西南民族地区拥有良好的资源禀赋优势,旅游资源丰富

西南民族地区包括广西壮族自治区、贵州省、云南省三省份,是我国少数民族分布比较集中的地区,特殊的地理环境和人文环境造就了其别具一格的自然景观和人文景观。西南民族地区处于沿边、沿海、沿江的地理位置,高原、盆地、山地兼而有之,同时还有岩溶地貌等;气候复杂多样,云贵高原、广西丘陵盆地、峰林、溶洞等,是天然植物的王国,也是野生动物的乐园。西南民族地区具有浓郁的民俗风情、复杂多样的自然地理环境、丰富多样的自然景观和原始生态

文化，为低碳旅游发展提供了良好的基础。第一，西南民族地区的民俗风情丰富多彩。西南民族地区是中国少数民族最集中的地区。在长期的生产生活中，各民族形成了自己的民俗风情，创造了具有独特民族特色的丰富文化，构成了独特的人力旅游资源优势，吸引了大批国内外游客。第二，地貌景观奇特多样。西南民族地区属于青藏高原向广州丘陵过渡的地带。区域内滇黔高原和广西丘陵由西向东分布，它们有许多壮观的地貌和"自然无保护"的天然美。其喀斯特地貌是世界喀斯特地貌发展中最典型、最完善的自然博物馆，是世界著名的喀斯特风景区。第三，气候独特，珍稀动植物丰富。西南民族地区属温带大陆性季风气候，纬度低，四季分明，气候宜人。大部分地区属亚热带季风气候，全年适宜旅游。独特的气候为各种动植物的生长提供了适宜的环境。动植物资源丰富，有无数的奇花异草，珍稀动植物。它们不仅是具有较高观赏价值的旅游资源，而且是有价值的生态旅游资源。

广西旅游资源丰富，区位优势得天独厚。独特的自然风光和优越的地理区位为广西旅游业发展奠定了雄厚基础。广西旅游资源种类多，分布广，等级和品位高，特色突出，山水景观、海岸风光、边境风光、民族风情、红色旅游是广西特色旅游资源。广西地质构造复杂，经过漫长的历史发展，孕育了极其丰富的旅游地貌资源，既有以桂林漓江为典型的喀斯特旅游地貌区，又有以资源资江为代表的丹霞旅游地貌区；既有北海银滩、涠洲岛的海滨旅游地貌区，又桂平西山的花岗岩旅游地貌区和金秀大瑶山的砂岩旅游地貌区，自然旅游资源十分丰富。广西旅游景区资源丰富，根据《广西统计年鉴2018》数据显示，2017年，广西拥有国家A级旅游景区428个，AAAAA级景区5个，AAAA级景区173个，AAA级景区230个，AA级景区20个。

贵州地处云贵高原东坡，西高东低。由西、中部向北、东、南倾斜，平均海拔约1100米，同纬度地区气温较低，存在明显的温度梯度。区域内喀斯特面积大，自然条件复杂，景观类型齐全，自然风光秀丽。贵州大部分地区的年平均气温为11~19摄氏度，1月气温为1~10摄氏度，7~8月气温为17~28摄氏度，空气温和湿润。由于地处亚热带湿润气候，碳酸盐岩分布广泛，受降水丰富、岩溶作用强烈的侵蚀，形成了洞穴、瀑布、峰丛等独具特色和奇观的喀斯特景观。贵州是世界上岩溶地貌典型的地区之一。喀斯特出露面积占全省总面积的61.9%。同时，贵州是我国古代氐羌、苗瑶、百越、百濮4大族系分布的交汇处，少数民族人口占全省总人口的36.11%，其中，苗、侗、布依、水、瑶、彝、土家、仡佬等世居的少数民族多达17个，每个民族的生活方式和生产过程中都有着悠久的历史传统和多样的本土文化。历史悠久、特色鲜明的民族文化和区域文化的交融与发展,是贵州发展低碳旅游的生命力,也是贵州旅游业做大做强的优越资源。根据《贵州统计年鉴2018》数据显示,2017年,贵州拥有18个国家级旅游风景名胜区、53个省级旅游风景名胜区、71个全国重点文物保护单位。

云南省位于西南边境,分别与缅甸、老挝和越南接壤,位于北纬低纬度地区,属高原地貌。境内分布着各种气候类型,有"一山分四季,十里不同天"的"立体气候"的热带和亚热带气候;云南省大部分城市四季温差小,日照时间充足,降水量适中,气候宜人。云南有许多少数民族,除汉族外,还有25个少数民族居住在这里,形成了不同的风俗习惯。云南以其独特的高原风光、热带亚热带边疆风光和丰富多彩的民族风情而闻名。旅游资源丰富,已建成高山峡谷、现代冰川、高原湖泊、石林、溶洞、火山地热、原始森林、花卉、文物古迹、传统园林、少数民族等一批风景名胜区。目前云南省知名的旅游名片遍布全省各地,全省有景区、景点200多个,国家级A级以上景区有134个,其中,4A级及以上景区多达57个,列为国家级风景名胜区的有53处,国家级历史文化名城6个,省级历史文化名城11个,国家历史文化名镇、名村8座,省级历史文化名镇14个、省级历史文化街区1个。①

2. 旅游能源消费以碳结构为主,过于依赖高碳化石燃料,旅游能源消费结构不够合理

受西南民族地区经济增长方式和发展水平的影响,该地区旅游产业的发展仍需要依靠大量的能源资源消耗来支撑,其对旅游交通基础设施的需求因为其旅游业迅速发展而不断扩大,这都将带来能源消费的持续增长和碳排放的剧增。从目前来看,西南民族地区的能源消费结构仍然不合理,高碳化石燃料的消耗仍占据主导地位,例如旅游交通、旅游住宿业和旅游餐饮业的高碳化石燃料的能源消耗仍占比相对较高,新能源开发利用相对滞后。

据资料显示,煤炭在旅游能源消费中的比例在70%左右,油气占比略高于20%,清洁能源占比低于10%;虽然近年来能源消费结构得到了优化,但煤炭仍然是能源消费结构的主要组成部分,这种模式长期内很难改变。相对落后的生产消费模式必然会带来更高的碳排放强度,给生态环境带来巨大压力,严重威胁低碳旅游的可持续发展,而高碳能源结构使西南民族地区二氧化碳排放总量逐年增加。发达国家相继完成工业化,其高技术产业、服务业等低能耗、低碳产业在产业结构中占比较高,工业、建筑业、交通运输业等高耗能、高碳产业占比逐渐下

---

① 云南省人民政府,http://www.yn.gov.cn/yngk/gk/201904/t20190403_96266.html。

降，能源消费和碳排放高峰期已经过去。然而，我国西南民族地区正处于工业化的关键时期。第二产业比例仍然较高，第三产业比例增长缓慢，长期内难以提高。旅游业粗放型增长模式并未从根本上逆转，旅游业结构调整难度较大。如何优化能源消费结构，提高能源效率，成为西南民族地区推动旅游产业低碳化转型必须解决和处理好的一个重大课题。

3. 旅游企业低碳技术应用水平仍较低，碳排放量仍难以得到合理控制

低碳技术主要是指在减少化石燃料依赖的同时，为稳定或减少能源需求而提高能源效能的领先技术，其涉及各部门以及可再生能源和新能源、煤的干净高效应用、油气资源和煤层气勘探开发、二氧化碳捕集及填埋等技术。在景区等旅游企业中引进和应用低碳技术对低碳旅游的发展起着决定性的作用。我国低碳技术起步较晚，发展迅速，缺乏核心技术和创新。尽管引进了国外先进的低碳技术，但由于缺乏与景区实际情况的联系，不仅增加了经营成本，而且增加了碳排放量。国家能源研究中心的数据显示，与世界各国相比，每创造100万美元的国内生产总值，我国的能源消费是美国的2.5倍，欧盟的5倍，日本的9倍。[①] 目前，我国能源平均利用率为32%，相比于发达国家低近10%。单位产品能耗比世界平均水平高30%。可再生能源商品消费仅占能源消费总量的2.5%，风电资源利用率仅为0.05%。[②] 由于受资金、技术等因素的约束，我国在节能技术、可再生能源技术、洁净煤技术、汽车燃料技术、碳捕获与储存技术、氢能技术上的研发水平还比较落后；科研成果转化能力相对较弱，能源加工、转化、储存和终端综合利用率较低；新能源生产利用、旅游业发展等领域的技术水平总体还是比较薄弱。

西南民族地区旅游风景名胜区众多，旅游资源丰富，但在引进和应用低碳技术方面面临着巨大的挑战。随着西南民族地区旅游业的继续发展，将会有更多的旅游项目，旅游者的数量也会不断增加，野生动物的生存状况会因为人类活动而更加艰难，生态环境会因为没有得到很好的开发和保护而更加恶化。环境承载力的大小依托于低碳旅游发展，其决定了旅游景区淡季和旺季各自该如何规划发展。目前，低碳资源承载力的计量也受到诸多因素的制约，相关配套设施的缺乏也限制了低碳资源的利用，加重了低碳资源的承载。

---

① 王利. 低碳经济：未来中国可持续发展之基础——兼谈中国相关法律与政策的完善 [J]. 池州学院学报，2009，23（2）：17-21.

② 杨新莹. 低碳经济与生态环境保护法律问题研究 [J]. 生态经济，2011（5）：63-71.

西南民族地区通过建立一些新能源低碳化的产业而推动低碳产业的发展，但该方式并没有在旅游产业中被广泛使用。一些旅游企业技术研发能力相对不足，已成为制约西南民族地区低碳旅游发展的关键问题。例如，在旅游和交通领域，新能源观光车的应用并不广泛，存在车辆服务能力低、资源严重浪费等现象，风能、太阳能、沼气等新能源的应用较少，与低碳的要求还存在较大差距。同时，西南民族地区推广低碳技术的能力较弱，将低碳概念应用于旅游实践中，有必要引入先进的低碳技术，推进低碳技术的应用。然而，西南民族地区许多风景名胜区对低碳技术的重视程度仍然较低，相关的节能技术、节水技术、节油技术、垃圾处理技术等尚未得到很好的推广应用。与此同时，低碳旅游要求旅行中尽量减少排放与碳元素相关联的有害物质，在一些旅游区域，例如在广西一些长寿之乡，喀斯特石山皆有，由于缺乏岩土，耕地分散，干旱、内涝，喀斯特地区生态脆弱。如果旅游业发展不得当，片面追求经济利益，忽视自然环境保护，将严重破坏当地生态环境体系。并且，当地的旅游开发一般起步晚，市政设施建设薄弱，旅游尾气处理、垃圾处理、污水处理设施缺乏，环境意识薄弱，要促进当地旅游业的发展，将面临许多环境问题：一是游客生活污水和废弃物导致河流污染；二是旅游车辆过多造成空气污染；三是村民无序地发展旅游业造成环境污染。低环境保护水平发展旅游业将带来高能耗、高污染、高排放，这与低碳旅游转型的发展背道而驰。

4. 居民低碳意识和环保意识仍较薄弱，低碳旅游管理体制有待完善

生态旅游的出发点是要贴近自然、保护自然，使旅游者因此获得良好的教育和体验。生态旅游者和管理者应具有很强的低碳环保意识。但由于经济、教育等因素的影响，西南民族地区许多地方居民，甚至是旅游管理者，对低碳环保的认识仍然相对薄弱。对低碳旅游发展认识不足，容易造成个别地方旅游投资者和经营者在生态旅游发展过程中忽视资源的可持续发展，只注重眼前利益，过分追求暂时的经济效益，缺乏长远意识。诚然，不注重生态效益和社会效益；在旅游营销中，低碳旅游和生态旅游被视为旗帜借用和滥用，误导了旅游消费者，甚至导致生态旅游环境严重恶化。

由于低碳理念传播的不足，不论是游客、公民还是旅游企业都没有足够的低碳意识。游客在出行游玩的过程中，没有在商品选择、住宿、交通、旅游形式等方面考虑到低碳的因素，对于自己在旅游过程中产生的能耗也没有概念；旅游企业一般也以追求利润为主要目的，并不会投放太多的人力、物力和资金到低碳技术的开发中。游客是旅游活动的主要参与者，其低碳意识在一定程度上影响着低

碳旅游的发展。游客使用一次性筷子、乱扔垃圾等现象普遍存在，这些行为加速了旅游景点生态环境的恶化。旅游经营者在经营过程中对低碳重视不够，只有部分景区采取了低碳措施。西南民族地区的一些旅游企业虽然已经开始倡导和发展低碳旅游，由于种种原因，大多数旅游企业并没有真正实施低碳的概念。他们在生产和消费中没有采用低碳技术和设备，也没有减少碳排放。只有当所有旅游主体都意识到节能减排的重要性，才能真正把低碳理念应用于旅游业的发展，真正解决节能减排问题。

西南民族地区旅游行业缺乏严格的低碳旅游规划标准。目前，西南民族地区的旅游规划大多是为一个个独立的地区或风景名胜区制定的，缺乏对区域内旅游产业低碳化转型发展的整体规划。推进低碳旅游发展必须以体制机制的创新为保障。目前，各地区仅根据各自的发展规划建立相应的规划体系。由于区域发展规划和低碳旅游标准的不同，制定一个统一标准的低碳旅游总体规划迫在眉睫。由于管理体制机制不健全、能源管理职能分散、能源价格改革滞后、法律制度综合效率不高等原因，西南民族地区在应对气候变化、发展低碳旅游方面仍面临着较大的困难。

5. 受旅游发展水平的制约，旅游产业低碳化转型的资金投入和资源开发力度仍不够

由于历史、自然等因素的影响，西南民族地区经济发展明显落后于我国其他地区。改革开放后，虽然国家的投资和政策支持使区域经济在各个方面都得到了大幅度的发展，但总体而言，经济基础还比较薄弱，社会建设资金在各个方面相对匮乏。从宏观上看，政府在生态旅游开发管理和生态环境保护方面的投资仍然十分有限，而民营经济规模相对较小，特别是缺乏生态旅游的投资理念，这将制约生态旅游的发展和推广。在这样的发展条件下，西南民族地区要想发展更高程度的低碳旅游业非常困难。目前，西南民族地区主要打造以地貌景观为主的"观光旅游"，旅游活动虽然具有吸引力，但单调、参与性不强、娱乐性不强，不能满足现代中外游客的心理需求和多样化消费。文化资源开发还处于表面阶段，没有进行深入挖掘和系统化打造。此外，西南民族地区目前仍处于低碳旅游景区建设阶段，本质上是生态环境旅游目的地建设阶段。低碳旅游景区的建设必然需要大量的资金支持，西南民族地区许多旅游经营者和旅游管理企业在低碳经营的道路中障碍重重。虽然近年来，广西、云南、贵州等各级政府相继采取措施修建公路，但交通状况仍然不乐观，除了与外界沟通的不便外，景区之间的交通亦不便。广西、云南、贵州经济发展缓慢，投资不足，相关配套设施建设不完善。很少有四星级或四星级以上的高星级酒店，住宿餐饮等休闲设施不足。西南民族地区主要风景名胜区低碳旅游发展差距明显，所以游客在选择旅游出行地的时候，大多倾向于沿海地区的一线、二线城市。西南民族地区对于游客的吸引力不够大，也引致了其低碳旅游发展难以为继。就广西、云南和贵州而言，如印象刘三姐、玉龙雪山风景区、黄果树瀑布景区这样技术力量雄厚、资金雄厚、低碳旅游发展接近成熟阶段的旅游企业并不多，对于大多数旅游企业来说，大量的资本投资仍然是一个难题。

（二）西南民族地区旅游产业低碳化转型的外部条件分析

1. 旅游生态环境破坏较为严重

近年来，随着西南民族地区经济社会的快速发展，由于资源的过度利用，生态环境不断恶化，已经成为制约西南民族地区经济社会可持续发展以及旅游产业可持续发展的重要因素。一方面，随着东部沿海发达地区的传统工业正在向西南民族地区转移，这些工业部门排放的大量废水、废气和废渣，使西南民族地区的污染问题日益严重，生态环境问题日益严重。另外，西南民族地区生态环境脆弱，天然净化能力低，能源环境问题严重，对于该地区旅游业的低碳可持续发展有害无利。另一方面，旅游业的发展肯定会带来游客和旅游企业的增加。这些因素在一定程度上会对西南民族地区的生态环境保护构成威胁。同时，酒店和游客数量的增加，不仅会造成水资源短缺，还会造成水污染。虽然旅游机构和相关部门一直在采取先进技术保护和恢复那些遭到破坏的或即将消失的古建筑、非物质文化遗产和历史文物等，并在一定程度上保护了少数民族地区的旅游业。但由于在旅游资源开发和利用过程中，对生态旅游资源存在不合理的开采行为，对旅游资源的保护往往跟不上旅游资源开发的步伐，造成生态旅游资源破坏较为严重，旅游资源保护与开发之间的矛盾较为突出，而且由于商业旅游开发的最终目标仍然是盈利，在政府监管不严的情况下，旅游资源的开发可能对环境造成不可避免的破坏。在开发的过程中开发者不注意对周边环境的保护，不合理开发使景区周边的生态环境恶化，破坏了生态平衡，而且还受到自然灾害的侵袭，如虫灾、旱灾、雹灾、风灾、泥石流等，这些自然灾害给西南民族地区造成了严重损失，尤其是泥石流造成了农田、道路等的破坏。自然灾害多发于低碳旅游的高峰期，低碳旅游设施遭到破坏，使低碳旅游的发展难以为继。西南民族地区发展低碳旅游亟待解决的问题是如何正确处理好环境保护和资源开发的关系。另外，由于环境问题的不可逆性，即一旦人为破坏了自然生态环境，就很难恢复原状，且陷入恶性循环，对经济和社会产生一系列负面影响。因此，应建立符合可持续发展要求的旅游生产和消费模式，优化能源结构。减少污染物排放，推进旅游产业实现低碳化转型，促进旅游低碳化转型发展迫在眉睫。

2. 国际社会碳排放压力较大，国际技术贸易壁垒有所增强

目前，全球变暖是一个无可争辩的事实。从《京都议定书》的签署到哥本哈根会议的召开，以及每年的世界环境日，气候变化、节能减排问题都是世界各国密切关注的，世界各国已经达成一个保护环境、发展低碳经济的共识。然而，目前我国推动旅游产业实现低碳化转型，仍面临较大的节能减排压力，能源消耗量大、污染排放突出等问题仍较突出，属于欠发达地区的西南民族地区更是如此。在哥本哈根会议上，中国做出了到 2020 年将单位国内生产总值二氧化碳排放量降低 40%~45% 目标的承诺，对经济发展处于上升阶段的西南民族地区进行了严峻考验。在此背景下，推进西南民族地区旅游产业实现低碳化转型也将面临较大的外部压力。

《联合国气候变化框架公约》规定了发达国家的一个义务，就是转移资金技术到发展中国家，其建立的清洁能源机制为发达国家和发展中国家之间的低碳技术合作提供了双赢的途径。它极大地促进了低碳技术和资本的全球转移。目前，我国已成功注册的清洁能源机制项目数量、项目预期年减排量、认证减排量均居世界前列。清洁能源项目的发展，将有助于我国获得先进的低碳理念、技术和设备，为促进节能减排发挥强有力的作用。

为了解决气候日益变暖、推动低碳经济的发展和旅游业低碳化转型，加强低碳技术国际交流与合作是其必由之路，也是世界各国在世界性问题的应对之法。随着国际金融危机的加深，以碳排放为借口的全球技术性贸易壁垒得到加强，对国际贸易产生了深远的影响。近年来，为了巩固其在国际经济市场的控制地位，发达国家针对"碳关税"采取了系列措施来影响国家的进出口贸易。但是这一现象明显不利于发展中国家，尤其是低碳技术落后的发展中国家发展低碳经济，更加不利于国际的经济合作。这必将产生深远的影响，也可能从新的角度引发新一轮的"贸易战"。毫无疑问，发达国家和发展中国家在进行有关与气候变化的谈判时，技术性贸易壁垒已成为重中之重。中国作为世界大国，在全球节能减排、缓解气候变暖等问题上发挥着重要作用，中国低碳经济的发展对于世界气候问题缓解来说至关重要。在技术性贸易壁垒进一步加强的背景下，应用低碳技术推进旅游产业实现低碳化转型仍面临着艰巨的挑战。

3. 政府加大对旅游业节能减排的监督和政策支持

近年来，国家和地方政府部门不断加大对旅游业节能减排的监督和政策支持，对推进旅游产业实现低碳化转型发挥了重要的推动作用。

2009 年发布的《国务院关于加快发展旅游业的意见》对旅游业节能减排项目实施细则、减排目标进行了规定，要求旅游企业积极使用节能减排的新能源，减少能耗，保护环境，减少污染物的排放，加强对能源的开发管理，发展绿色环保经济；5 年内，星级酒店和 A 级景区的水电消耗将减少 20%。

2010 年发布的《关于进一步推进旅游行业节能减排工作的指导意见》指出，我国有 14000 家星级酒店每年使用 174 亿度电、9.2 亿吨的水，五星级酒店的能耗是每平方米标准煤大约为 60.87 千克，四星级酒店的能耗是每平方米标准煤大约为 47.29 千克，三星级酒店的能耗是每平方米标准煤大约为 40.36 千克，每位游客年平均用电量，甲级风景名胜区 1.42 度，人均用水量 0.17 立方米。旅游产业具有巨大的节能减排潜力。旅游管理机构应该大力倡导旅游企业使用环保型设备，发展基金应优先提供给符合相关标准的企业；正确处理好环境保护、财政支持等的协调发展，搭建合作平台，选择合格的星级酒店和 A 级景区作为典型示范，通过能源合同管理对节能减排设备进行更新改造，努力为合格的能源合同管理项目提供相关政策支持，努力解决节能减排融资问题。通过市场化渠道减少星级酒店和 A 级风景名胜区的使用量，开展星级酒店、A 级风景名胜区节能减排年度考核，根据区域实际情况，结合能源准入制度，以节能减排指标为依据，对星级酒店和 A 级风景名胜区进行年度考核。在条件允许的情况下，可向新建酒店和风景名胜区引入节能减排措施。

2010 年颁布实施的《关于促进旅游饭店业持续健康发展的意见》强调，要坚持低碳环保，节能减排，减少污染物的排放，提高资源利用水平，推动旅游产业的绿色、可持续发展。推进节能减排，确保目标的实现，要加快转变旅游发展方式，让节能减排意识深入人心，担负起肩上的责任，为节能减排目标做努力。在酒店方面，创新工作机制，在地方政府的规划中，加入星级酒店的节能减排项目，加强对能源合同的管理和指导。企业应在内部加强对节能减排理念的宣传、引导，创新技术开发，引进新能源、新设备。

2014 年颁布的《国务院关于促进旅游业改革发展的若干意见》指出，建设资源节约型、环境友好型社会，推动旅游产业的绿色发展，以及可持续发展；国家扶持中小企业、新农村建设和扶贫开发，节能减排专项资金应当支持符合条件的旅游企业和项目。

由此可见，各级政府部门通过从节能减排任务落实、政策和资金支持等角度制定了具体的政策措施，对推进旅游业节能减排，促进旅游产业实现低碳化转型发挥了至关重要的影响作用。随着西部大开发战略的实施和中央提出的各项民族优惠政策的出台，西南民族地区经济将继续发展，西南民族地区低碳旅游的发展也将面临更多的政策机遇。目前，西南民族地区各省区都十分重视旅游业的发展。大多数省市都把旅游业作为重要支柱产业，使旅游业的发展战略不断做大做强。少数民族地区旅游业的发展已成为调整经济结构和转移经济战略的重要方向之一，已成为促进该地区经济发展的重要途径。由此可见，良好的政策机遇为西南民族地区发展生态旅游提供了良好的政策环境。

4. 旅游行业的发展竞争日趋激烈

西南民族地区旅游业面临着中部、东部等地区的竞争，中部、东部地区都在利用自身优势，发展观光、休闲、乡村旅游等多种特色旅游产业，许多地区在资源储备、交通运输、接待能力、自然环境等方面条件优越，旅游业已初具规模。虽然西南民族地区未开发的旅游资源较多，但在人文景观环境旅游中仍处于缓慢发展的状态。休闲旅游所需的基础设施相对稀缺，如餐饮、度假、酒店等，需要建设的基础设施较多。此外，西南民族地区旅游景区的交通条件相对较差，可进入性也较差，在一定程度上给西南民族地区旅游市场的拓展带来了挑战，也使西南民族地区的旅游发展面临着周边景区旅游发展的挑战。

与此同时，随着国内旅游经济的快速发展，许多省份优先发展旅游业，旅游业竞争日趋激烈。西南民族地区生态旅游的发展，不仅要面对与发达旅游区的竞争，还要面对与传统旅游项目的竞争。不仅要面对资源、设施、道路交通等硬件环境的竞争，还要面对管理手段、管理理念、员工素质等软件环境的竞争。因此，在经济基础薄弱、旅游交通网络不发达的西南民族地区，如果要加强和发展低碳旅游产业，促进旅游产业转型，面临的竞争巨大。发展低碳旅游，要把西南民族地区建成国家生态旅游发展高地，才能真正吸引全国各地的低碳旅游者。

5. 旅游人数规模不断扩大，游客对提高旅游体验的期望高，但与东部、中部地区的旅游发展差距仍较大

近年来，随着西南民族地区经济的快速发展和居民收入水平的不断提高，市民对回归自然的渴望与日俱增。近年来，乡村旅游和低碳旅游逐渐升温，旅游收入和旅游接待人数逐年增加，成为西南民族地区发展低碳旅游的动力。目前西南民族地区旅游业发展规模不断扩大，旅游人数不断增多，根据《中国旅游统计年

鉴》的数据可知，2013 年西南民族地区的旅游总收入为 6538.99 亿元，其中，广西的旅游总收入为 2057.1 亿元，占 31.46%；贵州的旅游总收入为 2370.65 亿元，占 36.25%；云南的旅游总收入为 2111.24 亿元，占 32.29%。2017 年，西南民族地区的旅游总收入为 19619.44 亿元，比 2013 年增加了 13080.45 亿元，增长了 200.04%，其中，广西的旅游总收入为 5580.4 亿元，占 28.44%；贵州的旅游总收入为 7116.81 亿元，占 36.27%；云南的旅游总收入为 6922.23 亿元，占 35.28%。同时，西南民族地区的旅游人数规模也不断增长。2013 年西南民族地区的旅游总人数为 75551.95 万人次，其中，广西的旅游总人数为 24545.74 万人次，占 32.49%；贵州的旅游总人数为 26745.98 万人次，占 35.40%；云南的旅游总人数为 24260.23 万人次，占 32.11%。2017 年西南民族地区的旅游总人数达到了 183987.65 万人次，比 2013 年增加了 108435.7 万人次，增长了 143.52%，其中，广西的旅游总人数为 52324.44 万人次，占 28.44%；贵州的旅游总人数为 74323.4 万人次，占 40.40%；云南的旅游总人数为 57339.81 万人次，占 31.17%。由此可见，西南民族地区旅游人数规模不断扩大，对深入推进西南民族地区旅游产业实现低碳化转型奠定了重要的基础。

同时也应看到，游客对提高旅游体验的期望也较高，对旅游产业实现低碳化转型提出了更高的要求。西南民族地区独特的气候条件、丰富的自然景观、绚丽多彩的民族文化使旅游者对该地区的心理需求及期望很高。从旅游目的地选择来看，西南民族地区的低碳旅游与我国其他少数民族地区相比具有明显的优势。在许多游客眼中，西南民族地区是中国少数民族地区旅游的首选目的地。未来，随着旅游业的多元化和深层次发展，传统旅游项目将面临巨大挑战。低碳的、民族的、生态的、参与式的旅游将成为游客们的心头之好，使西南民族地区旅游者对其心理定位更加突出，对低碳体验的要求也会不断提高。

此外，西南民族地区的旅游资源开发仍不够深入，与中部、东部旅游发展差距较大。西南民族地区受交通制约、旅游设施不够完善、知名度有待提高等因素，对比广东丹霞山、湖南崀山等景区，西南民族地区旅游景区的级别也逊色很多。同样都以丹霞地貌为主的其他各省区，在申遗成功后都借此机会打响自己的品牌，提高旅游知名度，西南民族地区在我国旅游景区开发和宣传推广中则处于不利的地位，还将会面临着被其他地区和景区超越的影响和威胁。此外，季节性的淡季成为制约西南民族地区旅游发展的瓶颈，如何利用西南民族地区大好的山水自然景观，形成天然优势，发展低碳旅游，是西南民族地区发展低碳旅游的重要考虑因素。

二、西南民族地区旅游产业碳排放的现状分析

(一) 旅游交通碳排放量测度及碳排放现状分析

1. 旅游交通碳排放量测度模型

旅游交通的结构与客运交通相同,是客运交通的一个组成部分,因此旅游交通的碳排放量可以根据客运交通的碳排放量测算方式来计算。

(1) 客运交通碳排放量的测算。乘客人数、运输距离是影响客运交通碳排放量的重要因素,乘客人数越多,运输距离越长,能源消耗量越高,碳排放量越高。其计算公式表示为:

$$C_{ij} = F_{ij} \cdot N_{ij} \cdot L_{ij} \qquad (3-1)$$

其中,C_{ij}表示i交通工具j次行程的碳排放量,单位为gCO_2;F_{ij}表示i交通工具j次行程的碳排放系数,单位为gCO_2/pkm;N_{ij}表示i交通工具j次行程中承载的乘客数;L_{ij}表示i交通工具j次行程的运输距离,单位为km。

则i交通工具总的碳排放量为:

$$C = \sum_{j=1} C_{ij} = \sum_{j=1} (F_i \cdot N_{ij} \cdot L_i) = F_i \cdot \sum_{j=1} (N_{ij} \cdot L_{ij}) = F_i \cdot \bar{L} \cdot \sum_{ij=1} N_{ij} \qquad (3-2)$$

其中,$T = N \cdot \bar{L}$用来代表旅客周转量,单位为pkm;$\bar{L}$表示平均运输距离;旅客周转量T的函数,可以用i交通运输碳排放量表示,即$C_i = F_i \cdot T_i$。

(2) 旅游交通碳排放量的计算。旅游交通碳排放量,作为客运交通碳排放的一部分,即:

$$C_T = \alpha \cdot C_{ij} \qquad (3-3)$$

其中,C_T表示旅游交通碳排放量,C_{ij}表示客运交通碳排放量,α表示旅游交通碳排放在客运交通碳排放中占比。

旅游交通碳排放量测算,公式可表示为:

$$C_T = F \cdot \alpha \cdot T \qquad (3-4)$$

其中,C_T表示旅游交通碳排放量,F表示交通类型碳排放系数,T表示客运方式的旅客周转量。

2. 西南民族地区旅游交通碳排放量的测算

（1）各参数值的确定。根据交通碳排放量的求值公式（3-4），旅游业碳排放量的计算，需要确定不同运输方式的排放系数（即不同类型旅客运输碳排放量在旅游业碳排放量中所占的份额）、旅游业排放系数、旅客周转量等三个参数，其中旅客周转量可以通过查找统计数来获得或经简单计算而得到。根据历年《中国统计年鉴》《广西统计年鉴》《贵州统计年鉴》《云南统计年鉴》的相关数据，经过加工整理得出西南民族地区各地区旅客周转量情况，如表3-1所示。

表3-1　　　　　　西南民族地区各地区旅客周转量情况　　　　　单位：亿人千米

年份	地区	铁路	公路	水运	航空
2005	广西	116.4000	438.8000	2.6000	79.2744
	贵州	145.7000	164.9000	1.8000	47.3487
	云南	56.8000	233.1000	1.1000	56.3900
2009	广西	167.3141	618.2824	1.7007	157.6728
	贵州	162.4140	240.1110	4.0890	93.3432
	云南	72.3631	302.2171	1.5524	81.3100
2013	广西	193.6700	415.7300	1.9200	247.2754
	贵州	211.2100	377.8700	4.5400	177.1474
	云南	106.5200	323.1000	2.2300	125.4000
2017	广西	404.6100	370.3800	3.3200	427.4550
	贵州	249.4800	463.9300	6.7200	423.9446
	云南	142.2400	308.2700	2.8800	153.6600

注：由于广西和贵州地区航空旅客周转量数据的缺失，本文采用广西、贵州的民航客运总量与全国民航的旅客运输平均运距的乘积来求得。

由于中国缺少旅游卫星账户系统和结构，α值因此不好确定，为此，参照宋甜和郑玉洁（2013）等人的研究成果，选取铁路、公路、水运、航空的α值分别为31.6%、13.8%、10.6%、64.7%。不同国家和地区的碳排放系数存在着较大不同，依据孙晋坤（2016）等人的研究成果，选取铁路、公路、水运、航空的碳排放系数分别为27克/人·千米、133克/人·千米、70克/人·千米、140克/人·千米。

(2) 旅游交通碳排量的计算。根据公式（3-4），将前文讨论的 α 值和碳排放系数值以及表 3-1 的相关数据代入公式（3-4），计算得到 2005 年、2009 年、2013 年、2017 年的西南民族地区旅游交通碳排量分别为 346.9762 万吨、548.8905 万吨、747.2661 万吨、1188.9937 万吨，如表 3-2 所示。

表 3-2　　　　　　　　西南民族地区旅游交通碳排量　　　　　　　　单位：万吨

年份	地区	铁路	公路	水运	航空	总计
2005	广西	9.9312	80.5374	0.1929	71.8068	162.4683
	贵州	12.4311	30.2657	0.1336	42.8885	85.7189
	云南	4.8462	42.7832	0.0816	51.0781	98.7890
	小计	27.2085	153.5863	0.4081	165.7733	346.9762
2009	广西	14.2752	113.4796	0.1262	142.8200	270.7010
	贵州	13.8572	44.0700	0.3034	84.5502	142.7808
	云南	6.1740	55.4689	0.1152	73.6506	135.4087
	小计	34.3064	213.0185	0.5448	301.0209	548.8905
2013	广西	16.5239	76.3031	0.1425	223.9821	316.9515
	贵州	18.0204	69.3543	0.3369	160.4601	248.1717
	云南	9.0883	59.3018	0.1655	113.5873	182.1428
	小计	43.6326	204.9591	0.6448	498.0295	747.2661
2017	广西	34.5213	67.9795	0.2463	387.1887	489.9360
	贵州	21.2856	85.1497	0.4986	384.0090	490.9430
	云南	12.1359	56.5799	0.2137	139.1852	208.1147
	小计	67.9429	209.7091	0.9587	910.3830	1188.9937

3. 西南民族地区旅游交通碳排放的总体现状分析

图 3-1 反映了 2005 年、2009 年、2013 年、2017 年西南民族地区不同旅游交通方式的碳排量变化趋势。从图 3-1 可以看到，航空的碳排放量是排名第一的，且每年呈现较大幅度的增长，航空的碳排放量从 2005 年的 165.7733 万吨增长至 2017 年的 910.3830 万吨，增长幅度达到 449.17%。碳排量排名第二的是公路，公路每年的碳排放量仅次于航空的碳排放量，2005 年、2009 年、2013 年、2017 年公路的碳排放量分别是航空碳排放量的 0.9265 倍、0.7077 倍、0.4115

倍、0.2304 倍；同时，公路的碳排放量从 2005 年的 153.5863 万吨增长至 2017 年的 209.7091 万吨，增长幅度为 36.54%。可以看到，公路的碳排放量增长幅度相对于航空的碳排放量较小，但是公路的碳排放量保持着一定幅度的增长。碳排量排名第三的是铁路，其碳排放量从 2005 年的 153.5863 万吨增长至 2017 年度的 209.7091 万吨，增长幅度为 149.71%，且 2005 年、2017 年度铁路的碳排放量分别占旅游交通碳排放总量的 7.84%、4.62%，由此可见，铁路的碳排放量在各类交通方式的总排放量中所占的比例总体上不高。碳排量排名第四的是水运，水运的碳排放量从 2005 年的 0.4081 万吨增长至 2017 年的 0.9587 万吨，增长幅度为 134.91%；但是 2005 年、2009 年、2013 年、2017 年水运的碳排放量在各类交通方式的总排放量中所占的比例分别为 0.12%、0.10%、0.09%、0.07%，可见，水运的碳排放量在总的碳排放量中所占的比例相对较小。

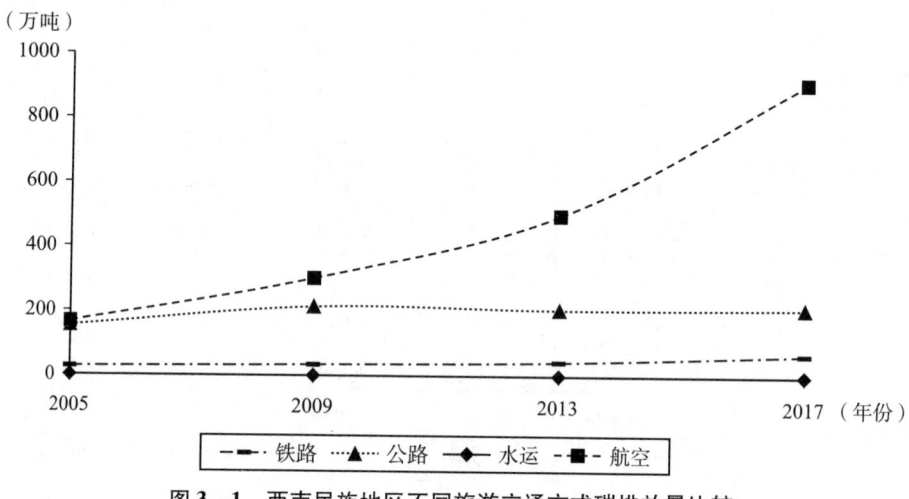

图 3-1　西南民族地区不同旅游交通方式碳排放量比较

图 3-2 表示的是 2005 年、2009 年、2013 年、2017 年西南民族地区各省份碳排放量的比较情况。从图 3-2 可以看到，广西每年的碳排放量都是最大的，其碳排放量从 2005 年的 162.4683 万吨增长至 2017 年度的 489.9360 万吨，增长了 201.56%。其次是贵州，贵州的碳排放量从 2005 年的 85.7189 万吨增长至 2017 年的 490.9430 万吨，增长幅度为 472.74%，其中 2005 年、2009 年、2013 年、2017 年的碳排放量分别占当年西南民族地区总碳排放量的 24.70%、26.01%、33.21%、41.29%，其碳排放量在总的碳排放量中所占的比例呈扩大趋势。最后是云南，云南的碳排放量从 2005 年的 98.7890 万吨增长至 2017 年的

208.1147万吨,增长幅度为110.67%,云南的碳排放量在西南民族地区各省份的碳排放量中的增长幅度是最小的;同时,2005年、2009年、2013年、2017年云南的碳排放量分别占当年西南民族地区碳排放总量的28.47%、24.67%、24.37%、17.50%,由此可见,云南在西南民族地区的碳排放总量中所占的比例呈现下降趋势。由此可见,广西的碳排放量相对较高,这与其经济发展水平相对较高密切相关,经济发展在一定程度上带动了旅游业的快速发展,其碳排放量也较大;贵州的碳排放量也较大,这与贵州近年来经济取得较大的发展成效密切相关;而云南的碳排放量相对最小,尽管近年来云南的旅游业发展较快,但是,其旅游业总体规模仍较有限,也反映出当地相关政府部门对旅游生态环境的保护较重视。

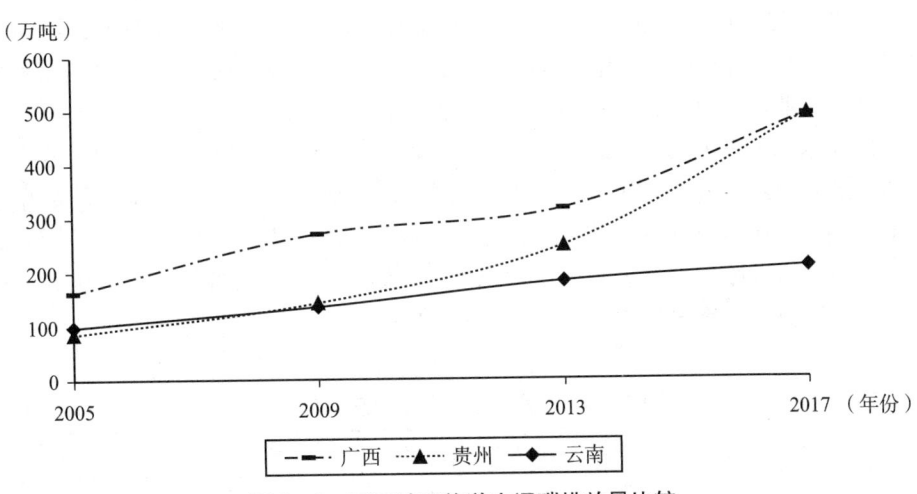

图3-2 不同地区旅游交通碳排放量比较

(二)旅游住宿碳排放量测度及碳排放现状分析

1. 旅游住宿碳排放量测度模型

在旅游住宿中,旅游者使用电力天然气以及燃料等产生较大的碳排放量。根据旅游住宿类型与能耗消费之间的关系,可以将旅游住宿的碳排放量表示为:

$$C_A = \sum_{j=1}^{n} (R_j \cdot N_j) \quad (3-5)$$

其中,C_A表示旅游住宿碳排放量,R_j表示住宿方式j每床每天的碳排放系数,

N_j表示住宿方式 j 的实际床位出租量，n 表示住宿方式的种类数。

2. 西南民族地区旅游住宿碳排放量的测算

(1) 各参数值的确定。

根据计算公式 (3-5)，需要确定西南民族地区床位数及床位出租率、不同类型住宿方式每床每天的碳排放系数、旅游住宿业的类型。

根据《住宿业业态分类（征求意见稿）》对住宿业态的测度，以国家标准、不同目标客源需求为标准，将住宿业态分为 10 种类型：精品饭店、家庭饭店、交通饭店、商务饭店、旅游饭店、政（公）务饭店、主题饭店、长住饭店（公寓）、会议饭店、度假饭店等，其中，乡村旅游及星级饭店是目前旅游住宿的主要选择。参考何彪（2014）等的研究成果，将西南民族地区住宿业的单位能源消耗量设定为 155 兆焦/床晚，住宿业的能源消耗量与碳消耗量换算系数设定为 43.2 克/兆焦，而碳到二氧化碳的换算系数 3.67（44/12），从而测算得到西南民族地区住宿业的碳排放系数为 24574.32 克二氧化碳/床晚。

根据 2006~2017 年度《中国旅游统计年鉴》，可以得到西南民族地区各省份的星级酒店数量情况，如表 3-3 所示。同时，各地区星级酒店床位数的数据来源于《中国旅游统计年鉴》，由于床位数出租数量的缺失，本书用各星级酒店的客房出租率乘以床位数来表示床位的出租量，然后整理得到各年度西南民族地区星级酒店床位数及床位出租量，如表 3-4 所示。

表 3-3　　　　西南民族地区各地区的星级酒店数量情况　　　　单位：家

年份	地区	五星级	四星级	三星级	二星级	一星级	合计
2005	广西	9	23	142	170	8	352
	贵州	2	10	52	98	21	183
	云南	9	45	150	482	113	799
2009	广西	14	47	215	154	7	437
	贵州	2	28	119	152	19	320
	云南	15	59	198	466	88	826
2013	广西	12	59	227	82	1	381
	贵州	5	52	134	99	15	305
	云南	17	63	195	269	19	563

续表

年份	地区	五星级	四星级	三星级	二星级	一星级	合计
2017	广西	11	83	231	85	0	410
	贵州	6	56	115	6	13	266
	云南	17	71	210	239	22	559

注：由于尚未获得2017年度的星级酒店数量情况，星级酒店数量的变动在短期内变化较小，为保持前后研究数据的统一性和连贯性，故采用2016年度的数据进行替代。

表3-4　西南民族地区不同类型住宿形式床位数及床位出租量情况　　单位：张

年份	地区	五星		四星		三星		二星		一星	
		床位数	实际床位出租量	床位数	实际床位出租量	床位数	实际床位出租量	床位数	实际床位出租量	床位数	实际床位出租量
2005	广西	79074	16615895	10313	2230150	35270	7455125	26241	5465145	854	180675
	贵州	31960	7992040	3297	1134055	9769	2444770	15322	3443775	2472	593855
	云南	117932	23128225	16067	3349240	29037	6008265	57359	11229955	8931	1257060
2009	广西	8371	1615855	18387	4021935	47325	10645590	26762	5905700	667	150380
	贵州	959	165710	8061	1729370	20856	4586590	16300	3372600	2083	430335
	云南	15673	3076585	18952	4102235	39236	8034015	58314	11902285	5651	1083320
2013	广西	7162	1254140	24230	4743905	48846	1040815	11587	2305705	81	18250
	贵州	2499	451870	14775	3459105	21213	44366115	7454	1510370	875	186880
	云南	8635	2028305	25315	73053655	42362	96499065	31214	5961910	1625	324120
2017	广西	6333	5938350	29245	5938350	48073	9349836	15350	2903478	0	0
	贵州	2844	394906	18754	3949506	19040	35778696	9288	1867332	4131	708576
	云南	10325	4824978	22199	4824978	43866	86506296	30761	5944572	1427	264252

注：实际床位出租量＝床位数×客房出租率×当年的全年天数。

（2）旅游住宿碳排量的计算。根据公式（3-5），代入相关数据及每床每晚碳排放系数，最后计算得到2005年、2009年、2013年、2017年星级酒店碳排放量总量分别为196.8067万吨、117.6989万吨、590.4862万吨、409.4228万吨，如表3-5所示。

表 3-5　　　　　　　西南民族地区各地区星级酒店碳排放量　　　　单位：万吨

年份	地区	五星	四星	三星	二星	一星	总计
2005	广西	40.8324	5.4804	18.3205	13.4302	0.4440	78.5076
	贵州	19.6399	2.7869	6.0079	8.4628	1.4594	38.3568
	云南	56.8360	0.0395	8.2305	0.0714	14.7649	79.9423
	合计	117.3084	8.3068	32.5588	21.9644	16.6683	196.8067
2009	广西	3.9709	9.8836	26.1608	14.5129	0.3695	54.8977
	贵州	0.4072	4.2498	11.2712	8.2879	1.0575	25.2737
	云南	7.5605	0.0466	10.0810	0.0964	1.7430	37.5275
	合计	11.9386	14.1800	47.5130	22.8972	21.1701	117.6989
2013	广西	3.0820	11.6578	25.4118	5.6661	0.0448	45.8626
	贵州	1.1104	8.5005	109.0267	3.7116	0.4592	122.8085
	云南	4.9844	0.0622	179.5244	0.1041	237.1399	421.8150
	合计	9.1768	20.2205	313.9629	9.4818	237.6440	590.4862
2017	广西	14.5931	14.5931	22.9766	7.1351	0.0000	59.2979
	贵州	9.7056	9.7056	87.9237	4.5888	1.7413	113.6651
	云南	11.8571	0.0546	11.8571	0.1078	212.5833	236.4598
	合计	36.1558	24.3533	22.7574	11.8317	214.3246	409.4228

3. 西南民族地区旅游住宿碳排放的总体现状分析

图 3-3 表示的是 2005 年、2009 年、2013 年、2017 年西南民族地区不同星级酒店类型的碳排放量比较变化趋势。从图 3-3 可以看到，2005~2009 年，五星级酒店的碳排放量相对较大，但是一星级、二星级、三星级、四星级酒店的碳排放量都相对较小；在 2009~2013 年，三星级、一星级酒店的碳排放量出现较大幅度的增长，在 2013~2017 年，三星级、一星级酒店的碳排放量又出现较大幅度的减小，在 2009~2017 年，二星级、四星级、五星级酒店的碳排放量都保持在较低的碳排放水平上。

第三章　西南民族地区旅游产业低碳化转型的条件、现状及潜力评价

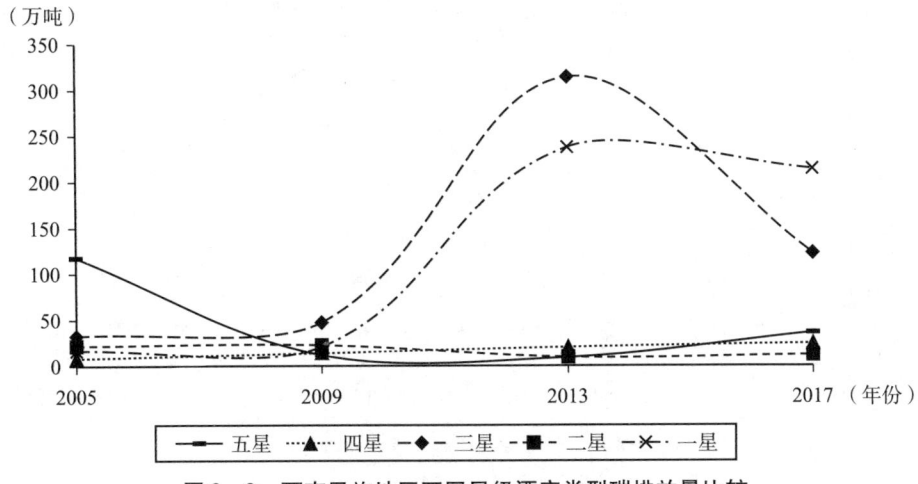

(万吨)

图3-3　西南民族地区不同星级酒店类型碳排放量比较

同时，从图3-3还可以看到，三星级酒店的碳排放量从2005年的32.5588万吨增长至2013年的313.9629万吨，增长了864.29%；随后又从2013年的313.9629万吨减少至2017年的122.7574万吨，减少了60.90%，由此可见，三星级酒店碳排放量的减小与国家加强生态环境保护政策有着密切的联系。一星级酒店的碳排放量则从2005年的16.6683万吨增长至2013年的237.6440万吨，随后又减少至2017年的214.3246万吨，2015~2017年间增长了1185.82%，由此可见，一星级酒店的碳排放量也较大，需要合理控制一星级酒店的碳排放量情况。二星级酒店的碳排放量从2005年的21.9644万吨减少至2017年的11.8317万吨，减少了46.13%。四星级酒店的碳排放量从2005年的8.3068万吨增长至2017年的24.3533万吨，增长了193.17%。五星级酒店的碳排放量从2005年的117.3084万吨减少至2017年的36.1558万吨，减少了69.18%。

与此同时，从图3-4可以看到，云南的旅游住宿碳排放量变动幅度较大，先是从2005年的79.9423万吨增长至2013年的421.8150万吨，增长了427.65%；随后又从2013年的421.8150万吨减少至2017年的236.4598万吨，减少了43.94%。而贵州和广西的旅游住宿碳排放量的变动幅度相对于云南的旅游住宿碳排放量而言相对较小。其中，贵州的旅游住宿碳排放量从2005年的38.3568万吨增长至2017年的113.6651万吨，增长了196.34%；广西的旅游住宿碳排放量从2005年的78.5076万吨减少至2017年的59.2979万吨，减少了24.47%。可以看到，西南民族地区各地区之间的碳排放量差距仍较大。

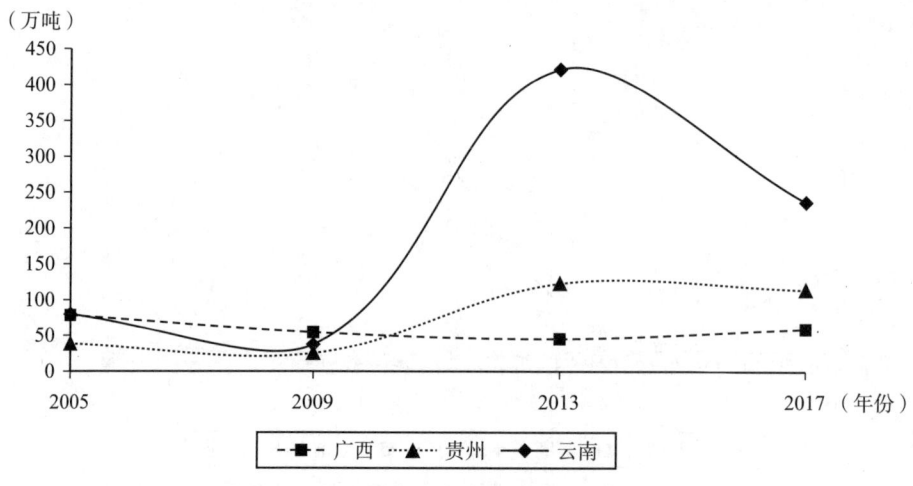

图 3-4 不同地区旅游住宿碳排放量比较

（三）旅游活动碳排放测度及碳排放现状分析

1. 旅游活动碳排放测算模型

旅游者在旅游中会选择某种旅游产品或服务进行消费，而接待设施作为旅游的主要能源消耗，其能源消费集中在电力消耗方面。可以将不同旅游类型游客数量与不同旅游类型的碳排放量相乘来表示旅游活动的碳排放总量，即：

$$C_V = \sum_{k=1}^{n}(R_k \cdot N_k) \qquad (3-6)$$

其中，C_V 表示旅游活动碳排放量，R_k 表示旅游活动 k 的碳排放系数（克/人），N_k 表示参加旅游活动 k 的游客人数，n 表示旅游活动的种类数。

2. 西南民族地区旅游活动碳排放量的测度

（1）各参数值的确定。根据公式（3-6），需明确旅游活动类型、不同旅游类型的二氧化碳单位排放系数和不同旅游类型的游客人数。

目前，对旅游活动的定义尚未形成统一的定论，结合《中国统计年鉴》和《中国旅游统计年鉴》的旅游类型数据分布方式，本书将西南民族地区旅游活动分为会议/商务、观光休闲、探亲访友、服务员工和其他类型活动等。参照王凯（2017）等人的研究成果，健康疗养、文娱体育健身、探亲访友、商务出差、度假休闲、观光游览以及其他旅游活动的二氧化碳排放系数分别为 1670 克/人、

1670 克/人、591 克/人、786 克/人、1670 克/人、417 克/人和 172 克/人。

根据历年《中国统计年鉴》《中国旅游统计年鉴》的相关数据计算得出西南民族地区旅游人数情况以及我国居民国内游客不同旅游目的构成比例情况（见表 3-6、表 3-7）。

表 3-6　　　　　　西南民族地区旅游人数情况　　　　　　单位：万人次

年份	地区	接待入境过夜游客	国内游客	游客总数
2005	广西	147.71	6493.00	6640.71
	贵州	27.62	3099.46	3127.08
	云南	150.28	6861.00	7011.28
2009	广西	209.85	11805.90	12015.75
	贵州	39.95	10400.00	10439.95
	云南	284.49	12023.00	12307.49
2013	广西	281.74	24264.00	24545.74
	贵州	62.40	26683.58	26745.98
	云南	287.88	23972.35	24260.23
2017	广西	512.44	51812.00	52324.44
	贵州	32.40	74291.00	74323.40
	云南	667.69	56672.12	57339.81

表 3-7　　　我国居民国内游客不同旅游目的构成比例情况　　　单位：%

年份	观光游览	度假休闲	商务出差	探亲访友	文娱体育健身	健康疗养	其他
2005	44.90	18.50	5.70	23.50	1.50	—	5.90
2009	28.90	23.40	3.50	35.90	—	1.10	7.30
2013	25.03	22.63	10.96	36.30	—	2.43	2.68
2017	27.35	27.47	14.14	24.11	2.49	1.34	3.00

注：2013 年、2017 年的数据分别采用城镇居民国内游客人次数构成（按旅游目的分）、农村居民国内游客人次数构成（按旅游目的分）的数据及全国的国内游客数量进行简单加总和平均处理。2005 年、2009 年由于缺乏农村居民国内游客人次构成的相关数据，故采用城镇居民国内游客人次数构成（按旅游目的分）的数据进行替代。此外，由于 2018 年《中国旅游统计年鉴》的相关数据尚未公布，故 2017 年的原始数据采用上一年度的数据进行替代。"—"表示原始统计数据不包含此类型活动数据或已包含在"其他"活动中。

通过旅游人数与旅游人数比例的乘积，可以计算得到西南民族地区不同类型旅游活动的游客人数，结果如表 3-8 所示。

表 3-8　　　　西南民族地区不同类型旅游活动的旅游人数　　　　单位：万人次

年份	地区	观光游览	度假休闲	商务出差	探亲访友	文媒体育健身	健康疗养	其他
2005	广西	2981.6788	1228.5314	378.5205	1560.5669	99.6107	—	391.8019
	贵州	1404.0589	578.5098	178.2436	734.8638	46.9062	—	184.4977
	云南	3148.0647	1297.0868	399.6430	1647.658	105.1692	—	413.6655
2009	广西	3472.5518	2811.6855	420.5513	4313.6543	—	132.1733	877.1498
	贵州	3017.1456	2442.9483	365.3983	3747.9421	—	114.8395	762.1164
	云南	3556.8646	2879.9527	430.7622	4418.3889	—	135.3824	898.4468
2013	广西	6144.3661	5555.0125	2690.911	8910.0133	—	595.4035	658.3857
	贵州	6695.1370	6052.9547	2932.1203	9708.6923	—	648.7745	717.4023
	云南	6072.8963	5490.3980	2659.6114	8806.3742	—	588.4779	650.7275
2017	广西	14309.2301	14374.4734	7397.5078	12617.0329	1304.1586	701.0413	1568.6714
	贵州	20325.312	20417.9870	10507.6697	17921.6593	1852.4709	995.7827	2228.1937
	云南	15680.7896	15752.2866	8106.5692	13826.3930	1429.1641	768.2371	1719.0307

注："—"表示原始统计数据不包含此类型活动数据或已包含在"其他"活动中。

（2）旅游活动碳排量的计算。将表 3-8 的旅游活动数据和不同类型旅游活动碳排放系数代入公式（3-6），最后计算出 2005 年、2009 年、2013 年、2017 年西南民族地区旅游活动的碳排放量分别为 11.9982 万吨、27.1813 万吨、62.5682 万吨、164.7799 万吨，如表 3-9 所示。

表 3-9　　　　各地区不同类型旅游活动碳排放量　　　　单位：万吨

年份	地区	观光游览	度假休闲	商务出差	探亲访友	文媒体育健身	健康疗养	其他	小计
2005	广西	1.2434	2.0516	0.2975	0.9223	0.1663	—	0.0674	4.7486
	贵州	0.5855	0.9661	0.1401	0.4343	0.0783	—	0.0317	2.2361
	云南	1.3127	2.1661	0.3141	0.9738	0.1756	—	0.0712	5.0135

续表

年份	地区	观光游览	度假休闲	商务出差	探亲访友	文娱体育健身	健康疗养	其他	小计
2009	广西	3.1416	5.1839	0.7517	2.3304	0.4203	—	0.1703	9.3951
	贵州	1.4481	4.6955	0.3306	2.5494	—	0.2207	0.1509	8.1630
	云南	1.2581	4.0797	0.2872	2.2150	—	0.1918	0.1311	9.6232
2013	广西	1.4832	4.8095	0.3386	2.6113	—	0.2261	0.1545	20.3275
	贵州	4.1894	13.5848	0.9563	7.3757	—	0.6386	0.4365	22.1496
	云南	2.5622	9.2769	2.1151	5.2658	—	0.9943	0.1132	20.0911
2017	广西	2.7919	10.1084	2.3046	5.7378	—	1.0835	0.1234	46.8619
	贵州	2.5324	9.1690	2.0905	5.2046	—	0.9828	0.1119	66.5643
	云南	7.8865	28.5543	6.5102	16.2082	0.0000	3.0605	0.3486	51.3537

注："—"表示原始统计数据不包含此类型活动数据或已包含在"其他"活动中。

3. 西南民族地区旅游活动碳排放的总体现状分析

图 3-5 是不同类型旅游活动的碳排放量情况。可以看到，第一是度假休闲旅游活动的碳排放量相对较大，从 2005 年的 5.1839 万吨增长至 2017 年的 84.4097 万吨，增长了 1528.31%，其中 2013~2017 年的增长幅度相对较大，表明这期间居民休闲度假的意愿及消费能力出现较大幅度的增强，而且度假休闲仍是最主要的碳排放来源。第二是探亲访友，其碳排放量从 2005 年的 2.3304 万吨增长至 2017 年的 26.2198 万吨，增长了 1025.14%，但是其碳排放总量尤其是 2017 年的碳排放量远小于休闲度假的旅游碳排放量。第三是观光游览和商务出差，其中观光旅游的碳排放量从 2005 年的 3.1416 万吨增长至 2017 年的 20.9815 万吨，增长了 567.86%；商务出差的碳排放量从 2005 年的 5.1839 万吨增长至 2017 年的 20.4452 万吨，增长了 2619.74%。但是可以看到，观光游览和商务出差的碳排放量在 2009 年以后都分别小于度假休闲、探亲访友的碳排放量，但是其碳排放量仍有着较大幅度的增长。此外，文娱体育健身、健康疗养的碳排放量都相对较小。

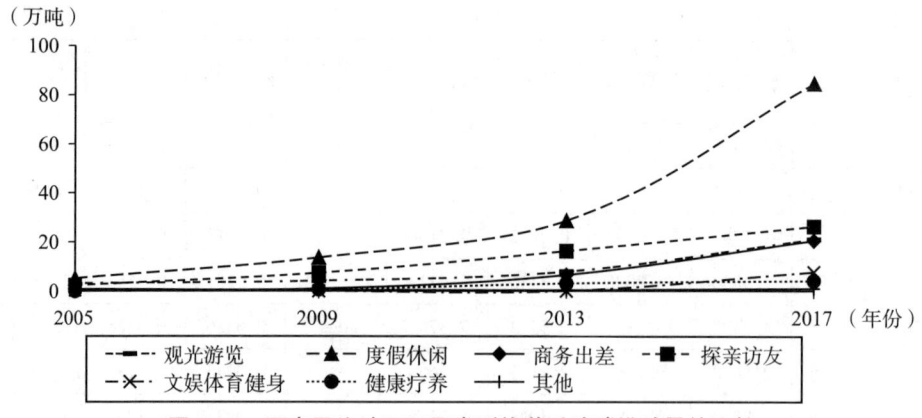

图 3-5 西南民族地区不同类型旅游活动碳排放量的比较

图 3-6 为西南民族地区各地区旅游活动碳排放量,可以看到,2005~2013年广西、云南、贵州的旅游活动碳排放量都相对较接近,但 2013~2017 年,贵州、云南、广西的旅游活动碳排放量都出现了较大幅度的增长,2017 年贵州、云南、广西的旅游活动碳排放量分别为 66.5643 万吨、51.3537 万吨、46.8619 万吨,分别占西南民族地区旅游活动碳排放总量的 40.40%、31.17%、28.44%。此外,贵州的旅游活动碳排放量从 2005 年的 2.2361 万吨增长至 2017 年的 66.5643 万吨,增长了 2876.83%;云南的旅游活动碳排放量从 2005 年的 5.0135 万吨增长至 2017 年的 51.3537 万吨,增长了 924.30%;广西的旅游活动碳排放量从 2005 年的 4.7486 万吨增长至 2017 年的 46.8619 万吨,增长了 886.87%。由此可见,2005~2017 年西南民族地区旅游活动碳排放量出现了较大幅度的增长。

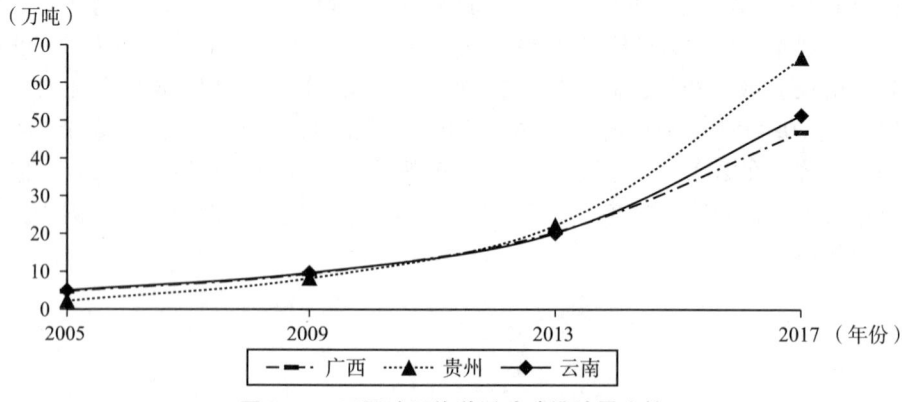

图 3-6 不同地区旅游活动碳排放量比较

（四）旅游餐饮业碳排放量测度及碳排放现状分析

1. 旅游餐饮业碳排放量测算的常用模型

与餐饮有关的碳排放主要集中在粮食的生产、储存、运输、加工和消费等过程，这些活动都会涉及能源消耗，如液化石油气、燃气、电力等的消耗会导致碳排放，因此，通过汇总不同类型的游客能源消耗并将其进行转换，可以得到旅游餐饮的碳排放量。即：

$$C_F = N \cdot D \cdot \sum_{i=1}^{n}(E_i \cdot \rho_i \cdot \alpha_i) \qquad (3-7)$$

其中，C_F 表示旅游餐饮碳排放量，N 表示游客人数，D 表示游客平均旅游天数，E_i 表示提供每位游客每天餐饮所消耗的第 i 种能源量，ρ_i 表示第 i 种能源的标准煤折算系数，α_i 表示第 i 种能源（以标准煤计）的碳排放系数。

2. 西南民族地区旅游餐饮业碳排放量的测算

（1）各参数值的确定。根据公式（3-7），需要确定各种能源（以热量计）的碳排放系数、各种能源的热量折算系数、每位游客每天餐饮消耗的各种能源量、游客平均旅游天数以及游客人数。其中，西南民族地区各地区旅游人数如前文表 3-6 所示。在计算每人每天的能源消费量中按照 365 天计算。

依据历年《中国旅游统计年鉴》相关数据，可以得到各年度广西、贵州、云南的入境过夜游客平均停留天数，见表 3-10。

表 3-10　　　　　　　各地区游客人均停留天数　　　　　　　单位：天

地区	2005 年	2009 年	2013 年	2017 年
广西	1.54	1.67	1.96	2.06
贵州	2.29	1.63	1.51	1.85
云南	1.81	1.92	1.98	1.95

注：2017 年的入境过夜游客平均停留天数用上一年度的数据来替代。

旅游餐饮业的碳排放主要来源为使用煤炭和液化石油气，主要采用煤炭和液化石油气的数据来表示旅游餐饮业的能源消耗情况。2005 年、2009 年、2013 年和 2017 年西南民族地区餐饮业能源消费数据如表 3-11 所示。

表3-11　　　　　　　　　各地区餐饮业能源消费量　　　　　　　单位：万吨

年份	地区	煤炭	液化石油气
2005	广西	3619.00	77.70
	贵州	7921.00	12.06
	云南	6682.00	12.28
	合计	18222.00	102.04
2009	广西	5199.00	100.97
	贵州	10912.00	17.35
	云南	8886.00	17.09
	合计	24997.00	135.41
2013	广西	7344.11	125.88
	贵州	13650.74	7.09
	云南	9783.09	35.75
	合计	30777.94	168.72
2017	广西	6517.77	115.52
	贵州	13642.75	14.54
	云南	7461.18	42.69
	合计	27621.70	172.75

注：2017年的数据由上一年的数据进行替代。
资料来源：历年《中国能源统计年鉴》中各地区的"批发、零售业和住宿、餐饮业"能源消费数据。

同时，通过查阅统计年鉴，得到西南民族地区煤炭、液化石油气的标准煤折算系数和碳排放系数，如表3-12所示。

表3-12　　　　　餐饮业能源的标准煤折算系数和碳排放系数

能源类型	能源的标准煤折算系数（ρ_i）	能源（以标准煤计）的碳排放系数（α_i）
煤炭	0.7143 千克标准煤/千克	1.9003 千克CO_2/千克
液化石油气	1.7143 千克标准煤/千克	3.1013 千克CO_2/千克

资料来源：能源的标准煤折算系数来源于《中国能源统计年鉴（2017）》，碳排放系数的相关原始数据来源于《省级温室气体清单编制指南》。

（2）旅游餐饮业碳排量的测算。将表3-10至表3-12中的相关数据代入公式（3-7），最后得到 2005 年、2009 年、2013 年、2017 年西南民族地区旅游餐饮业的碳排量分别为 98.5651 万吨、119.8897 万吨、149.8789 万吨、146.7482 万吨，如表 3-13 所示。

表 3-13 各地区不同能源类型的旅游餐饮业碳排放情况   单位：万吨

年份	地区	煤炭	液化石油气	合计
2005	广西	15.2692	0.3278	15.5970
	贵州	49.6961	0.0757	49.7718
	云南	33.1354	0.0609	33.1963
	合计	98.1007	0.4644	98.5651
2009	广西	23.7872	0.4620	24.2492
	贵州	48.7303	0.0775	48.8078
	云南	46.7428	0.099	46.8327
	合计	119.2603	0.6294	119.8897
2013	广西	39.4369	0.6760	40.1128
	贵州	56.4729	0.0293	56.5023
	云南	53.0699	0.1939	53.2638
	合计	148.9797	0.8992	149.8789
2017	广西	36.7852	0.6520	37.4372
	贵州	69.1482	0.0737	69.2219
	云南	39.8611	0.2281	40.0892
	合计	145.7945	0.9537	146.7482

3. 西南民族地区旅游餐饮业碳排放的总体现状分析

图 3-7 是西南民族地区旅游餐饮业不同能源类型的碳排放量情况。可以看到，在餐饮业中，煤炭的碳排放量远大于液化石油气的碳排放量，其中，2005 年煤炭、液化石油气的碳排放量在旅游餐饮业碳排放量中所占的比例分别为 99.53%、0.47%，2017 年煤炭、液化石油气的碳排放量在旅游餐饮业碳排放总量中所占的比例分别为 99.35%、0.65%，由此可见，煤炭是旅游餐饮业主要的碳排放来源。同时，可以看到，煤炭的碳排放量从 2005 年的 98.1007 万吨增长至 2017 年的 145.7945 万吨，增长了 48.62%；液化石油气的碳排放量从 2005 年

的 0.4644 万吨增长至 2017 年的 0.9537 万吨,增长了 105.38%。总体而言,旅游餐饮业的碳排放量主要以煤炭的碳排放为主。

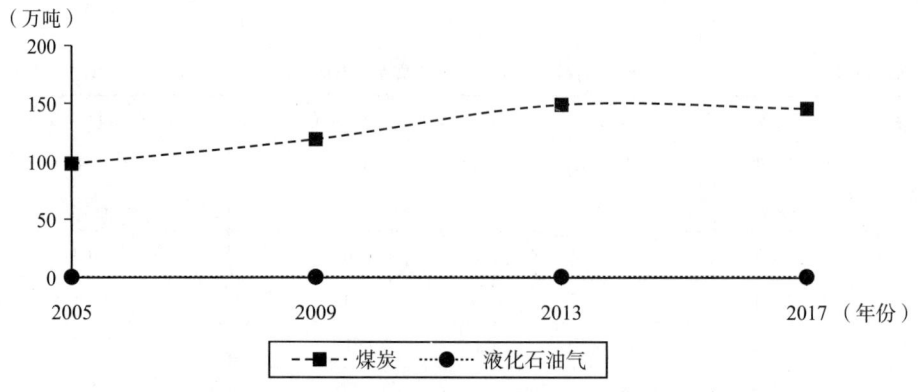

图 3-7 旅游餐饮业不同能源类型的碳排放量比较

图 3-8 为西南民族地区旅游餐饮业碳排放的地区比较情况。可以看到,贵州的旅游餐饮业碳排放量最大,其碳排放量从 2005 年的 49.7718 万吨增长至 2017 年的 69.2219 万吨,增长了 39.08%。其次是云南,其碳排放量先从 2005 年的 33.1963 万吨增长至 2013 年 53.2638 万吨,增长了 60.45%;然后又从 2013 年 53.2638 万吨减少至 2017 年的 40.0892 万吨,减少了 24.73%,碳排放得到改进。最后是广西,其碳排放量从 2005 年的 15.5970 万吨增长至 2017 年的 37.4372 万吨,增长了 140.03%,其中在 2013~2017 年,广西旅游餐饮业的碳排放量略有降低。

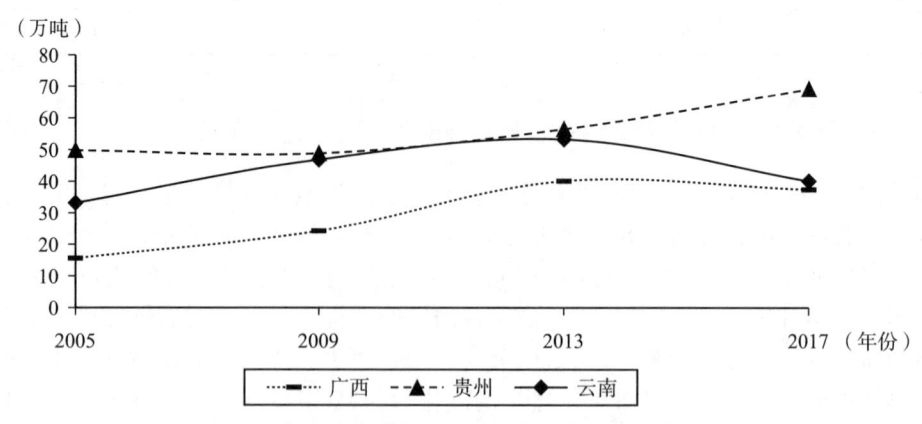

图 3-8 各地区旅游餐饮业不同能源类型碳排放量比较

(五) 旅游业碳排放总量测度及碳排放现状分析

1. 旅游业碳排放总量测算模型

旅游者在旅游过程中产生的直接碳排放量，可以通过如下公式测算得到：

$$C = \sum_{i=1}^{n} C_i \quad (3-8)$$

其中，C 表示旅游碳排放总量，C_i 表示第 i 类旅游部门的碳排放量，n 表示旅游部门的种类数，具体为旅游交通、旅游住宿、旅游活动及旅游餐饮业四类部门，故 n = 4。

2. 西南民族地区旅游业碳排放总量的测算

将西南民族地区各地区的旅游交通、旅游住宿业、旅游活动和旅游餐饮业的碳排量代入公式（3-8），得到各年度西南民族地区旅游各部门碳排放总量，如表 3-14 所示，可以看到，2017 年西南民族地区旅游各部门碳排放总量为 1909.9446 万吨，其中旅游交通的碳排放量是 1188.9937 万吨，占西南民族地区旅游碳排放总量的 62.25%；旅游住宿业的碳排放量为 409.4228 万吨，占西南民族地区旅游碳排放总量的 21.44%；旅游活动的碳排放量为 164.7799 万吨，占西南民族地区旅游碳排放总量的 8.63%；旅游餐饮业碳排放量为 146.7482 万吨，占西南民族地区旅游碳排放总量的 7.68%。可见，西南民族地区旅游交通的碳排放量总量及其在旅游产业碳排放中所占的比例是最大的，可以看到，旅游交通仍然是碳排放总量扩大和不断增长的重要来源，同时伴随着我国居民消费能力的不断增强、小型汽车购买和使用总量的不断增长以及自驾游的增多，旅游交通面临的减排压力越来越严峻，如何推动减排工作和实现旅游产业低碳化转型迫在眉睫；其次是旅游住宿业，这也是碳排放增加的重要来源，如何推行旅游住宿资源的回收利用以及清洁能源的使用，成为旅游住宿业需要考虑的重要选择；最后是旅游活动和旅游餐饮业，这两者的能源消耗相对较少，但是，其能源的消耗也是碳排放量的重要组成部分，仍需要继续深入推进节能减排工作，减少旅游碳排放总量。

表 3-14　　　　　各地区旅游业碳排放量的总体情况　　　　　单位：万吨

年份	地区	旅游交通	旅游住宿业	旅游活动	旅游餐饮业	合计
2005	广西	162.4683	78.5076	4.7486	15.5970	261.3214
	贵州	85.7189	38.3568	2.2361	49.7718	176.0836
	云南	98.7890	79.9423	5.0135	33.1963	216.9412
	合计	346.9762	196.8067	11.9982	98.5651	654.3462
2009	广西	270.7010	54.8977	9.3951	24.2492	359.2430
	贵州	142.7808	25.2737	8.1630	48.8078	225.0253
	云南	135.4087	37.5275	9.6232	46.8327	229.3921
	合计	548.8905	117.6989	27.1813	119.8897	813.6604
2013	广西	316.9515	45.8626	20.3275	40.1128	423.2545
	贵州	248.1717	122.8085	22.1496	56.5023	449.6321
	云南	182.1428	421.8150	20.0911	53.2638	677.3128
	合计	747.2661	590.4862	62.5682	149.8789	1550.1994
2017	广西	489.9360	59.2979	46.8619	37.4372	633.5329
	贵州	490.9430	113.6651	66.5643	69.2219	740.3943
	云南	208.1147	236.4598	51.3537	40.0892	536.0174
	合计	1188.9937	409.4228	164.7799	146.7482	1909.9446

3. 西南民族地区旅游业碳排放的总体现状分析

图 3-9 为西南民族地区不同旅游行业的碳排放量情况。可以看到，旅游交通的碳排放量相对于其他旅游行业类型而言，其碳排放量是最大的，且 2005~2017 年呈现不断增长之势，可以看到，在 2005 年，旅游交通所占的碳排放比例为 53.03%，但到 2017 年其比例则增长至 62.25%，同时旅游交通的碳排放量从 2005 年的 346.9762 万吨增长至 2017 年的 1188.9937 万吨，增长了 242.67%。其次是旅游住宿业的碳排放量，其碳排放量也相对较大，且其上下增减变动幅度也较大，先是从 2005 年的 196.8067 万吨减少至 2009 年的 117.6989 万吨，然后又迅速增长至 2013 年的 590.4862 万吨，且在 2013 年其碳排放量达到最大，2013 年之后又迅速减少至 2017 年的 409.4228 万吨。而旅游餐饮业、旅游活动的碳排放量相对较小，其中，旅游餐饮业的碳排放量从 2005 年的 98.5651 万吨增长至 2017 年的 146.7482 万吨，增长了 48.88%；旅游活动的碳排放量则从 2005 年的

11.9982 万吨增长至 2017 年的 164.7799 万吨，增长了 1273.37%，但其碳排放量在旅游业的碳排放总量中所占的比例相对较小，2017 年所占的比例为 8.63%。由此可见，旅游业的碳排放量中，主要以旅游交通的碳排放量为主，旅游住宿业的碳排放量居其次，而旅游餐饮业、旅游活动的碳排放量则相对较少，应加强对旅游交通碳排放量的控制，推行绿色出行，并合理加强旅游住宿业等旅游行业的碳排放量的控制。

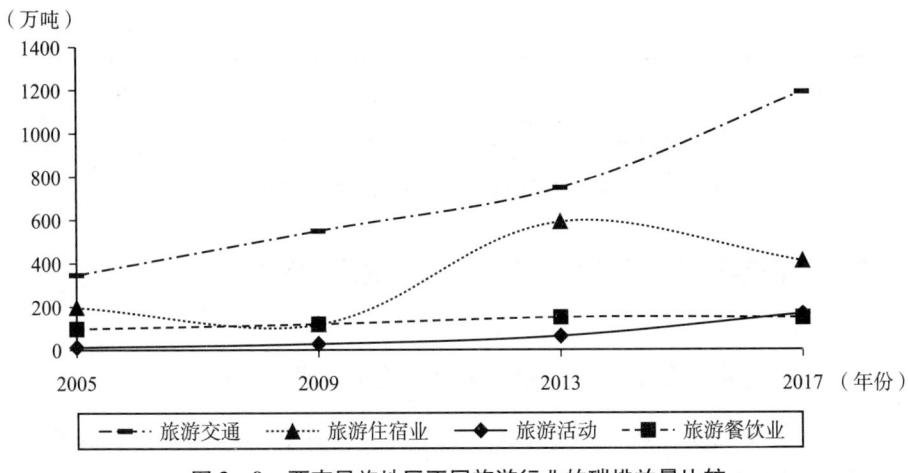

图 3-9 西南民族地区不同旅游行业的碳排放量比较

图 3-10 为西南民族地区旅游业碳排放量的地区比较情况。可以看到，贵州的旅游业碳排放增长趋势比较明显，尤其是 2009 年以后保持了比较迅猛的增长态势，贵州的旅游业碳排放量从 2005 年的 176.0836 万吨增长至 2017 年的 740.3943 万吨，增长了 320.48%。与此同时，广西的旅游业碳排放也保持着一定的增长态势，其碳排放量从 2005 年的 261.3214 万吨持续增长至 2017 年的 633.5329 万吨，增长了 142.43%。此外，云南的旅游业碳排放则呈现出不同的变化特点，其旅游业碳排放量在 2005~2009 年的波动幅度不大，从 2005 年的 216.9412 万吨增长至 2009 年的 229.3921 万吨，仅增长了 5.74%；然后从 2009 年的 229.3921 万吨迅速增长至 2013 年的 677.3128 万吨，增长了 195.26%；随后又从 2013 年的 677.3128 万吨减少至 2017 年的 536.0174 万吨，减少了 20.86%，其碳排放的减少在较大程度上与旅游业节能减排等相关政策密切相关。

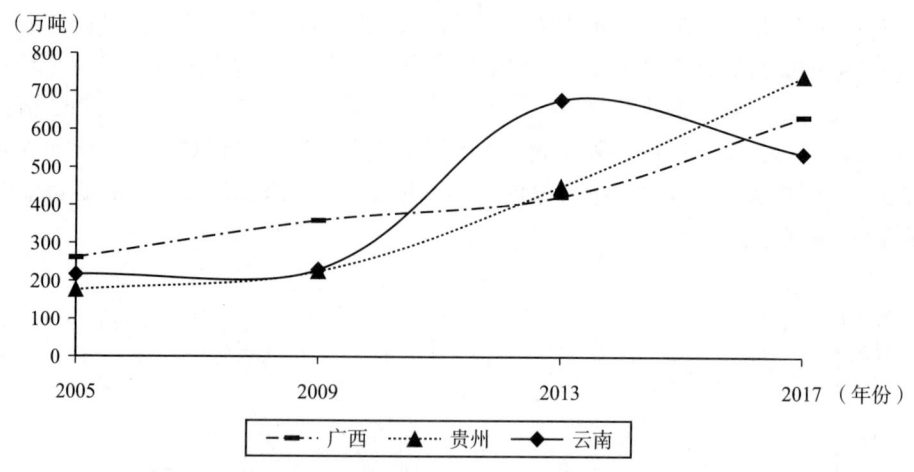

图 3-10 西南民族不同地区旅游行业碳排放量的地区比较

（六）西南民族地区旅游产业碳排放的现状特征小结

1. 西南民族地区旅游产业碳排放总量仍呈增长态势

由表 3-14 可以看到，西南民族地区旅游产业碳排放总量呈现快速增长之势，其中 2005 年、2009 年、2013 年、2017 年的碳排放总量分别为 654.3462 万吨、813.6604 万吨、1550.1994 万吨、1909.9446 万吨，可见，西南民族地区旅游产业碳排放总量呈逐年增长态势，碳减排压力越来越大，其中，2009 年较 2005 年增长了 24.35%，2013 年较 2009 年增长了 90.52%，2017 年较 2013 年增长了 23.21%，碳排放总量均以较大的速度增长，这与西南民族地区旅游产业的发展规模不断扩大有着密切的联系，例如以旅客周转量为例，2005 年，包含铁路、公路、水运、航空在内的西南民族地区的旅游周转量为 1344.2131 亿人千米，而到了 2009 年，西南民族地区的旅游周转量为 2956.8896 亿人千米，增长了 119.97%；又如 2013 年西南民族地区的旅游总人数为 75551.95 万人次，到 2017 年的旅游总人数达到了 183987.65 万人次，旅游总人数增长了 143.52%，正是由于西南民族地区旅游产业发展规模的快速扩大，导致西南民族地区旅游产业碳排放总量呈现快速增长之势。

2. 不同旅游行业的碳排放量存在较大差异，旅游交通、旅游住宿是主要的碳排放来源，旅游餐饮业、旅游活动的碳排放量在旅游碳排放总量中所占的比例相对较小

由表3-14可以看到，不同旅游行业之间的碳排放量存在着较大的差异，其中旅游交通、旅游住宿业的碳排放量相对较大，但是旅游餐饮业、旅游活动等行业的碳排放量相对于旅游交通、旅游住宿业而言，则相对较小，例如，西南民族地区旅游交通的碳排放量在2005年、2009年、2013年和2017年的碳排放量分别为346.9762万吨、548.8905万吨、747.2661万吨、1188.9937万吨，同时，旅游住宿业的碳排放量在2005年、2009年、2013年和2017年的碳排放量分别为196.8067万吨、117.6989万吨、590.4862万吨、409.4228万吨；但是可以看到，旅游餐饮业在2005年、2009年、2013年和2017年的碳排放量分别为98.5651万吨、119.8897万吨、149.8789万吨、146.7482万吨，且旅游活动在2005年、2009年、2013年和2017年的碳排放量分别为11.9982万吨、27.1813万吨、62.5682万吨、164.7799万吨，由此可见，在2005年、2009年、2013年和2017年，旅游餐饮业、旅游活动的碳排放量相比较于旅游交通、旅游住宿业的碳排放量而言，其碳排放量相对较小，反映了不同旅游行业之间的碳排放量存在着较大的不同，旅游交通、旅游住宿是旅游产业的主要碳排放来源，而旅游餐饮业、旅游活动在西南民族地区旅游产业的碳排放总量中所占的比例则相对较小。

3. 不同地区的碳排放量变动存在较大差异，贵州、广西的碳排放量仍保持较大的增长趋势，但是近年来云南的碳排放量有所减少，尤其是其旅游住宿的减排效果更明显

由表3-14可以看到，西南民族地区各地区之间的旅游产业碳排放量存在着较大的差距，其中2005年，在西南民族地区中，广西、贵州、云南的碳排放量分别为261.3214万吨、176.0836万吨、216.9412万吨，分别占西南民族地区碳排放总量的39.94%、26.91%、33.15%，三者的差距相对较小；到了2009年，广西、贵州、云南的碳排放量分别为359.2430万吨、225.0253万吨、229.3921万吨，分别占西南民族地区碳排放总量的44.15%、27.66%、28.19%，其中广西所占的碳排放量比例相对较高，而贵州、云南的碳排放量相对较接近；2013年，广西、贵州、云南的碳排放量分别为423.2545万吨、449.6321万吨、677.3128万吨，分别占西南民族地区碳排放总量的27.30%、29.00%、

43.69%，其中云南的碳排放量总量占比相对较高，其碳排放量总量增长也较快，而广西的碳排放量占比则有所下降；到了 2017 年，广西、贵州、云南的碳排放量分别为 633.5329 万吨、740.3943 万吨、536.0174 万吨，分别占西南民族地区碳排放总量的 33.17%、38.77%、28.06%，此时贵州占西南民族地区碳排放总量的比例则相对较高，广西的占比也有所提升，而云南的碳排放量占比有所下降，因此也可以看到，贵州、广西的碳排放量均保持着较大幅度的增长，但是近年来云南的碳排放量总量及其增长速度有所下降，尤其是云南旅游住宿行业的碳排放减排效果更明显。

4. 西南民族地区旅游业的碳排放结构在近年来有所调整，碳排放总量的增长速度有所下降，碳排放结构有所改善

由表 3-14 可以看到，随着国家对生态环境保护的日益重视，尤其是党的十八大以来，对构建资源节约型、环境友好型社会的要求越来越强烈，对环境污染和碳排放的治理力度越来越大，可以看到，2013 年以来，西南民族地区的旅游产业碳排放量的增长速度呈现下降趋势，例如，2009~2013 年，西南民族地区旅游产业碳排放总量增长了 90.52%，但是 2013~2017 年，西南民族地区旅游产业碳排放总量增长了 23.21%，其中，以云南旅游住宿业的碳排放总量的降低效果最为明显，2013 年云南住宿业的碳排放总量为 421.8150 万吨，但是到了 2017 年云南住宿业的碳排放总量降为了 236.4598 万吨，降低了 43.94%。由此可见，2005 年以来，西南民族地区旅游产业碳排放总量一直呈增长态势，但是 2013 年以来，受到国家生态环境保护政策的影响，旅游业碳排放总量的扩大速度有所下降。

与此同时，西南民族地区旅游产业的碳排放结构呈现改善状态，2005 年西南民族地区旅游产业的碳排放总量为 654.3462 万吨，其中，旅游交通、旅游住宿业、旅游活动、旅游餐饮业的碳排放量占碳排放总量的 53.03%、30.08%、1.83%、15.06%；2009 年西南民族地区旅游产业的碳排放总量为 813.6604 万吨，其中，旅游交通、旅游住宿业、旅游活动、旅游餐饮业的碳排放量占碳排放总量的 67.46%、14.47%、3.34%、14.73%；2013 年西南民族地区旅游产业的碳排放总量为 1550.1994 万吨，其中，旅游交通、旅游住宿业、旅游活动、旅游餐饮业的碳排放量占碳排放总量的 48.20%、38.09%、4.04%、9.67%；2017 年西南民族地区旅游产业的碳排放总量为 1909.9446 万吨，其中，旅游交通、旅游住宿业、旅游活动、旅游餐饮业的碳排放量占碳排放总量的 62.25%、21.44%、8.63%、7.68%。可以看到，2005 年、2009 年、2013 年和 2017 年，旅游住宿业的碳排放比例呈现倒"N"形的变化状态,即旅游住宿业的碳排放量呈现先减少再增加到再减少的变化状态,可见,在党的十八大以来,旅游住宿业的碳排放量出现较大幅度的下降,其带来的旅游行业碳排放结构也出现了较大的变化和调整,碳排放结构有较大改善,碳排放改善效果也较明显,但是仍需看到,西南民族地区旅游产业碳排放总量仍较大且呈现较大幅度增长,仍面临着较大的减排压力。

三、西南民族地区旅游产业碳排放与旅游经济发展之间的脱钩关系分析

(一) Tapio 脱钩模型的应用

本书采用 Tapio 的脱钩模型来测算西南民族地区旅游产业碳排放与旅游经济发展之间的脱钩关系。Tapio 脱钩模型是在经济合作与发展组织(OECD)提出的脱钩指数和脱钩因子理论的基础之上发展而来,通过采用弹性分析方法来反映碳排放与经济发展之间的关系,进而测算碳排放与经济发展之间的不同程度的脱钩关系,能够综合反映碳排放和经济发展之间的总量变化与相对量变化情况,能够提高碳排放与经济发展脱钩关系测算的准确性。Tapio 的脱钩模型可以用如下公式来表示:

$$\varepsilon_{(CO_2,TED)} = \frac{\Delta CO_2/CO_2}{\Delta TEP/TEP} \quad (3-9)$$

其中,$\varepsilon_{(CO_2,TED)}$ 表示旅游产业碳排放与旅游经济发展之间的脱钩弹性,$\Delta CO_2/CO_2$、$\Delta TEP/TEP$ 分别表示旅游产业碳排放、旅游经济发展的相对变化量。Tapio 脱钩模型依据 ΔCO_2、ΔTEP 的大小和正负方向,将脱钩状态划分为负脱钩、脱钩、联结三种状态,并进一步细分为八种类型。其中负脱钩细分为扩张性脱钩、强负脱钩、弱负脱钩三种类型,脱钩细分为弱脱钩、强脱钩、衰退脱钩三种类型,联结细分为增长联结、衰退联结两种类型,具体如表 3-15 所示。

表 3 – 15 旅游产业碳排放与旅游经济发展的脱钩类型判别标准

状态	ΔCO_2	ΔTEP	ε	脱钩类型
负脱钩	>0	>0	$\varepsilon>1.2$	扩张性脱钩
	>0	<0	$\varepsilon<0$	强负脱钩
	<0	<0	$0<\varepsilon<0.8$	弱负脱钩
脱钩	>0	>0	$0<\varepsilon<0.8$	弱脱钩
	<0	>0	$\varepsilon<0$	强脱钩
	<0	<0	$\varepsilon>1.2$	衰退脱钩
联结	>0	>0	$0.8<\varepsilon<1.2$	增长联结
	<0	<0	$0.8<\varepsilon<1.2$	衰退联结

对表 3 – 15 中旅游产业碳排放与旅游经济发展的八种脱钩类型做进一步说明：

（1）扩张性脱钩表示旅游经济增长速度加快，旅游产业碳排放增加，但是旅游产业碳排放增加的速度大于旅游经济增长的速度。

（2）强负脱钩表示旅游经济增长速度下降，但是旅游产业碳排放增加。

（3）弱负脱钩表示旅游经济增长减速，旅游产业碳排放减少，但是旅游产业碳排放减少的速度小于旅游经济增长减小的速度。

（4）弱脱钩表示旅游经济增长速度加快，旅游产业碳排放增加，但是旅游产业碳排放增加的速度小于旅游经济增长的速度。

（5）强脱钩表示旅游经济发展加速，但是旅游产业碳排放减少。

（6）衰退脱钩表示旅游经济增长减速，旅游产业碳排放减少，但是旅游产业碳排放减少的速度大于旅游经济增长减小的速度。

（7）增长联结表示旅游经济增长速度加快，旅游产业碳排放增加，但是旅游产业碳排放增加的速度小于或相当于旅游经济增长的速度。

（8）衰退联结表示旅游经济增长减速，旅游产业碳排放减少，但是旅游产业碳排放减少的速度小于或相当于旅游经济增长减小的速度。

此外，在指标和数据来源方面，旅游产业碳排放量通过上文对西南民族地区旅游产业碳排放的测算而得到，数据见表 3 – 14。旅游经济增长用各地区旅游总收入（或旅游总消费）来表示，数据均来源于 2006 ~ 2018 年的《中国统计年鉴》《广西统计年鉴》《贵州统计年鉴》《云南统计年鉴》。其中 2005 年、2013 年和 2017 年广西旅游经济发展指标用旅游总消费支出来表示，其他年份及地区的指标用旅游总收入的指标来表示。2005年贵州旅游总收入和2009年广西旅游总收入指标，用国际旅游收入与国内旅游收入的求和来表示，其中国际旅游收入用美元兑换人民币的汇率进行转换。

（二）西南民族地区旅游产业碳排放与旅游经济发展之间的Tapio脱钩分析

采用Tapio脱钩模型，结合2005年、2009年、2013年和2017年西南民族地区旅游产业碳排放量与旅游经济发展指标数据，对西南民族地区旅游产业碳排放与旅游经济发展之间的Tapio脱钩关系进行测算，并结合表3-15中的旅游产业碳排放与旅游经济发展之间的脱钩类型判别标准，得到西南民族地区旅游产业碳排放与旅游经济发展之间的脱钩状态，结果详见表3-16。

表3-16　西南民族地区旅游产业碳排放与旅游经济发展之间的脱钩关系

年份	地区	$\Delta CO_2/CO_2$	$\Delta TEP/TEP$	ε	脱钩类型
2005~2009	广西	0.3747	1.1633	0.3221	弱脱钩
	贵州	0.2779	2.2063	0.1260	弱脱钩
	云南	0.0574	0.8848	0.0649	弱脱钩
	西南民族地区	0.2435	1.3076	0.1862	弱脱钩
2009~2013	广西	0.1782	2.1310	0.0836	弱脱钩
	贵州	0.9981	1.9441	0.5134	弱脱钩
	云南	1.9526	1.6041	1.2173	扩张性脱钩
	西南民族地区	0.9052	1.8769	0.4823	弱脱钩
2013~2017	广西	0.4968	1.7128	0.2901	弱脱钩
	贵州	0.6467	2.0021	0.3230	弱脱钩
	云南	-0.2086	2.2788	-0.0915	强脱钩
	西南民族地区	0.2321	2.0004	0.1160	弱脱钩

由表3-16可以看到，2005~2009年、2009~2013年、2013~2017年西南民族地区旅游产业碳排放与旅游经济发展之前都呈现了弱脱钩状况，即随着西南民族地区旅游经济的快速增长，旅游产业碳排放不断增加，但是旅游产业碳排放增加的速度小于旅游经济增长的速度，总体上处于相对较理想的状态，但是与强

脱钩的目标仍有较大差距。具体来看：

首先，云南在 2005~2009 年呈现弱脱钩状态，表明云南旅游产业碳排放增加的速度小于旅游经济增长的速度；在 2009~2013 年则呈现扩张性脱钩状态，表明云南旅游产业碳排放增加的速度大于旅游经济增长的速度，说明这期间随着旅游经济的快速增长，导致能源消耗不断增加，并使旅游产业碳排放增加的速度大于旅游经济增长的速度，给外部生态环境造成了较大的环境压力；在 2013~2017 年，云南旅游产业碳排放与旅游经济发展之间呈现强脱钩状态，即随着云南旅游经济的快速发展，云南旅游产业碳排放量呈现减少的状态，表明这期间云南旅游产业低碳化转型取得了较大的成效，旅游产业碳排放与旅游经济发展之间呈现了较好的发展状态。

其次，在 2005~2009 年、2009~2013 年、2013~2017 年，广西、贵州的旅游产业碳排放与旅游经济发展之间均呈现了弱脱钩状态，表明随着广西、贵州旅游经济的快速增长，广西、贵州的旅游产业碳排放也不断增加，但是广西、贵州旅游产业碳排放增加的速度要小于其旅游经济增长的速度，但这并不是最理想的状态，还需要加大力度推进当地旅游产业实现低碳化转型。

由此可见，虽然西南民族地区旅游产业碳排放与旅游经济发展之间呈现弱脱钩状况，总体上处于相对较理想状态，但是研究结果表明，旅游产业的碳排放仍处于增长的状态，尤其是随着近年来旅游发展规模的不断扩大，旅游碳排放增长的总量和规模不断扩大，对西南民族地区旅游生态环境的保护和改善提出了更大的挑战，其中以广西和贵州的碳排放量增长问题表现较为突出，而云南的碳排放则呈现较好的改善状态，相对于广西、贵州而言，云南旅游产业碳排放减排效果相对较好。

四、西南民族地区旅游产业碳排放减缓的制约因素分析

（一）旅游产业能源消耗总量大，其对旅游能源消耗具有路径依赖

近年来，由于西南民族地区旅游经济发展规模不断扩大，入境旅游人数规模不断扩大，其中，2013 年西南民族地区的旅游总收入为 6538.99 亿元，而 2017 年西南民族地区的旅游总收入为 19619.44 亿元；2013 年西南民族地区的旅游总人数为 75551.95 万人次，而 2017 年旅游总人数达到了 183987.65 万人次，正是

西南民族地区旅游经济发展规模的不断扩大，导致西南民族地区旅游产业的能源消耗总量不断扩大，其旅游产业碳排放总量也不断扩大，且保持着较大的增长幅度，使西南民族地区旅游生态环境保护面临着越来越严峻的生态环境压力。西南民族地区旅游产业能源消耗总量大，以及碳排放总量不断增长，既与经济发展规模不断扩大密切相关，也与其旅游能源消耗的路径依赖有着密切的联系，是导致西南民族地区旅游碳排放总量不断增长的重要原因。同时，由于旅游业生产和服务的技术水平较低，旅游运输、住宿、餐饮等生产和服务的工艺技术水平也较低，对碳能源的依赖和消耗较大，在现有生产技术水平的条件下，要改变这种能源消耗路径存在较大的难度，在旅游经济发展规模和入境旅游人数规模不断扩大的情况下，会导致利用能源消耗规模不断扩大，旅游产业碳排放量也会不断扩大，要改善这种能源消耗路径仍存在着较大的技术难度和资金成本。

（二）旅游产业发展水平仍比较低，旅游产业结构仍不够健全

西南民族地区旅游产业发展水平仍相对较低，而且旅游产业发展水平在第三产业中所占的比例仍然不高，与东部发达地区的差距仍较大，因此，总体而言，西南民族地区旅游产业发展实力仍较弱，不利于西南民族地区旅游产业及其相关产业的快速发展和转型升级；其在资金、技术和人才等方面仍较缺乏，不利于推进西南民族地区旅游产业的低碳转型，从而导致其碳排放强度仍较大，旅游产业碳排放量仍居高不下。与此同时，旅游产业结构不完善是导致西南民族地区旅游产业碳排放量增长的重要因素。并且，由于旅游产业结构的不完善，旅游各行业之间的能源消耗出现不均衡的状态，不利于推进旅游经济实现低碳化转型，例如旅游餐饮、住宿、交通等行业的能耗比例过高，会导致过高的碳排放，尤其是旅游住宿、交通等行业的能源消耗占比相对较高，不利于推进旅游产业实现低碳化转型；而旅游餐饮、住宿、交通等旅游行业是推进旅游产业低碳化转型发展的重要评价因素，一旦发展受限，将不利于推进旅游产业的健康协调可持续发展，而根据上文的研究结果可知，旅游交通、旅游住宿等行业的能耗和碳排放量相对较大，在较大程度上制约着西南民族地区旅游产业的可持续发展，需要加大力度推动西南民族地区旅游产业结构的改善。

（三）旅游产业技术创新和应用水平有待提高

随着移动互联网技术和自动化、智能化技术的快速发展，如何应用新技术来

推动西南民族地区旅游产业实现低碳化转型，是新时代旅游产业发展和生态环境改善对旅游产业低碳化转型提出的新要求、新挑战。通过依赖新技术来推动西南民族地区旅游产业实现低碳化转型，是一个重要的发展路径。例如，通过推广新节能技术并应用到旅游交通工具上，将有利于减少旅游碳排放；在旅游住宿中推广节能环保的酒店，将有利于减少能源消耗和碳排放；在旅游景区的管理中，推广新节能技术，推广低碳旅游景区，将极大减少碳排放。但是，在西南民族地区经济发展水平较低的背景下，因技术、资金和人力资源的限制，其旅游产业技术创新和应用水平仍不高，将导致其在旅游交通、住宿、旅游活动和餐饮中应用新技术的能力和水平受到较大的限制，不利于积极推广新能源和节能技术，不利于加快推进西南民族地区旅游产业实现低碳化转型。

五、西南民族地区旅游产业低碳化转型潜力评价

（一）西南民族地区旅游产业碳排放预测与趋势分析

西南民族地区旅游产业碳排放由于受到各种因素的综合作用和影响，呈现一定的复杂性，难以对其进行准确预测。为了能够对西南民族地区旅游产业的碳排放特点和规律有一个综合了解和把握，现采用 STATA 统计分析软件，运用上文测算得到的 2005 年、2009 年、2013 年和 2017 年西南民族地区各省份的碳排放数据以及各地区的旅游总收入、旅游总人口数据，对西南民族地区旅游产业碳排放与旅游经济发展之间的关系进行回归分析，以便对西南民族地区旅游产业碳排放状况进行科学合理评价。为此，通过 STATA 软件进行回归分析，可以得到西南民族地区旅游碳排放与旅游经济发展之间的关系，得到的回归结果如下：

$$Y_{CO_2} = 257.5667 + 0.0625 \times X_{income} + \varepsilon_1 \qquad (3-10)$$
$$(5.31) \qquad (4.49)$$
$$R^2 = 0.6805，Wald 值 = 20.17，P 值 = 0.000$$

$$Y_{CO_2} = 220.4108 + 0.0073 \times X_{population} + \varepsilon_2 \qquad (3-11)$$
$$(4.65) \qquad (5.28)$$
$$R^2 = 0.7518，Wald 值 = 27.90，P 值 = 0.000$$

其中，Y_{CO_2} 表示地区旅游产业的碳排放量（万吨），X_{income} 和 $X_{population}$ 分别表示旅游总收入（亿元）、旅游总人数（万人次），ε_1、ε_2 分别表示模型回归的误差项。

由此可见，从公式（3-10）可以看到，西南民族地区旅游产业碳排放与旅游总收入呈现正相关关系，旅游总收入每增加 1 亿元，旅游产业碳排放增加 0.0625 万吨，表明旅游产业碳排放总体上仍呈现增长之势。同时，从公式（3-11）可以看到，西南民族地区旅游产业碳排放与旅游总人数呈现正相关关系，旅游总人数每增加 1 万人次，旅游产业碳排放增加 0.0073 万吨，也表明旅游产业碳排放总体上仍呈现增长之势。因此，在当前我国经济将持续保持中高速增长以及居民人均可支配收入不断增长的背景下，西南民族地区旅游产业发展规模将不断扩大，旅游经济发展实力将逐渐增强，在此背景下，西南民族地区旅游产业碳排放量在短期内将仍将持续扩大，旅游生态环境保护仍将面临严峻的压力和挑战。

同时，通过上文对西南民族地区旅游产业碳排放与旅游经济发展之间的 Tapio 脱钩分析，可以看到，2005~2009 年、2009~2013 年、2013~2017 年西南民族地区旅游产业碳排放与旅游经济发展之间大多呈现了弱脱钩状况，即随着西南民族地区旅游经济的快速增长，旅游产业碳排放量不断增加，但是旅游产业碳排放增加的速度小于旅游经济增长的速度。在 2013~2017 年，云南旅游产业碳排放与旅游经济发展之间则呈现强脱钩状态，即随着云南旅游经济的快速发展，云南旅游产业碳排放量呈现减少的状态，这表明西南民族地区尤其是云南省的旅游产业低碳化转型已经取得了积极的成效，旅游碳排放在未来仍将有着较大的改善空间，可见，西南民族地区旅游产业低碳化转型仍将具有较大的发展潜力和减排空间。

（二）西南民族地区旅游产业碳排放规模差异的变化趋势

1. 旅游产业碳排放规模差异的测算方法

为了更好地探析西南民族地区旅游产业碳排放规模的变化特点和趋势，拟采用差异分析方法对西南民族地区旅游产业碳排放规模进行差异分析和比较研究，从而更好地把握西南民族地区旅游产业碳排放规模差异的变化趋势，以及准确把握旅游产业向低碳化转型的潜力。本书主要采用标准差（VOC）、变差系数（CV）、基尼系数（G）、首位度（S）、赫芬达尔系数（Hn）以及位序规模分布差异等方法来测算西南民族地区旅游产业碳排放规模差异的变动趋势。

（1）标准差（VOC），又被称为均方差，是指一组数据的离差平方和除以组内个数的商的算术平方根。标准差（VOC）是衡量旅游产业碳排放规模偏离平均值距离的综合指标，表示绝对差异程度。

$$VOC = \sqrt{\sum_{i=1}^{n}(x_i - \bar{x})^2/n} \qquad (3-12)$$

其中，n 为样本数，x_i 样本值，$\bar{x}$ 为平均值。

（2）变差系数（CV），又被称为标准差率或离散系数，是标准差与平均值的比值。变异系数可以消除因单位和平均数不同而对各个数值变异程度的影响，它可以反映旅游产业碳排放规模的相对差异程度。

$$CV = \sqrt{\frac{\sum_{i=1}^{n}(x_i - \bar{x})^2}{n}} \bigg/ \bar{x} \qquad (3-13)$$

其中，n 为样本数，x_i 样本值，$\bar{x}$ 为平均值。

（3）基尼系数（G），其反映地区的相对均衡程度。基尼系数的数值范围在 0~1，其值愈小，表明地区碳排放愈趋向平衡；其值愈大，表示地区碳排放愈趋向不平衡。

$$G = 1 + \frac{1}{n} - \frac{1}{n^2\bar{y}}(y_1 + 2y_2 + 3y_3 + \cdots + ny_n) \qquad (3-14)$$

其中，n 为样本个数，$y_1, y_2, \cdots, y_n$ 为从大到小进行排列的样本值。

（4）赫芬达尔系数（Hn）反映旅游碳排放规模的集聚程度。其值愈趋近1，表示区域集聚程度愈高；其值愈趋近0，表示区域集聚程度愈低。

$$Hn = \sum_{i=1}^{n} p_i^2 \qquad (3-15)$$

其中，p_i 为前 n 位个体或对象在总数中所占的比值。

（5）首位度（S），通常而言以首位度作为衡量地区规模分布状况的常用指标，可以用首位度来反映旅游产业碳排放规模差异分布的集中度。

$$S = p_1/p_2 \qquad (3-16)$$

其中，S 为首位度，p_1、p_2 分别为规模最大、第二大的地区。

在数据来源和数据处理方面：西南民族地区旅游产业碳排放量的数据源自表 3-14。由于旅游产业碳排放量属于负向指标，为此，采用如下公式（3-17）对碳排放进行无量纲化处理，经处理后的数据的取值范围为 [0, 1]。

$$X_{ik} = \frac{\max_i Y_{ik} - Y_{ik}}{\max_i Y_{ik} - \min_i Y_{ik}} \qquad (3-17)$$

2. 西南民族地区旅游产业碳排放规模差异的特征分析

采用上述公式（3-12）至公式（3-17），对 2005 年、2009 年、2013 年和

2017年西南民族地区旅游产业碳排放的各指标差异进行测算，可以得到西南民族地区旅游产业碳排放规模差异的各指标测算结果（见表3-17）。

表3-17　西南民族地区旅游产业碳排放的各指标差异测算结果

年份	VOC值	CV值	G值	Hn值	S值
2005	0.4084	0.8056	0.8859	0.5497	1.9206
2009	0.4639	0.7074	0.8361	0.5001	1.0336
2013	0.4489	0.7103	0.8425	0.5015	1.1159
2017	0.404	0.8045	0.8856	0.5491	1.9125

随后将各指标差异数值分别用平滑的曲线连接起来（见图3-11），可以反映西南民族地区旅游产业碳排放的标准差、变差系数、基尼系数、赫芬达尔系数、首位度等差异系数呈现出的变化趋势。

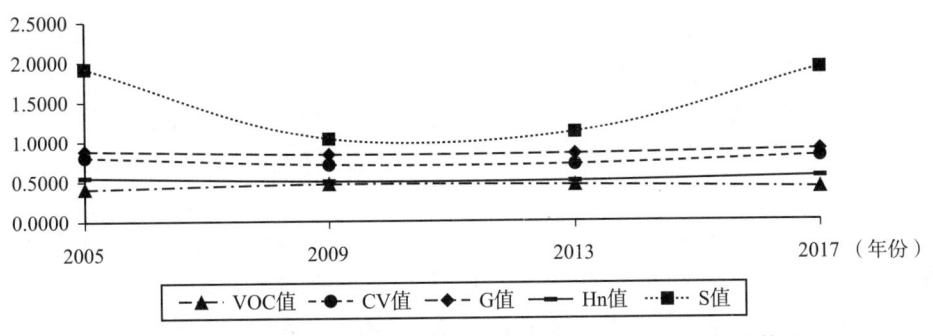

图3-11　西南民族地区旅游产业碳排放的各指标差异变化趋势图

从图3-11可以看到，西南民族地区旅游产业碳排放规模变动具有以下特征：

（1）从首位度S值来看，2005～2017年，西南民族地区旅游产业碳排放的首位度大致经历了从逐渐减小，再到逐渐增大的变化过程，即首位度从2005年的1.9206减小至2009年的1.0336，然后又逐渐增大至2017年的1.9125，而且变动轨迹相对较凸显，可见，首位度的变动轨迹表明了旅游产业碳排放规模差异分布的集中度不高，西南民族地区旅游产业碳排放的差距相对较大，旅游产业碳排放仍有较大的改进空间。

(2) 从标准差 VOC 值来看，2005~2017 年，西南民族地区旅游产业碳排放的标准差大致经历了从增大到减小的变化过程，标准差先是从 2005 年的 0.4084 增大至 2009 年的 0.4639，然后逐渐减小至 2017 年的 0.4084，并大致维持在 2005 年的水平，表明近年来西南民族地区旅游产业碳排放规模的绝对差异有缩小之势。

(3) 从变差系数 CV 值来看，2005~2017 年，西南民族地区旅游产业碳排放的变差系数大致经历了先减小再到增大的变化过程，变差系数先从 2005 年的 0.8056 减小至 2009 年的 0.7074，然后逐渐增大至 2017 年的 0.8045，表明近年来西南民族地区旅游产业碳排放规模的相对差异有扩大之势。

(4) 从基尼系数 G 值来看，2005~2017 年，西南民族地区旅游产业碳排放的基尼系数大致经历了先减小再到增大的变化过程，基尼系数先从 2005 年的 0.8859 减小至 2009 年的 0.8361，然后再增大至 2017 年的 0.8856，表明近年来西南民族地区旅游产业碳排放愈趋向不平衡，碳排放规模差距不断扩大，也表明旅游产业碳减排压力不断扩大。

(5) 从赫芬达尔系数 Hn 值来看，2005~2017 年，西南民族地区旅游产业碳排放的赫芬达尔系数大致经历了先减小再到增大的变化过程，赫芬达尔系数先从 2005 年的 0.5497 减小至 2009 年的 0.5001，然后再增大至 2017 年的 0.5491，表明近年来西南民族地区旅游产业碳排放规模的集聚程度不断增强，各地区之间的旅游产业碳排放量趋向不均衡，表明旅游产业碳排放差距仍较大，有待进一步改进。

由此可见，相较于 2005~2009 年，西南民族地区旅游产业碳排放规模差异在 2009~2017 年呈现了不同的变化特点，即西南民族地区旅游产业碳排放的规模差异分布的集中度不高，旅游产业碳排放的差距相对较大；旅游产业碳排放规模的绝对差异有缩小之势，但是旅游产业碳排放规模的相对差异有扩大之势；旅游产业碳排放趋向不平衡，碳排放规模差距不断扩大；旅游产业碳排放规模的集聚程度不断增强，地区旅游产业碳排放量趋向不均衡等的变化特点。这表明未来西南民族地区旅游产业碳排放规模差异仍将呈现一定的扩大之势，尤其是地区相对差异将呈不断扩大之势，但是绝对差异有所缩小，这对推进西南民族地区旅游产业低碳化转型而言，意味着仍将面临较大的转型压力，但是也可以看到，西南民族地区旅游产业碳排放的绝对差距有缩小之势，表明旅游产业低碳化转型仍有改进的空间，尤其是在国家生态环境保护政策的大力支持下，西南民族地区旅游产业低碳化转型面临着向低碳化转型的良好机遇。

（三）西南民族地区旅游产业低碳化转型的潜力分析

1. 旅游产业低碳化转型存在着较大的改进空间，具有较大的发展潜力

由上文可以看到，由于近年来我国经济持续保持中高速增长以及居民人均可支配收入不断增加，西南民族地区旅游产业发展实力和规模不断扩大，导致西南民族地区旅游产业碳排放量不断增加，给生态环境保护带来了严峻的挑战。但是，通过西南民族地区旅游产业碳排放的标准差来看，近年来西南民族地区旅游产业碳排放规模的绝对差异有所缩小，表明旅游产业碳排放在一定程度上有所改善，但是仍要看到，旅游产业碳排放的相对差异仍呈现扩大之势，旅游产业碳排放趋向不平衡状态。与此同时，西南民族地区旅游产业碳排放与旅游经济发展之间的 Tapio 脱钩关系表明，2005~2009 年、2009~2013 年、2013~2017 年，西南民族地区旅游产业碳排放与旅游经济发展之间大多呈现了弱脱钩状况，旅游产业碳排放增加的速度小于旅游经济增长的速度，其中在 2013~2017 年，云南旅游产业碳排放与旅游经济发展之间则呈现强脱钩状态，即随着云南旅游经济的快速发展，云南旅游产业碳排放量呈现减少的状态，表明旅游产业在推进低碳化转型中取得了一定的成效，反映了旅游产业低碳化转型具有较大的可行性和发展潜力，旅游碳排放在未来具有较大的改进空间。

2. 国家推动创新和绿色发展的政策，为旅游产业低碳化转型提供了良好的政策环境和发展机遇

党的十八大报告指出，要加快推进经济发展方式转变，实施创新驱动发展战略，推进经济结构实现战略性调整；尤其是在面对资源约束加紧、环境污染日益严重、生态系统出现退化的严峻形势之下，要明确把生态文明建设放在更加重要的位置，要加大力度推进生态文明建设，要节约利用资源，推动资源利用方式的根本性转变，不断降低能源、水资源、土地的消耗强度，提高资源利用效率和效益。党的十九大报告指出，要坚持创新、协调、绿色、开放、共享的发展理念，实现人与自然和谐共生，坚持建设资源节约型和环境友好型社会，坚持采用绿色发展方式和路径。与此同时，习近平总书记多次强调绿水青山就是金山银山，要不断加强生态文明建设，把生态文明建设融入经济、政治、文化和社会建设的全过程。总而言之，近年来，国家推动创新和绿色发展的力度不断扩大，不断加大力度整治环境污染问题，加大力度推动生态文明建设，倡导低碳的生产方式、生活方式等，对推动西南民族地区旅游产业低碳化转型提供了良好的政策环境和发展机遇。

3. 旅游管理部门、景区、旅行社、酒店、游客等旅游相关利益主体对旅游低碳化转型的需求越来越强烈

随着手机互联网技术以及信息化、智能化、数字化技术的迅猛发展，经济发展水平的提高以及人民生活水平的提高，居民不再满足于日常的生活消费，对于旅游消费的需求日益增加，传统的旅游消费方式已难以满足旅游主体的购买和服务需求，在新时代背景下，游客对旅游美好生活消费需求的愿望不断增强，如何更好地适应新时代互联网技术和信息化、智能化、数字化技术的发展需求，满足游客的多样化需求和个性化需求，成为驱动旅游产业低碳化转型的重要动力。例如旅游管理部门、景区、旅行社和酒店等通过应用新技术对传统管理方式进行革新，推动旅游管理的智能化、自动化、信息化，可以更好地满足游客数量不断增长的现实要求，也才能更好地满足游客的服务体验。因此，旅游管理部门、景区、旅行社、酒店、游客等旅游相关利益主体对旅游产业低碳化转型的现实需求日趋强烈，对驱动旅游产业低碳化转型提供了良好的动力源泉。

六、本章小结

本章主要对西南民族地区旅游产业低碳化转型的条件、现状和潜力进行研究。首先，从西南民族地区旅游产业低碳化转型的基础条件、优势、劣势以及面临的机遇和挑战等角度，深入分析西南民族地区旅游产业低碳化转型的内外部条件。其次，从旅游交通、旅游住宿、旅游餐饮业和旅游活动等角度，深入研究西南民族地区旅游产业的碳排放情况及特征，研究发现西南民族地区旅游产业碳排放总量仍呈增长态势，但由于近年来西南民族地区旅游业的碳排放结构出现调整，碳排放总量的增长速度有所下降，旅游交通、旅游住宿是主要的碳排放来源。再次，结合 Tapio 脱钩模型，对西南民族地区旅游产业碳排放与旅游经济发展的脱钩关系进行研究，然后进一步从旅游产业能源消耗总量、旅游产业发展水平、旅游产业结构完善程度、旅游产业技术创新和应用水平等角度，深入探析西南民族地区旅游产业碳排放减缓的制约因素。最后，对西南民族地区旅游产业低

碳化转型的趋势及未来转型潜力进行了研究，可以发现，旅游产业低碳化转型存在着较大的改进空间，具有较大的发展潜力，同时国家推动创新和绿色发展的政策为旅游产业推动低碳化转型提供了良好的政策环境和发展机遇，旅游管理部门、景区、旅行社、酒店、游客和当地居民等旅游利益相关主体对旅游低碳化发展的需求也越来越强烈。

第四章 西南民族地区旅游产业低碳化转型的作用机理研究

为进一步深入探析西南民族地区的旅游产业低碳化转型的内在机理,本章首先从驱动力因素和抑制力因素深入探析西南民族地区旅游产业低碳化转型的影响因素。其次,进一步构建西南民族地区旅游产业低碳化转型的影响因素模型,探析各影响因素之间的内在联系。再次,从各影响因素角度,进一步探讨各影响因素对西南民族地区旅游产业低碳化转型的作用机理及影响路径。最后,结合综合动因论,从系统角度探析各影响因素对西南民族地区旅游产业低碳化转型的综合作用及影响特征。

一、西南民族地区旅游产业低碳化转型的影响因素分析

将西南民族地区旅游产业低碳化转型的影响因素划分为以下两大类型:一是驱动力因素,主要包括低碳规制、资源环境约束、能源利用效率提高、旅游消费结构优化、低碳技术进步和创新等因素;二是抑制力因素,主要包括旅游经济发展、旅游人口规模扩大、碳锁定等因素。

(一)驱动力因素

1. 低碳规制

低碳规制是推动旅游产业低碳化转型的政策性因素。为了解决资源配置效率的帕累托最优问题,需要借助政府干预手段来达到旅游产业碳排放减缓的预期目标。低碳规制是运用政府强制力对碳排放进行管理和控制。政府的规制手段分为法律手段和非法律手段两类,法律手段就是指依靠规范的法律法规来进行对行业

和经济活动的管理和规制，以法律机构为主体，以法律的强制性、规范性、权威性、不可违抗性、稳定性来实施政府强有力的管理，消除市场的负面外部性。具体体现包括：一是对能耗产品效率标准、能耗标准进行认定，对于不符合国家制定标准的高能耗产品进行淘汰；二是根据化石燃料和能源，例如燃煤和石油下游的汽油、航空燃油、天然气等的能耗情况，进行碳排放征税，运用税收手段来控制二氧化碳的排放和减少能源浪费；三是对于清洁能源的使用和绿色能源使用技术的开发等给予政府补贴，起到正面激励作用，等等。

低碳规制对企业降低能源消耗、推动绿色发展和旅游产业低碳化转型具有重要的推动作用。例如：美国在能源政策与低碳规制方面，曾经历了几个重要阶段：一是在20世纪70年代，为应对石油危机，美国先后颁发了《能源政策和节能法案》和《国家节能政策法案》；二是在20世纪80年代，颁发《国家设备能源保护法》，解决设备能耗问题；三是在20世纪90年代，颁发《国家能源综合战略》，制定综合性的低碳和能源战略；四是进入21世纪以后，《国家能源政策法》于2005年颁布，制定了21世纪的能源政策，至此，美国形成了一套通过限制碳排放的提高能源效率和技术进步的规制政策。与此同时，日本的低碳规制路径以《节能法》为主线，制定了市场制度规制和激励性规制并行的规制制度。其中，激励性规制则表现在节能设备的折旧和税收减免优惠方面，同时政策性银行可以给予企业购置节能设备的专项低息贷款。在这些政策的推动下，日本自20世纪70年代以来实现了低碳规制的目标。

当前，需要调整西南民族地区旅游产业发展政策，加大科技研发力度与研发资金投入，扩大新能源使用覆盖区域，相应比例减少高碳能源供给，同时提高能源利用率，实现资源节约和能源使用效益最大化，严格控制高耗能产业的准入门槛和能耗效率，推动旅游产业转型升级，加速推动西南民族地区旅游产业低碳化转型。

2. 资源环境约束

资源环境约束，在一定程度上有利于推动旅游产业向低碳化转型。在生态环境保护和资源短缺压力下，传统的经济发展方式亟待转型。伴随着改革开放，我国各地区经济实现了跨越式发展，但我国GDP数字增长的背后是能源消费和二氧化碳排放的同步增长，我国各地区目前面临着传统的粗放型、高耗能的经济发展方式以及自然环境恶化、全球变暖、资源枯竭等现实问题，寻求实现旅游产业由高耗能、高排放向低碳化转型，促进旅游产业结构优化转型升级，在绿色低碳方面，实现节能减排，减少旅游产业碳排放迫在眉睫。

目前西南民族地区面临日益严峻的生态问题，由于传统粗放型的旅游产业发展模式过分追求经济效益和经济的高速发展，在 GDP 总量的增加下不可避免地会带来高碳排放和高污染物的产生，如果超出环境的可承载能力，环境的自净能力会相应下降，其生态功能会弱化，其应对自然灾害的能力也会降低，生态环境会难以避免地恶化。因此，在旅游资源、环境约束下，通过加强旅游区域土地资源、水资源、能源、矿产资源、生态环境的保护力度，推动旅游产业节能减排，实现人、社会、经济与生态环境之间的和谐可持续发展，更好地推动西南民族地区旅游产业的低碳化转型，成为西南民族地区应对旅游资源环境约束带来的严峻挑战的重要选择。

3. 能源利用效率提高

提高能源利用效率，有利于推动旅游产业向低碳化转型。提高能源利用效率，从某种角度而言，既有利于减少能源消耗总量，又有利于减少碳排放量。而能源种类、能源质量、产业结构、技术水平、管理能力和基础设施等因素，都对能源利用效率产生不同程度的影响，影响到能源利用效率的提高。如果在技术研发水平和核心技术掌握上能够保持研发优势，并将其应用和推广到能源利用效率上，将有利于推动能源利用效率的大幅提高。并且，能源利用效率提高与碳排放量之间呈现出较强的负相关关系，能源效率的提高将会对碳排放量的增加起到抑制作用。因此，在核心技术方面，新能源开发利用水平的提高和可再生能源技术的研发，不仅有助于产业结构的调整和促进资源使用效率的提高，而且将其应用到具体旅游产业部门，有利于实现旅游产业能源技术创新，提高利用能源使用的效率，促使旅游业实现节能减排，有利于降低碳排放总量。而提高能源利用效率，需要大力推进可替代能源和绿色清洁能源的开发与利用，不断提高现有能源的利用效率和可利用率，推动旅游能源结构的调整和优化。

4. 旅游消费结构优化

旅游消费结构是旅游中消费旅游产品的质量、数量的比例关系。改善旅游消费结构，对推进旅游产业低碳化转型具有重要推动作用。低碳旅游在经济学中需要基本满足两个条件才能实现，一是旅游产品消费要满足低碳的需求，旅游产品覆盖多方面，包括交通、通信、医疗、娱乐、餐饮、住宿等多方面内容，需要产品的低耗能满足旅行基本的低碳需求。二是游客是否有低碳旅游的意识，并且能够践行低碳旅游。在出行过程能够自觉选用低碳产品，能够用自身的经济收入来支撑自己旅游过程中的低碳消费。

有学者对于"食、住、行、游、购、娱"相关的旅游消费和二氧化碳排放之间的关系进行了调查研究和建模分析，结果表明，旅游相关的餐饮、住宿、交通出行和食品等方面的消费与二氧化碳的排放呈现非线性的相关关系，其中二氧化碳排放与交通出行的关系最为显著，其次是餐饮和住宿。从数据研究上深刻表明"食住行"对旅游业而言起着最为核心和基础的作用，也在切实地影响二氧化碳的排放。究其根源，一部分是由于交通出行大多与航空业和长途汽车客运业关系密切，而航空飞机占交通工具二氧化碳排放的比例最大，交通出行同时也是二氧化碳排放的重要源头之一。在餐饮方面，由于能源消耗大多以煤炭天然气为主进行加工制作，二氧化碳排放量大，并且由于节能低碳核心科技掌握不到位，难以高效地做到低碳生产和发展，再加上目前人们受教育程度较低，知识结构不合理，缺乏绿色经营理念，难以将低碳措施落实到位。在餐饮的最后环节，大量的餐厨垃圾和废水废料也成为巨大的高碳排放量源头。另一部分是由于住宿业在旅游发展中起着支柱性作用，而如今旅游竞争日益激烈，为了在竞争中获得主动地位，立于不败之地，经营者往往会加大投入来打造豪华的硬件设施和配备高耗能产品从而来增加自身企业的竞争力，在我国某些高端酒店表现得尤为明显，在餐饮和住宿方面要求奢华体面，而相关的环保措施、节能配备和低碳产品等方面都处于严重落后的状态。由此看来，虽然长期的发展模式一时之间难以转变，但随着经济的发展和消费的转型以及绿色低碳理念的普及和推广，仍需要旅游业承担低碳发展降低能耗的发展重任。

还可以看到，旅游基础设施在节能减排过程中起着核心作用，如旅游餐饮、旅游生活、旅游交通和旅游活动等旅游基础设施。在旅游中的餐饮、住宿和交通等，都要需要借助低碳工具和低碳基础设施来达到节能减排的目的，在低碳旅游设施建设方面，应加大财政投入和经费拨款，进行合理的规划和设立科学的战略措施，在能源方面，提高现有能源的利用率，也需要加大技术创新和技术开发，提高清洁能源的使用比例和覆盖面积，利用新型能源如太阳能、风能、地热能等低碳排放且可再生的能源来进行产业的发展，同时开发和设立新型的旅游低碳能源供应系统。在交通方面，应该规划绿色线路和建设节能减排建筑物，交通工具的能源供应也尽量采用可再生资源能耗，减少石油天然气的使用频率。在生态生活方面，可以建立生态厕所和卫生循环系统设施、设置污水处理装置和雨水收集循环再利用设备等，旅游业作为经济发展新的增长点，立足于基础设施建造的同时，也需要长远规划和战略目标，要调整旅游业发展的行业结构和相关部门的占比。在旅游产品方面，应该立足于低碳环保，多角度开发产品满足低碳需求，实现旅游产品升级换代，不落后于时代发展潮流。在旅游项目方面，可以进行低碳旅游项目开发试点，吸引观众进行体验取得良好效果再推广开来，开发绿色原生态体验地域特色和风土人情的特色旅游项目，既达到游玩和观赏的目的，又落实了低碳环保理念。而在旅游消费过程中，也应该加大低碳产品的宣传，鼓励游客购买低碳富有当地传统特色的产品，尽力抵制过度包装、资源浪费和设计繁杂的商品，从自身消费购买上实行绿色环保。

5. 低碳技术进步和创新

旅游产业低碳化转型发展的实质是能源利用率问题和能源产业发展结构问题，核心在于低碳技术的研发与创新以及形成产业结构调整升级和联动机制。研发和创新技术起到了举重若轻的作用。目前，技术进步和创新不只是旅游产业低碳化转型的基础和支撑，甚至起着决定和制约作用。无论是提高能效，还是作为旅游产业低碳化转型的重要组成部分的新能源和新技术，都需要加快推进技术进步和创新，才能有效推进旅游产业的转型升级。在低碳技术的研发和创新上，微观层面以碳中和技术为基础支撑，中观层面以低碳化转型为战略目标，宏观层面以节能减排为发展方向，实现由低耗能、低污染、低排放向高效率、高效益、高产出转变，达到资源节约、节能减排和生态保护目标。低碳技术进步和创新无疑对旅游产业由粗放高耗能模式转变为低碳节能模式具有可操作的实践性意义。研发创新低碳节能技术是实现旅游产业低碳转型的重要战略支撑，旅游产业低碳化发展的标志就是低能耗、低污染、低排放。所以能源技术和减排技术创新、产业结构和制度创新等目标的实现，都与先进技术的发展和应用密不可分。

创新和研发技术有利于实现现有产品的升级换代或者创新新型产品，更新产业链和生产销售模式，技术是发展的支持和核心，应该把技术研发和技术创新放于首位，它是产业转型发展的力量源泉和核心关键，可以实现资源的合理配置和最高效益产出，达到生态效益和社会效益的和谐统一，扩大能源使用范围品种，节约能耗，控制碳排放，扩大产出和经济效益。科技实力对资源的开发利用程度、资源配置优化和产业结构调整，具有强有力的支撑和推动作用。技术创新可以起到根本转变作用，通过增加产品的附加值和提高单位能源产出以及节能减排来改变传统经济"高投入、高消耗、高污染、低效益"的经济增长方式，更加注重质量、效率和低碳，从而实现保护环境、节约资源。因此，需要提高科学技术自主研发能力、实现强有力的低碳技术支撑，这对于旅游产业低碳化转型起着关键性作用。

推进西南民族地区低碳技术进步和创新，促进旅游产业低碳化转型，必须以知识化、信息化、节能化、环保化、高新技术化为手段，以绿色能源为动力，保护生态环境、节约资源,实现人、社会、经济与生态环境和谐可持续发展。资源、环境约束下的技术创新更多地包含了净化环境、保护生态、节约资源的内容,突出新型能源、节能减排、信息网络等新技术的开发和利用。通过创新技术改造传统旅游产业,引领和推动旅游产业结构高级化发展。这样的技术创新推动的旅游产业结构高级化具有绿色、节能特征,是推动旅游产业低碳化转型的动力源泉。

(二) 抑制力因素

1. 旅游经济发展

随着旅游产业的持续发展和旅游人口数量的不断增加,资源浪费和环境污染等问题将相伴而生。如旅游交通设施中汽车数量的增加对大气环境的污染、旅游生活中各类固体废弃物的产生、由于技术落后导致的旅游工艺品制作中的资源浪费等,这些问题都已经成为各级政府部门的重点关切。

当前,西南民族地区旅游经济发展仍以粗放式的发展为主,旅游交通、旅游餐饮、旅游住宿、旅游活动等方面对基础设施有更多的需求,这些相关设施的建设以及旅游服务的运行均会产生更多的能源消耗。从产业结构的角度来看,西南民族地区产业构优化升级仍较为缓慢,第一产业仍是主导产业;第二产业的比例虽逐年攀升,但存在着质量及速度偏低的问题;西南民族地区在第三产业(尤其是旅游业)虽然具备着自然资源方面的优势,但发展基础比较薄弱,其发展水平与国内中东部地区相比存在一定的差距,尤其旅游业作为西南民族地区第三产业的重要组成部分和经济发展的重要支柱,同样存在质量低、根基弱等问题。因此,西南民族地区在开发旅游资源的时候,不仅要注重短期的利益,更要放眼未来,注重长期的发展。但从西南民族地区旅游产业开发的现状来看,虽然本地区旅游经济在短期内取得了一定的成就,旅游人数和旅游收入实现了高速的增长,为地区经济的增长做出了重要的贡献,但也随之带来了生态的破坏和环境的恶化,因此要想保证旅游产业长远发展,推动旅游产业结构优化升级是必由之路,而且在促进经济发展的同时,要做好对旅游资源的保护。西南民族地区凭借着得天独厚的地理优势和旅游资源,吸引了国内国外大批游客纷纷前来旅游观光消费,地区旅游经济得到迅速发展,但随之而来的是生态环境的破坏。因而,在未来的旅游产业发展中,西南民族地区要积极推进旅游产业模式转型,加强旅游资源的循环利用,加快发展绿色旅游、低碳旅游。

2. 旅游人口规模扩大

人口规模因素是促进旅游产业碳排放总量增加的最主要因素。日本学者茅阳一将碳排放的影响因素归因为三类：人口、人均 GDP 和能源强度。随着人们生活水平的不断提高和旅游需求的旺盛，旅游人口规模也随之扩大。旅游人口规模的扩大意味着旅游产业相关能源消耗增加，碳排放也随之上升。不仅如此，人口质量和结构也会对旅游经济转型升级产生重要影响。随着经济社会发展，更高的生活质量、不断增加的消费需求、城市化的生活模式等将会使人均碳排放水平不断上升，人类对环境的影响也越来越大。旅游业经济规模（旅游业总收入）和旅游人口规模（旅游接待人数）增长是旅游业碳排放显著上升的根本原因。人口规模与碳排放量之间存在正相关关系，随着旅游人口的不断增多，其对旅游相关的能源消费需求也相应上升，旅游业碳排放也将随之增加。

3. 碳锁定

"碳锁定"这一概念最早于 2000 年由格利高里·乌恩鲁（Gregory C. Unruh）提出，他指出碳锁定是一种在工业经济发展过程中对煤炭、焦炭、原油、汽油等化石能源的消耗而排放二氧化碳的状态，其本质上是一个"技术—制度复合体"。传统的经济发展模式对高碳排放的能源具有很强的依赖性，同时，受制约于经济发展基础、自然资源禀赋、技术—制度、产业结构等因素，路径依赖引发的长期规模报酬递增效应，引致产业技术与产业制度的同步演化，在资源优势转化经济优势过程忽视了产业结构优化、技术创新、制度创新，导致技术、制度与产业的锁定，导致低碳产业、低碳技术和低碳经济难以发展，形成碳锁定，阻碍了旅游产业的低碳化转型。从长远的发展过程来看，我国的旅游产业一直是高耗能产业，消耗了大量的碳能源，形成了"碳锁定"状态，其碳锁定的核心源自技术和制度两大因素。在技术的发展过程中，随着社会的嵌入，并且伴随着市场化和制度化，碳基技术体制便会随之成型，紧接着就是技术、制度、系统和社会的锁定，最终形成"碳锁定"。

压力、状态等方面因素是影响西南民族地区旅游产业"碳锁定"形成的重要因素：第一，压力方面的影响因素包括国家政策、产业结构和能源结构。在国家政策方面，国家政策引导污染密集型产业向西南民族地区转移。在产业结构方面，随着工业化进程的加快推进，西南民族地区的国民经济中重工业的地位越来越高，第二产业发展迅速，高排放高污染企业随之发展起来，与此同时，第一产业慢慢衰退，第三产业后劲不足。在能源结构方面，受到我国自然资源禀赋条件差异以及技术发展不足等因素的影响，煤炭等高碳排放能源在我国能源消费结构中长期占有很大比例。第二，状态方面的影响因素主要体现在技术锁定和制度锁定。在技术锁定方面，相对于低碳技术而言，高碳技术发展程度较高，且占相对优势，导致高碳技术在生产技术上呈现锁定状态。换言之，低碳技术起步较晚而且发展缓慢，没有太大的市场竞争力；而高碳技术由来已久且发展成熟，市场竞争力较强，形成一种对低碳技术的阻碍力量。在制度锁定方面，由于高碳技术发展较早，围绕其形成了相关的规则和利益组织，并且已经形成了一套固定的制度机制。因此，低碳技术的发展必须解除当前围绕高碳技术产生的碳锁定，要从技术和制度层面同时入手，这就需要政府、企业以及社会各界的共同配合和努力，破除高碳技术的碳锁定，实现低碳发展。

（三）旅游产业低碳化转型的影响因素模型构建

通过上文对西南民族地区旅游产业低碳化转型的影响因素进行分析，可以看到，旅游产业低碳化转型的影响因素可以划分为驱动力因素、抑制力因素两个方面，其中，驱动力因素包括低碳规制、资源环境约束、能源利用效率提高、旅游消费结构优化、低碳技术进步和创新；抑制力因素包括：旅游经济发展、旅游人口规模扩大、碳锁定。可见，旅游产业低碳化转型的影响因素既涉及正向的、积极性、驱动型方面的因素，又涉及负向的、消极性、抑制性方面的因素，其相互之间又相互作用、相互影响，共同影响着西南民族地区旅游产业的低碳化转型发展。为此，根据西南民族地区旅游产业低碳化转型的驱动力因素、抑制力因素的影响特点和变化规律，将构建如下西南民族地区旅游产业低碳化转型的影响因素模型，如图4-1所示。

由图4-1可以看到，低碳规制、资源环境约束、能源利用效率提高、旅游消费结构优化、低碳技术进步和创新等因素是影响西南民族地区旅游产业低碳化转型的驱动力因素；旅游经济发展、旅游人口规模扩大、碳锁定等因素是影响西南民族地区旅游产业低碳化转型的抑制力因素。其中，驱动力因素有利于发挥其对旅游交通、住宿、餐饮业、旅游活动的积极和促进作用，推动旅游产业达到低投入、低能耗、低排放的目标，进而逐步推动西南民族地区旅游产业实现低碳化转型；而抑制力因素则不利于推动旅游交通、住宿、餐饮业、旅游活动的节能减排，反而会伴随着高投入、高能耗、高排放等问题，抑制着西南民族地区旅游产业的低碳化转型进程。与此同时，驱动力因素、抑制力因素之间在一定条件下相

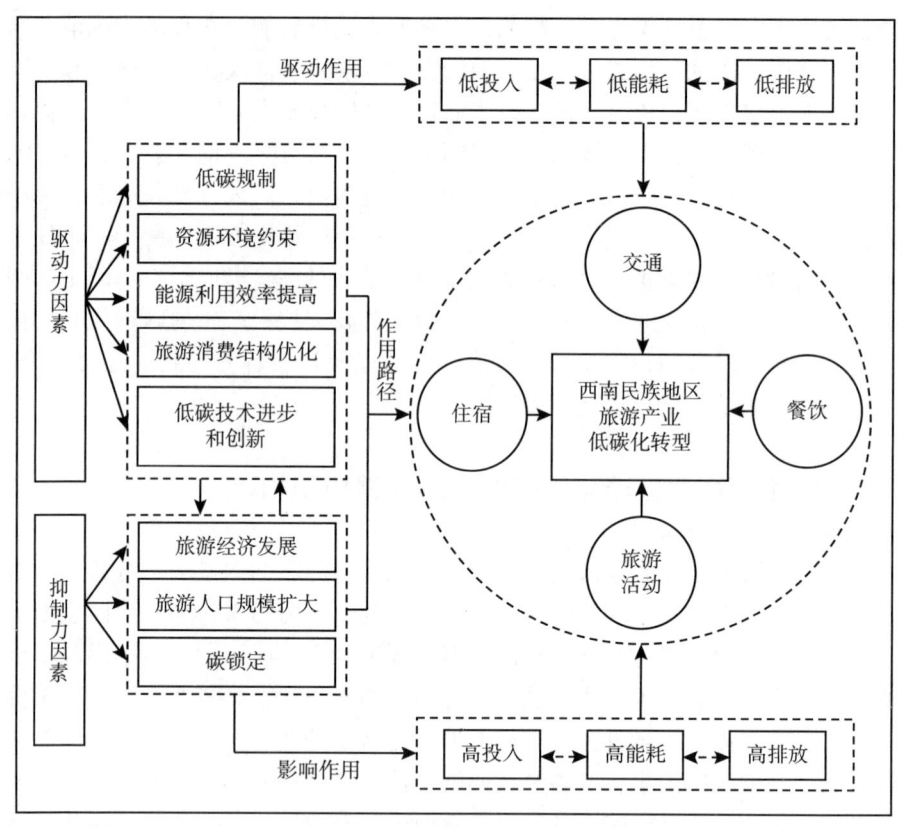

图 4-1　西南民族地区旅游产业低碳化转型的影响因素模型

互影响、相互作用，例如旅游经济发展和旅游人口规模扩大，在一定程度上会促进低碳规制、资源环境约束、能源利用效率提高、旅游消费结构优化、低碳技术进步和创新的深入运行，而低碳规制、资源环境约束、能源利用效率提高、旅游消费结构优化、低碳技术进步和创新等因素，在一定程度上也会推动旅游经济发展和旅游人口规模扩大，两者相互影响。此外，在驱动力因素和抑制力因素的共同作用下，西南民族地区旅游产业低碳化转型呈现一定的变化特点，其投入、能耗和碳排放呈现一定的变化趋势，这种变化趋势与驱动力因素和抑制力因素的合力作用有密切联系，并影响着西南民族地区旅游产业低碳化转型的效果。

二、西南民族地区旅游产业低碳化转型影响因素的作用机理

(一) 驱动力因素的作用机理

1. 低碳规制对旅游产业低碳化转型的作用机理

第一,可以通过政府税收、政府补贴、碳排放交易等财税政策约束旅游企业的碳排放,促进旅游企业实现低碳化转型。孟凡生、韩冰(2017)探讨了三种不同的环境规制工具对企业低碳技术创新行为的影响,研究发现:首先,如果政府只实施一种环境规制制度即创新技术研发补贴时,企业在此时选择采取低碳技术创新形成,从短期来看可能会因获得政府的补偿而减少投入,但在从长期中,企业最终会终止这种低碳技术创新行为。其次,如果政府只实施一种环境规制制度即碳税时,企业的技术经营战略会伴随着碳税税率的提高,逐渐从传统的技术经营战略向低碳技术创新战略转移。从长远的企业规划来说,当碳税税率提高到一定的标准后,企业策略演化至低碳技术创新的速度会逐渐减缓。最后,如果政府只实施一种环境规制制度即碳排放权交易时,碳排放交易的价格会随时变动,此时的系统是一直处于循环波动、不稳定的状态,在碳排放交易市场下,若碳排放交易加工而处于价格过高的状态,那么这时的企业为保持稳定会选择传统的技术经营战略。三种环境规制工具的合理组合对企业实施低碳技术创新行为的激励作用实现程度最优。由此可见,政府税收、政府补贴、碳排放交易等财税政策的合理运用和结合,能够有效促进旅游企业的低碳技术创新行为,减少旅游企业的碳排放,实现旅游企业的低碳化转型。

第二,可以通过影响产业结构,促进旅游产业结构升级和低碳化,进而促进旅游企业实现低碳化转型。政府环境规制通过影响旅游产业结构升级、低碳化,进而形成低碳型旅游产业结构,推动旅游产业低碳化转型。依据相关的产业理论,环境规制制度是一种政府制定相对比较严格的环境标准对旅游企业进行限制约束,通过影响其经营模式、行为选择和产业绩效等情况,进而影响旅游产业结构。但政府环境规制手段多样,因而其对旅游产业结构的影响可能也是多方面的。谭娟(2012)指出经济增长影响环境质量的方式一般有规模效应、结构效应

和技术效应，政府环境规制制度对经济增长影响也是通过各种效应来实现，进而推动旅游产业结构转型升级，降低旅游产业的碳排放量，最终助力于旅游产业结构低碳化转型。规模效应是指旅游资源的投入会随着人均 GDP 的增长和旅游经济规模的扩大而增加，这意味着随着对旅游资源的进一步开发利用，会吸引来更多的旅游者，伴随着更多的废弃物排放增加，进而导致生态环境恶化；结构效应是指一国经济在其工业化进程中，资源再生的速度赶不上资源消耗的速度，因此会产生大量的垃圾废弃物，导致生态环境遭到破坏，但随着工业化发展进入后面的阶段，产业结构从能源密集型转化为技术密集型的时候，完成了优化升级，环境恶化现象也会减轻；技术效应是指资源的使用效率会随着技术的进步而提高，废弃物顺利实现循环利用，新的清洁能源被开发利用，进而生态环境质量亦得以提高。政府规制通过经济增长对规模效应、结构效应和技术效应产生影响，决定了其实现旅游产业低碳化转型的路径具有明显的产业特征。为此，面对多样化的产业模式和产业结构，行政主导环境治理投入、环境政策的制定、环境规制技术的支持力度和环境评价机制的设立等规制手段都应该与旅游产业结构发展特征相适应，更好地发挥其对旅游产业结构低碳化转型的影响作用，进而推动旅游产业结构实现低碳化转型。

2. 资源环境约束对旅游产业低碳化转型的作用机理

第一，资源环境约束通过发挥政府环境规制作用，对企业的排污行为进行规制和约束，促使企业转型升级。2016 年，国家环境保护部颁发了《关于积极发挥环境保护作用促进供给侧结构性改革的指导意见》，强调环境保护也应采取创新政策，增强市场主体的内生保护动力，采取正向激励与逆向约束并存的原则，促进经济结构转型升级，推动建设资源节约型、环境友好型产业体系，推动形成人与自然和谐发展的现代化建设新格局。改革开放以来，随着经济的快速发展演变，伴随而来的是生态环境的恶化、生产生活资源的紧缺，种种这些皆证明了传统地、一味地对自然资源攫取的发展方式已经引起了大自然的反抗和报复，无法继续维持原有的生产生活方式，因而必须选择更为绿色、创新的生产生活方式来推动人与自然的可持续发展和进步。转变经济发展方式，发展绿色经济、低碳经济，必须要政府和企业相互配合，积极推进节能减排。企业可以通过环境税费、法规、产权和信息公开等制度减少或者直接避免环境资产的不必要贬值，提高资源的使用效率，推动旅游生产与消费的绿色化。当前，随着供给侧结构性改革、绿色发展理念和生态建设特色实践为优化环境规制、转变旅游经济增长方式提供了良好的政治生态环境，但政策的交易成本和工具选择会影响环境规制发挥其经济效应；环境规制政策的形成与发展亦会推动环境发展制度的完善，影响旅游经济增长速度与增长方式。环境资源是推动生产发展、经济增长的重要因素，市场功能决定资源配置效率，资源配置的效率进而会影响推动生产发展、经济增长的效果，但外部效应、公共产权资源、非竞争性市场、产权不明晰、不完全信息等市场失灵现象遍布于环境资源实践中，限制了市场有效配置资源所必需的制度安排功能的发挥。政府有效的政策安排，可以发挥环境规制政策的影响作用，可以有效纠正市场失衡，提高资源配置效率。资源配置有政府主导和市场主导两种模式。由于市场失灵因素的存在，资源配置在市场主导模式中往往无法实现帕累托最优，此时政府就有必要对资源配置进行有效干预。所以，政府的环境规制制度为缓和或减少市场失灵状况提供了可能性；首先，消费者和生产者能够从以环境税费为代表的规制政策中寻求到刺激，进而改变自己的行为方式，将无法在市场交易中自动反映的外部性内部化；其次，环境产权主体及其权益的明确可以通过以环境产权、环境法规为代表的规制制度安排来实现，降低资源交易成本与摩擦；最后，环境领域拥挤、搭便车、道德风险、逆向选择等问题可以选择使用者付费、信息披露等环境规制政策的实施进行尝试。可见，有效的环境规制政策是推进供给侧绿色改革成为新常态下旅游经济低碳化转型发展的必然选择。

第二，资源环境约束通过作用于企业的环境行为，促使企业改进生产技术和工艺，进而促进旅游企业实现转型升级。过多的旅游企业只追求经济效益，而忽视环境要素，采用粗放型的经济发展模式，给生态环境带来了巨大的压力，目前的现实环境和气候问题需要企业加快转变发展模式，采取绿色低碳发展模式，达到经济效益和社会效益相统一。企业环境管理行为是企业应对环境要求、现实需要和政府管控的要求，进行宏观调控、战略调整和政策设立的一系列总称，企业面对来自四面八方的压力，需要将公众需求和大众呼声转变为强有力的环境资本，做出政策调整和相应的制度转变，使原先没有具体范围的宽泛的社会责任具体落实到微观主体企业身上而进行责任承担。在企业主体和环境要求的相互效应下，促使企业走低碳环保的绿色发展道路。由于政府的宏观调控和相应的政策规制，企业在达到政府的要求的基础上，由于逐利和市场竞争的缘由，还会对自身提出更高的要求，采取清洁能源和减少污染，实现更加低碳的发展。

为维护自身经济利益，企业会在有效的环境规制条件下，通过降低原材料用量，提高产品质量的方式实现降低产品生产成本的目标。由于企业有自身的刚性约束，受利益与成本的限制，企业的战略或是具体行动的实施，都首先要考虑经济效益，以及产出和投入之间的比例是否合理，只有当收益大于成本，利益大于代价时，才会实施企业战略和某项行动计划。在企业环境污染行为中，假设企业通过污染环境节省的成本为 W, 企业保护环境措施管理成本为 C, 企业因污染行为而被查处的成本为 Q、企业因被查处所引致的其他间接成本为 L, 企业因污染行为被查处的概率为 P, 根据企业利润最大化, 在有效环境规制条件下, 企业环境行为的成本与收益应遵循以下不等式:

$$(W+C) \times (1-P) \geq (Q+L) \times P \qquad (4-1)$$

式(4-1)揭示了企业环境污染行为的根源和本质原因。如果企业因污染行为而被查处的成本较小, 即 Q 值较小, 则达不到对企业形成环境约束的效果。企业是市场经济中相对独立的经济主体, 具有理性经济人的特性, 其环境污染行为本身是一种理性决策的行为, 其目的是在环境约束情况下获得利润最大化。上述等式告诉我们, 如果要达到限制企业污染环境行为的目的, 可以从两方面入手: 一是提高企业环境污染行为的实施成本; 二要降低企业污染行为的预期收益。

从环境污染行为成本收益不等式中我们可以得知, 要实现企业绿色低碳发展、节能减排、低耗高产的目的, 需要多项措施来发挥联动机制, 一方面, 要加大环境污染治理的财政投入, 降低管理环境污染的成本和相关的人力物力投入资源。另一方面, 提高管理污染行为的相关经济收益, 使污染治理的效益远远高于治理成本, 激发相关人员管制污染的积极性和主动性, 推动环境管理健康持续发展。

第三, 资源环境约束通过影响资源的布局和配置来影响产业结构, 进而促使旅游结构实现低碳化转型。

结构主义持有的观点是, 技术创新研发和自主经济发展是通过产业速率的提高来促进经济的发展, 但是产业结构演进更多的是实现资源的优化配置和生产要素的转移, 需要把生产率较低的要素从生产率低的部门转移, 可以更加高效地利用资源和提高相关的要素增长, 从而促进经济的增长。产业结构的调整无疑是一个好的经济讯号, 不仅使财富的源泉充分地迸发, 也使资源的配置效率大大提高, 资源整合与产业结构调整, 使财富更加合理和长效地增加。目前按照比较优势概念, 社会以提高效率和增加经济总值为目的, 进行劳动分工以及工具专用, 每个个体都为了获得更多的资源和自身的效益, 自觉根据自身的相对优势或者绝对优势, 从事适合自己的生产创造, 在社会大分工的环境下找到自己的位置进行劳作获益。在职业、社会角色、工具等各个方面进行社会分工, 必然会影响地区的产业分工和结构分布, 并且与该地区的社会资源状况和意识形态以及经济发展层次也有密不可分的关系。从这个角度来看, 处于开放的资源配置环境和经济一体化的大趋势下, 要素禀赋是决定该地经济发展和产业转型的重要因素。对照而言, 资源要素齐全的地区, 将会对资源依赖程度高的产业大力发展, 作为基础核心性产业，选择资源导向型产业来拉动地方经济发展。而资源较为贫乏的地区，由于相关的资源要素不齐全，难以发展重工业和重金属行业，会有选择性地发展制造业、服务业和旅游业等。站在社会分工的角度来看，当地的自然资源的分布以及资源充沛与否和资源种类类型，都在不同程度上影响该地区的经济发展和主导产业的选择，在工业化发展的初级阶段，就会对发展方向和产业的推进产生较大程度的影响。据此，资源环境约束将会引起原有的资源布局和配置情况发生变化，促使其产业结构出现调整和变化，进而加快产业结构调整和转型升级，以更好地以适应资源环境约束的影响以及产业发展的迫切需要。与此同时，经济体的自然资源和生态环境资源型旅游经济要实现可持续性、有质量的发展，实现转型与升级，可以采取以下两条途径：一是引导资源密集型向劳动密集型和资本密集型转变，例如旅游文化产业、旅游创意经济等；二是建设资源节约型和环境友好型来挖掘要素潜能，实现创新驱动旅游产业转型升级与经济增长。

3. 能源利用效率提高对旅游产业低碳化转型的作用机理

提高能源利用效率，有利于减少生产单位产品的能源消耗量，进而促使能源消耗总量的减少，减少二氧化碳的排放量，有利于促进旅游产业实现低碳化转型。能源效率反映了能源消耗水平和利用效果。提高能源产出比率，要求企业在产出不变的前提下，减少能源消耗，由此降低企业的碳排放。能源利用效率的提高会使消耗单位能源所释放的二氧化碳减少，因此提高能源效率，有助于二氧化碳排放的减少。然而提高能源利用效率主要通过提高生产技术，其中主要方法有：一是使能源的燃烧率提高，可通过技术发展燃烧效率高的清洁能源，或者通过技术提高能源的燃烧率；二是让落后的设备进步，侧面提高能源的利用率。因此，提高能源效率是降低碳排放和实现旅游产业低碳化转型的一个重要因素。由此可见，提高能源利用效率是实现碳减排的关键，能源效率的提高是促进碳减排的最有力的贡献因素，是有效降低能源消费、减少温室气体排放的重要途径。

4. 旅游消费结构优化对旅游产业低碳化转型的作用机理

旅游消费结构优化，有利于改善旅游产品的消费结构，促进绿色消费和旅游产品结构均衡，减少能源消耗和碳排放，推动旅游产业实现低碳化转型。游客是低碳旅游活动的参与主体，游客的旅游消费活动对旅游产业低碳化转型的实现程度具有重要的作用，例如游客在各种旅游娱乐方式选择上的差异性，会在很大程度上影响其低碳旅游消费的能源消耗与碳排放量，进而影响旅游低碳化转型的实现程度。因此，旅游消费结构优化，可以通过推动低碳消费实现低碳化转型，在出行、住宿、餐饮、游览、购物、娱乐等方面实现低碳化运行，实现旅游产业的低碳化转型。同时，旅游企业的生产行为又会因为游客选择低碳旅游产品的不同而发生变化，因此低碳旅游产品生产的碳排放量也会随之改变。并且，旅游消费结构优化，有利于解决传统旅游活动中旅游经济发展与资源消耗、环境污染之间的冲突，进而促进旅游产品结构优化，推动旅游企业生产转型升级，创新旅游产品生态体系，促进旅游产业实现低碳化转型。因此，推动旅游消费结构优化，旅游企业可以调整生产经营方式，调整游客消费结构，这样既可以实现低成本经营，也可以实现旅游企业的低碳转型发展，低碳化的旅游产业运作模式种类繁多，诸如使用公共交通工具和无污染能源、创建绿色低碳环保的酒店经营、创建低碳绿色购物和游览等模式，均可提高旅游企业的低碳化管理效率。

5. 低碳技术进步和创新对旅游产业低碳化转型的作用机理

一是通过推动产业结构的优化升级来减少碳排放。

低碳技术创新是推动旅游低碳化转型的内在驱动力，其推动旅游结构转型升级进而减少碳排放的过程可以归结为技术效应和规模效应。技术效应是指通过技术的创新，使原有的技术被低碳技术代替，不仅提高能源的利用效率还使产品生产要素重组，降低生产成本提高产品质量，满足旅游产品市场的多样性和高品质的需求，以此推动旅游业发展。规模效应是指在技术效应的作用下，单个或者多个企业通过低碳技术获得高效益和竞争优势的时候，其他企业会跟着这些企业选择低碳技术，从而使低碳技术得到扩散。低碳技术创新的知识溢出，使旅游产业内及产业间拥有共同的技术基础，模糊或消除了旅游企业或产业间的生产边界，进而引起整个旅游经济增长方式和旅游经济结构发生改变。同时旅游企业为在经济结构变迁中抢占新一轮经济发展的制高点，又开始投入新一轮的低碳技术创新和应用，这样循环往复，从而实现旅游经济的可持续发展。由此可见，通过技术创新，可以减少碳排放和污染物的扩散传播，实现节能减排，实现产业结构的优化升级，在发展旅游经济的同时保护好生态环境。低碳技术的开发、实现与推行是低碳转型最需要关注的问题。要想从根本上实现低碳转型，可以使用核心技术来提高资源物品的回收利用率，提高其再次使用的概率和效率，对建造旅游景区的原材料、能源等进行低碳化处理、建立污水循环利用系统等，从根本上实现低碳转型。

二是通过提高能源利用效率和改善能源消费结构来降低碳排放。

技术进步和能源消费结构两者在不同程度上减少了温室气体的释放。技术进步提高了机械设备的工作效率，提高了能源利用效率，降低了单位产值所需的耗能,同时也减少了能源转化的步骤,进而减小能耗,减少二氧化碳的排放。高技术可以提高资源利用效率,减少能源消耗,降低生产成本;技术创新能力的上升,不仅使企业良性运行,还可以让资金—技术—资源良性循环,从而让企业的竞争力变强。同时,为了提高企业的竞争优势,企业必须增强自主创新能力,掌握核心生产技术,汲取国内外先进技术的精髓,只有这样,才能在竞争激烈的社会中生存并保持优越地位,获取更多的经济效益和社会效益;自主创新能力的提高对于企业来说,不仅使其掌握前端的核心竞争技术,提高了生产效率,降低了生产成本,还能增加其在行业中的核心竞争能力。

有学者研究得出结论,能源利用效率受到技术进步的强烈影响。也有学者认为,能源利用效率会随着技术进步而提高,其中技术效率的变化以及规模效率的变化是技术进步的主要方法,技术进步会使能源利用效率不断提高。但技术进步对能源利用效率的影响力度,受不同地区经济发展程度和市场化程度的制约,而在经济发展程度和市场化程度相对较高的地区,技术进步是提高能源利用效率的关键因素。技术进步可以提高能源利用效率,降低能源消耗的强度,进而减轻对碳密集化石燃料的依赖程度,从而产生间接的碳解锁效应。

(二) 抑制力因素的作用机理

1. 旅游经济发展对旅游产业低碳化转型的作用机理

旅游经济的发展壮大,最典型的特点是进一步导致旅游资源和生产资料消耗的增加,旅游产业碳排放量也随之增加,进而对旅游产业低碳化转型具有抑制作用。旅游经济发展,表明旅游企业与游客之间的经济联系和活动会进一步增加,旅游企业和机构为游客所提供的"吃、住、行、游、购、娱"等方面的活动和服务会进一步增加,而"吃、住、行、游、购、娱"等方面的活动和服务都会涉及各种能源的消耗,在旅游经济持续增加的背景下,会导致各种要素消耗按照一定比例增长,消耗更多的能源,在现有生产技术条件下,也会导致更多的碳排放,尤其是在西南民族地区经济发展条件和生产技术条件比东部发达地区更弱的情况下,旅游基础设施建设的增加,旅游资源消耗的增加等,都会使旅游产业碳排放量不断增加,而旅游碳排放的处理能力又较为有限,跟不上碳排放增长的速度,会直接导致碳排放量不断增长,给生态环境造成更为严峻的挑战和压力,不利于旅游产业实现低碳化转型,对旅游产业低碳化转型具有抑制作用。

2. 旅游人口规模扩大对旅游产业低碳化转型的作用机理

旅游人数的不断攀升，会加速旅游资源的消耗，相关基础设施的升级换代，其对于基础设施、交通工具和基本饮食的需求无疑给社会施加了重负，人口规模的迅速壮大是碳排放迅猛增加的主要原因之一。旅游人口规模的扩大，最直接的影响效果是旅游资源消耗的持续增长，甚至超出旅游生态环境的承载能力，是生态环境遭受破坏的重要影响因素。为此，针对旅游景区，在旅游旺季，要合理控制旅游人口规模，避免超出旅游景区的接待能力和生态环境的承载能力，否则将给旅游生态环境保护造成严峻的压力。旅游人口规模的扩大，还会导致旅游消费废弃物的增加，包括生活垃圾、生活废水的增加等，而有些生活垃圾在自然界中难以消解的，甚至会对生态环境造成一定的污染，不利于推进旅游产业实现低碳化转型和发展。有学者认为，旅游人口上升和气候变化是正相关的关系，当人均碳排放不变的条件下，旅游人口规模的上升会使碳排放总量上升。旅游经济发展带动的旅游人口大规模扩大，以及传统消费方式向现代化消费方式的转变，导致因为旅游人口而排放的污染物和温室气体在猛烈增长，让能源和环境受到的压力愈加强烈，进而使生态环境遭受破坏、空气质量下降。

3. 碳锁定对旅游产业低碳化转型的作用机理

有学者对中国30个省份的碳锁定状况进行测试，并对区域碳锁定状况的时空差异及其影响机理进行了研究，认为创新水平、技术进步和能源效率的提升和产业结构的完善对碳解锁存在良好的引导作用，而技术进步、创新水平和产业结构要素产生的间接碳解锁效应十分明显。通过对碳基技术体制的替代来实现"碳解锁"的过程分为三个阶段。第一阶段是竞争性缝隙创新阶段。在此阶段中，低碳技术与现有的碳基技术在诸多地方存在相似性，低碳技术的引入必然会受到现有的碳基技术的竞争排挤，同时，由于处于发展初期的竞争性低碳技术可能会因为其所具备的功能不能满足主流市场，会导致其发展初期没有发展市场。所以，竞争性低碳技术的发展壮大必须依靠一个强有力的保护，这就是所谓的在碳基技术体制所控制的主流市场之外的"缝隙"。这些缝隙为竞争性低碳技术的发展提供平台，通过财政补贴、公共购买、专设项目等形式来进行，为竞争性低碳技术的发展提供空间和动力。第二阶段是缝隙积累与分叉阶段。随着缝隙中的竞争性低碳技术的发展演化，会有越来越多的人熟悉了解并运用它，这就是竞争性低碳技术的扩散传播，并传播到各个领域，这个过程就是"缝隙积累"。竞争性的低碳技术会在缝隙市场中获得报酬递增和网络的外部性。各方面的行动者会因为市场的外部性"搭便车",低碳技术创新快速传播,并在此过程中形成一系列的规章制度,如使用者实践惯例、供应商—消费者关系、政策框架、社会规范和技术的符号意义等。当低碳技术从一个缝隙市场扩散到另一个缝隙市场时,就进入缝隙分叉阶段。第三阶段是体制竞争与替代阶段。在缝隙积累与分叉过程中,新低碳技术的市场空间会逐渐扩大,这时在需求扩大的条件下会增加生产,低碳技术的价格、功能等会因为缝隙市场的不同而有所不同,并进一步相应地提升自身功能。除此之外,低碳技术面对着不同的缝隙市场,会有更多的异质行动者和资源的支持,从而有利于促进支持低碳技术的包含企业、科研机构、消费者和政策制定者所构成的社会网络的形成,以及包括如安全标准、设计规范、环保要求等相应制度的构建。新的低碳技术体制会随着低碳技术嵌入支持其发展的社会网络和制度而出现,这不仅表明低碳技术在环境性能和经济绩效方面具有优势,还显示已经获得合法性和社会性基础,因而将逐渐取代既存的碳基技术体制。

三、各影响因素对西南民族地区旅游产业低碳化转型的综合作用

(一)综合动因论的应用

综合动因论,是由我国学者罗大华等提出的关于个体事件形成原因的理论。此理论认为个体事件形成是由于主体内外因素相互作用的结果,形成原因具有整体性、层次性、结构性和动态性等特点。综合动因论运用辩证唯物论科学地解释了个体事件形成中各因素的作用,认为个体事件形成原因是一个整体,且该主体包含了诸多相互联系和作用的因素,由于这些因素交互作用,使个体事件形成原因处在动态变化之中,最终形成多层次多维度的原因网络结构。综合动因论注重原因的整体性、层次性、结构性和动态性分析。综合动因论的整体性是指所有因素是有机统一的整体,应该从整体出发全面地去研究各个因素发挥的作用,充分体现了马克思哲学原理中的事物是相互联系的原理;综合动因论的层次性是指人们在考察个体事件形成原因时,要注意各层次各因素间的根本差异以及各因素在整体发挥的作用;综合动因论的结构性是指了解原因系统的时候,应该注意各个因素之间的关系以及这些关系对整体的作用和影响;综合动因论中的动态性是指原因是一个开放系统,它的形成是一个变动的过程,所以研究个体事件形成原

因使用发展变化的观点。因此，选择综合动因论来探析西南民族地区旅游产业低碳化转型影响因素的综合作用机理和特点，对深入系统把握西南民族地区旅游产业低碳化转型影响因素的相互作用机理具有重要的作用。

（二）基于综合动因论的各影响因素对旅游产业低碳化转型的综合作用分析

西南民族地区旅游产业低碳化转型的影响因素主要包括：低碳规制、资源环境约束、能源利用效率提高、旅游消费结构优化、低碳技术进步和创新、旅游经济发展、旅游人口规模、碳锁定等驱动力和抑制力因素。根据系统动因论，各影响因素对旅游产业低碳化转型的影响作用，是各影响因素相互作用、共同作用的结果。以下从旅游产业低碳化转型影响因素的整体性、层次性、结构性和动态性等角度对其综合作用机理进行分析，见图4-2。

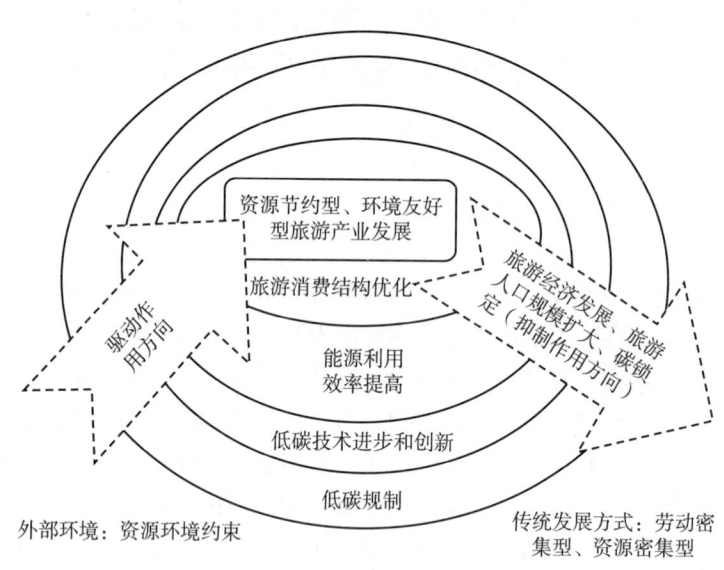

图4-2 各影响因素的综合作用路径

1. 旅游产业低碳化转型影响因素的整体性

旅游产业低碳化转型的影响因素之间是一个相互联系、相互作用、相互影响的有机统一整体，通过各个影响因素之间的共同作用，共同推进旅游产业实现低碳化转型。其共同作用机理主要通过以下途径实现：一方面旅游景区、旅游酒店、旅行社等旅游企业和机构在低碳规制等政策环境的规制下，同时受到资源环境约束的影响，为了更好地占据市场竞争优势，会促使企业加快推进低碳技术进步和创新，提高能源利用效率，破除"碳锁定"等因素的影响，促进旅游企业和机构实现低碳化转型；另一方面旅游经济的发展和旅游人口规模的扩大，也会引起旅游能源消耗的增加，导致碳排放的增加，进一步抑制旅游产业的低碳化转型。总而言之，旅游产业低碳化转型影响因素的整体性反映了旅游产业的低碳化转型是一个各因素相互影响和作用的过程，各个影响因素之间的影响并不是独立存在的，相互之间通过特定的媒介存在着特定的影响和联系，通过相互的正向作用与反作用，驱动或抑制着旅游产业的低碳化转型过程。

2. 旅游产业低碳化转型影响因素的层次性

旅游产业低碳化转型的各个影响因素在推动旅游产业实现低碳化转型中所起到的作用具有一定的层次性，各影响因素在功能影响上具有质的差异性，各影响因素所起到的作用具有较大的不同。可以看到：一是低碳规制因素对于旅游企业和机构来说，在推动旅游产业低碳化转型过程中，属于政策性影响因素，属于外部因素。二是资源环境约束，也是外部因素，属于次要的影响因素。三是能源利用效率提高、低碳技术进步和创新则是影响旅游产业实现低碳化转型的根本性因素，是旅游企业和机构的内在影响因素，促进旅游企业和机构的能源利用效率提高、低碳技术进步和创新，将极大推进旅游企业和机构的节能减排，提升其在市场竞争中的核心竞争力，对推动旅游企业和机构实现低碳化转型起到根本性的影响作用。四是旅游经济发展、旅游人口规模属于外部条件，对旅游企业和机构来说，既是促进自身发展的机遇，但也意味着能源消费的增加，对整个外部环境来说，在一定程度上会引起整个外部环境的能源消耗和碳排放的增加，会在一定程度上抑制旅游产业实现低碳化转型，给旅游企业和机构带来一定的挑战。五是旅游消费结构优化是整个旅游产品生产、运输和消耗过程中的重要环节，也是旅游企业和机构推动技术进步和创新、提高能源利用效率的重要落脚点，最终都会体现到能源消费结构的优化上，因此旅游消费结构优化也是减少能源消耗和碳排放的重要环节和重要组成部分。六是碳锁定作为"技术—制度复合体"，其在抑制旅游产业的低碳化转型过程中，其影响是不言而喻的，是旅游企业和机构摆脱高能源消耗和高碳排放的重要障碍，是内部因素和外部因素共同作用的结果，对旅游产业能否实现节能减排具有重要的决定性作用。

3. 旅游产业低碳化转型影响因素的结构性

旅游产业低碳化转型的各个影响因素之间具有一定的结构性，其在推动旅游产业实现低碳化转型中所起到的作用和影响因各个影响因素的构成方式不同而导致其作用和影响效果存在着较大的差异，甚至直接影响到能否实现旅游产业实现低碳化转型。可以说各个影响因素的不同组成结构和方式会导致不同的结果，决定着旅游产业低碳化转型的成败。例如，在低碳规制和资源环境约束缺失的情况下，仅仅依靠旅游企业和机构自发性地推动低碳技术进步和创新、能源利用效率提高，将难以有效地推动整个旅游产业实现低碳化转型；或者，如果旅游企业和机构运用传统的生产和消费方式，在低碳技术创新和能源利用效率方面缺乏有效行动，仅仅依靠低碳规制来约束企业的行为，只会导致企业被市场淘汰，企业生产和消费的"碳锁定"行为也难以被破除，将难以推动整个旅游产业实现低碳化转型。因此，旅游产业低碳化转型的各个影响因素的结构性决定了旅游产业低碳化转型的结果。

4. 旅游产业低碳化转型影响因素的动态性

旅游产业低碳化转型的各个影响因素是一个开放的系统，既反映了各个影响因素本身的变化会导致旅游产业低碳化转型的差异性变化，又反映了旅游产业的低碳化转型是一个动态变化的过程，受到各个影响因素变化的传递过程影响。一方面，各个影响因素本身的状态并不是固定不变的，伴随着时间的变化处于一个变化的过程，例如技术进步和创新，在开始阶段该技术在市场中可能具有较大的竞争优势，但是随着时间的推移，随着其他替代技术的开发和应用，该技术的市场竞争优势会逐渐减弱，其对旅游企业和机构实现低碳化转型所产生的影响也将发生变化。另一方面，旅游产业的低碳转型是一个持续的动态过程，这些影响因素对旅游产业实现低碳化转型的驱动和抑制作用的主次性或组成结构发生变动时，会引起旅游产业低碳化转型结果发生变化，这是一个动态的变化过程。

四、本章小结

本章主要对西南民族地区旅游产业低碳化转型的影响因素及作用机理进行研究。通过分析可以发现，西南民族地区旅游产业低碳化转型的驱动力因素，主要包括：低碳规制、资源环境约束、能源利用效率提高、旅游消费结构优化、低碳技术进步和创新等；抑制力因素主要包括：旅游经济发展、旅游人口规模扩大、碳锁定等。在此基础上，结合各影响因素的特点和变化规律，构建西南民族地区旅游产业低碳化转型的影响因素模型，探析各影响因素之间的内在逻辑联系，同时进一步探析了各影响因素对西南民族地区旅游产业低碳化转型的作用机理过程及其影响路径。根据综合动因论，进一步研究并发现各影响因素对旅游产业低碳化转型的综合作用，是各影响因素相互作用、共同作用的结果，且各影响因素的综合作用具有整体性、层次性、结构性和动态性等特点。

第五章 西南民族地区旅游产业低碳化转型影响因素及发展效率评价

为进一步探析各影响因素对西南民族地区旅游产业低碳化转型影响的状况以及西南民族地区低碳旅游发展效率状况，本章运用灰色关联评价分析法和层次分析法，从不同角度、不同层面对西南民族地区旅游产业低碳化转型的影响因素及其综合水平状况进行评价；同时采用 DEA 投入产出效率分析法，对西南民族地区低碳旅游发展效率进行综合评价，进而从实证角度更好地把握西南民族地区旅游产业低碳化转型的影响因素及其综合水平状况。

一、西南民族地区旅游产业低碳化转型影响因素的灰色关联评价

（一）灰色关联评价方法

灰色关联评价分析法是以灰色关联理论为基础的分析方法，该理论是由邓珠龙教授于 1982 年提出，可以用该方法来评估区域发展水平的高低。灰色关联度反映了两个或两个以上因素的关联的程度，其相似度越高，说明相关度越高；相似度越低，说明相关度越低。公式（5-1）至公式（5-5）是灰色关联度的计算过程，其中公式（5-1）和公式（5-2）是对评价指标体系的指标数据进行无量纲化处理，经处理后的数据的取值范围为 [0, 100]；$X_0(k)$ 为参考序列，经无量纲化处理后的参考序列的每个值均为 100。

$$X_{ik} = \frac{Y_{ik} - \min_i Y_{ik}}{\max_i Y_{ik} - \min_i Y_{ik}} \times 100 \qquad (5-1)$$

第五章　西南民族地区旅游产业低碳化转型影响因素及发展效率评价

$$X_{ik} = \frac{\max\limits_{i} Y_{ik} - Y_{ik}}{\max\limits_{i} Y_{ik} - \min\limits_{i} Y_{ik}} \times 100 \quad (5-2)$$

$$\zeta_i(k) = \frac{\min\limits_{i}\min\limits_{k}|X_0(k) - X_i(k)| + \delta \max\limits_{i}\max\limits_{k}|X_0(k) - X_i(k)|}{|X_0(k) - X_i(k)| + \delta \max\limits_{i}\max\limits_{k}|X_0(k) - X_i(k)|} \quad (5-3)$$

$$\bar{r}_i = \frac{1}{n}\sum_{i=1}^{n}\zeta_i(k), \quad k = 1, 2, \cdots, m \quad (5-4)$$

$$r_i = \frac{\bar{r}_i}{\sum\limits_{k=1}^{m}\bar{r}_i}, \quad k = 1, 2, \cdots, m \quad (5-5)$$

其中，$X_i(k)$ 为 k 地区 i 指标的数值，$\zeta_i(k)$ 表示 k 地区 i 指标的灰色关联系数，δ 是分辨系数（通常取值 0.5），$\bar{r}_i$、r_i 分别是指标 i 的灰色关联系数和权重。

（二）西南民族地区旅游产业低碳化转型评价指标体系构建

1. 评价指标构建原则

西南民族地区旅游低碳过渡评估指标系统是一个复杂的多层次系统。通过构建该评价指标体系，可综合反映西南民族地区旅游产业低碳化转型的整体状况，为推进西南民族地区旅游产业低碳化转型提供评价分析的基础。可见，构建科学、合理的西南民族地区旅游产业低碳化转型评价指标体系，需要坚持一定的评价体系构建原则，包括科学性、系统性、层次性、可操作性、动态性等原则。

（1）科学性原则。构建旅游产业低碳化转型指标体系，应坚持科学性原则，合理、科学、客观地反映西南民族地区旅游产业低碳化转型的特点和规律，准确地揭示西南民族地区旅游产业低碳化转型的内在本质。并且在西南民族地区旅游产业低碳化转型评价指标体系的构建中，还要结合西南民族地区旅游产业低碳化转型的特点、实际状况，合理构建指标体系，避免盲目地选择指标，要真实、客观地反映西南民族地区旅游产业低碳化转型状况，充分体现科学性原则。

（2）系统性原则。由于西南民族地区旅游产业低碳化转型评价指标体系是一个完整的、系统的评价体系，因此，西南民族地区旅游产业低碳化转型评价指标体系的构建应坚持系统性原则。虽然评估指标是评估西南部少数民族地区旅游部门低碳过渡情况的一个指标系统，但在不同层次和不同视角下，评估指标是独立的。评价指标体系是由具有相互内在联系的各个指标共同构建而成，用以评估旅游部门低碳过渡的情况。

(3) 层次性原则。由于西南民族地区旅游产业低碳化转型评价指标体系是一个复杂的、系统的评价体系，因此，为能有效地对西南民族地区旅游产业低碳化转型进行系统评价，其旅游产业低碳化转型评价指标体系的构建，层次性原则是需要坚持的，即旅游业低碳转变指标系统应是一个多层次、多层面但有组织的评估系统，用以评估西南民族地区旅游业低碳转变的各个方面。

(4) 可操作性原则。西南民族地区旅游产业低碳化转型评价指标体系的构建，可操作性原则是要坚持的。由于建立一个评估旅游部门低碳过渡情况的指标系统的主要目标之一是提供切合实际的服务。因此，西南民族地区旅游产业低碳化转型评价指标体系的构建，要遵循指标的可行性和可获取性、可操作性，以便采用科学的评估方法对西南民族地区旅游产业低碳化转型评价指标体系进行有效评价。

(5) 动态性原则。由于西南民族地区旅游产业低碳化转型始终处于一个动态变化的过程，因此，在构建西南民族地区旅游产业低碳化转型评价指标体系中，应遵循动态性原则。将动态性原则考虑到西南民族地区旅游产业低碳化转型评价指标体系构建当中，能够更好地体现和反映西南民族地区旅游产业低碳化转型的动态变化特点，充分体现旅游产业低碳化转型评价指标体系的科学性特点。

2. 评价指标体系构建

西南民族地区旅游产业低碳化转型评价，涉及低碳规制、资源环境约束、能源利用效率提高、旅游消费结构优化、低碳技术进步和创新、旅游经济发展、旅游人口规模、碳锁定等驱动力和抑制力因素方面，是一个复杂的多因素综合评价体系。为了综合评价西南民族地区旅游产业低碳化转型状况，进一步分析西南民族地区旅游产业低碳化转型的影响因素及其特征，本章在结合西南民族地区旅游产业低碳化转型实际状况及在坚持可操作性、层次性、系统性、科学性等原则的基础上，建立了西南民族地区旅游产业低碳化转型评价指标体系（见表5-1），该指标体系从低碳规制、资源环境约束、能源利用效率提高、旅游消费结构优化、低碳技术进步和创新、旅游经济发展、旅游人口规模、碳锁定8个二级指标层共25项三级指标来评价西南民族地区旅游产业低碳化转型状况。

表 5－1　西南民族地区旅游产业低碳化转型评价指标体系

一级指标	二级指标	三级指标	单位	指标性质
A 西南民族地区旅游产业低碳化转型评价指标体系	B1 低碳规制	C11 环保资金占地区生产总值的比重	%	正向
		C12 分地区居民人均可支配收入	元	正向
	B2 资源环境约束	C21 旅游人均的年末实有道路面积	万平方米/人次	正向
		C22 城市建成区绿化覆盖率	%	正向
		C23 旅游人均的公园面积	公顷/人次	正向
		C24 人均水资源量	立方米/人	正向
		C25 人均全年天然气供气总量	立方米/人	正向
		C26 城市污水处理能力	万立方米	正向
	B3 能源利用效率提高	C31 每万元旅游收入能源消费量	吨标准煤	负向
		C32 每吨能源生产的旅游收入	元	正向
		C33 旅游住宿业每人每天的能源消耗	吨标准煤/（人·天）	负向
	B4 旅游消费结构优化	C41 国内旅游收入增长率	%	正向
		C42 入境旅游消费结构指数	—	正向
	B5 低碳技术进步和创新	C51 城市生活垃圾清运和处理情况	%	正向
		C52 科学技术支出占财政支出的比重	%	正向
		C53 各地区研究与试验发展（R&D）经费投入强度		正向
		C54 旅游人均的研究与试验发展（R&D）人员全时当量	人年/人次	正向
		C55 旅游人均的国内专利申请授权数	件/人次	正向
	B6 旅游经济发展	C61 国际旅游收入	百万美元	负向
		C62 旅游总消费	亿元	负向
		C63 旅游收入占第三产业产值的比重	%	负向
	B7 旅游人口规模	C71 接待入境过夜游客	万人次	负向
		C72 国内游客	万人次	负向
	B8 碳锁定	C81 碳锁定系数	—	负向
		C82 旅游产业碳排放量	万吨	负向

对指标数据来源说明如下：

（1）低碳规制。参考张成和陆旸等人（2011）的研究成果，虽然在指标衡量上存在不足，但是基于数据的可获得性和可操作性，采用治污投资占地区生产总值的比例、分地区居民人均可支配收入来衡量低碳规制指标。2013 年和 2017 年的分地区居民人均可支配收入数据分别来源于 2014 年和 2018 年的《中国统计年鉴》。治污投资占地区生产总值的比例数据来源于 2014 年和 2018 年的《中国环境统计年鉴》。

（2）资源环境约束。分别采用旅游人均的年末实有道路面积、城市建成区绿化覆盖率、旅游人均的公园面积、人均水资源量、人均全年天然气供气总量、城市污水处理能力来表示资源环境约束的三级指标。旅游人均的年末实有道路面积用年末实有道路面积与地区旅游总人数的比值来求得；旅游人均的公园面积用公园面积与地区旅游总人数的比值来求得。各指标数据来源于 2014 年和 2018 年的《中国统计年鉴》。

（3）能源利用效率提高。用每万元旅游收入能源消费量、每吨能源生产的旅游收入、住宿业每人每天的能源消耗来表示能源利用效率提高的三级指标。其中，根据数据的可得性，分别用每万元地区生产总值能源消费量、每吨能源生产的地区生产总值来替代每万元旅游收入能源消费量、每吨能源生产的旅游收入；在住宿业每人每天的能源消耗方面，根据上文对住宿业的碳排放数据测算，先求得住宿业不同类型能源的每人每天的能源消耗数量，再经过能源转换系数求得住宿业每人每天的能源消耗量。各指标数据来源于 2014 年和 2018 年的《广西统计年鉴》《贵州统计年鉴》《云南统计年鉴》。

（4）旅游消费结构优化。参照粟娟和王凤玲（2015）、贾英（2008）等人的研究成果，采取旅游消费结构高级化指数、国内旅游收入增长率来表示旅游消费结构。其中：旅游消费结构高级化指数 = 非基本消费支出占旅游总消费支出的比例/基本消费占旅游总消费支出的比例×100。其中，基本旅游消费是指旅游活动中所必需的且具有一定稳定性和刚性的旅游消费，包括住宿、餐饮、交通、游览等的消费支出；非基本旅游消费是指旅游活动中需要且具有较大弹性的旅游消费支出，包括购物、娱乐等方面的消费支出。入境旅游消费结构指数反映了入境旅游消费结构的合理化和高级化，其数值越大，表示入境旅游消费结构越合理，入境旅游消费水平越高，旅游产业的发展成熟程度也就越强。贵州的基本旅游消费比例和非基本旅游消费比例数据通过旅游外汇收入的构成进行简单计算求得，数据来源于 2018 年和 2014 年的《贵州统计年鉴》；而广西、云南的基本旅游消费支出比例和非基本旅游消费支出比例数据，由于数据的缺乏，分别采用全国的基本旅游消费支出比例和非基本旅游消费支出比例数据来替代。

（5）低碳技术进步和创新。用城市生活垃圾清运和处理情况、科学技术支出占财政支出的比重、各地区研究与试验发展（R&D）经费投入强度、旅游人均的研究与试验发展（R&D）人员全时当量、旅游人均的国内专利申请授权数来表示低碳技术进步和创新的三级指标。其中，城市生活垃圾清运和处理情况以及科学技术支出占财政支出的比例的原始数据来源于2018年和2014年的《中国统计年鉴》。旅游人均的研究与试验发展（R&D）人员全时当量用各地区研究与试验发展（R&D）人员全时当量与旅游总人数的比值来求得；旅游人均的国内专利申请授权数用国内专利申请授权数与旅游总人数的比值来求得。各地区研究与试验发展（R&D）经费投入强度、各地区研究与试验发展（R&D）人员全时当量来源于《2017年全国科技经费投入统计公报》和《2017年全国科技经费投入统计公报》。国内专利申请授权数来源于2018年和2014年的《中国科技统计数据》。

（6）旅游经济发展。用国际旅游收入、旅游总消费、旅游收入占第三产业产值的比重来表示旅游经济发展的三级指标。数据来源于2014年、2018年的《广西统计年鉴》《贵州统计年鉴》《云南统计年鉴》。其中2013年和2017年广西旅游消费指标用旅游总消费支出来表示，其他年份及地区的指标用旅游总收入的指标来表示。

（7）旅游人口规模。用接待入境过夜游客、国内游客来表示旅游人口规模，数据来源于2018年和2014年的《中国统计年鉴》。

（8）碳锁定。用碳锁定系数和碳排放量来表示碳锁定的三级指标。参考刘晓凤（2019）、黄雨生和曲建升（2016）等的研究成果，碳锁定系数可通过如下公式测算：$E_i = (C_i - T_i)/T_i$，其中：$T_i = S_i \times Cs \times (44/12)$，$E_i$表示碳锁定系数，$C_i$表示碳排放量，$T_i$表示碳的承载力（单位：kt），$S_i$表示1公顷的植被在1年中的碳吸收量（由于旅游产业发展主要集中在城镇地区，故本研究采用城镇绿地面积来进行表示植被面积），广西、贵州、云南都属于亚热带，用森林的碳吸收量来表示S_i值，则S_i值可表示为2.84吨/公顷·年。此外，由于城镇地区的植被的碳吸收量不仅涉及旅游产业的碳排放量，还涉及吸收其他产业的碳排放量，故本章采用各地区旅游产业发展的旅游总收入（或旅游总消费）在地区生产总值中所占的比例来估算植被对旅游产业的碳吸收量，即旅游产业的碳的承载力。碳锁定系数越大，表示碳排放量越大，碳锁定越严重；反之，碳锁定系数越小，碳排放量越小，碳锁定相对较轻。每年旅游产业的碳排放量通过上面得到。森林的面积来源于2018年和2014年的《中国统计年鉴》。

（三）西南民族地区旅游产业低碳化转型的灰色关联评价

采用西南民族地区旅游产业低碳化转型评价指标体及 2013 年和 2017 年广西、云南、贵州的相关指标数据，运用公式（5－1）至公式（5－5），测算得到西南民族地区旅游产业低碳化转型评价的各项具体指标的灰色关联度及其权重（见表 5－2）。

表 5－2　2013 年和 2017 年西南民族地区旅游产业低碳化转型评价的各项具体指标的灰色关联度及其权重

二级指标	三级指标	2017 年		2013 年	
		灰色关联度	权重（%）	灰色关联度	权重（%）
B1 低碳规制	C11 环保资金占地区生产总值的比例	0.5049	3.40	0.7629	5.20
	C12 分地区居民人均可支配收入	0.7729	5.20	0.3800	2.59
B2 资源环境约束	C21 旅游人均的年末实有道路面积	0.4118	2.77	0.6495	4.43
	C22 城市建成区绿化覆盖率	0.3336	2.24	0.5556	3.79
	C23 旅游人均的公园面积	0.3668	2.47	0.6564	4.48
	C24 人均水资源量	0.7421	4.99	0.5243	3.58
	C25 人均全年天然气供气总量	0.6822	4.59	0.3706	2.53
	C26 城市污水处理能力	0.5681	3.82	0.5038	3.44
B3 能源利用效率提高	C31 每万元旅游收入能源消费量	0.7716	5.19	0.5589	3.81
	C32 每吨能源生产的旅游收入	0.6752	4.54	0.4648	3.17
	C33 旅游住宿业每人每天的能源消耗	0.9227	6.21	0.4177	2.85
B4 旅游消费结构优化	C41 国内旅游收入增长率	0.7312	4.92	0.3653	2.49
	C42 入境旅游消费结构指数	0.5556	3.74	0.4376	2.98

续表

二级指标	三级指标	2017 年		2013 年	
		灰色关联度	权重（%）	灰色关联度	权重（%）
B5 低碳技术进步和创新	C51 城市生活垃圾清运和处理情况	0.6758	4.55	0.4716	3.22
	C52 科学技术支出占财政支出的比例	0.5831	3.92	0.4794	3.27
	C53 各地区研究与试验发展（R&D）经费投入强度	0.6395	4.30	0.3998	2.73
	C54 旅游人均的研究与试验发展（R&D）人员全时当量	0.6528	4.39	0.4484	3.06
	C55 旅游人均的国内专利申请授权数	0.5218	3.51	0.8007	5.46
B6 旅游经济发展	C61 国际旅游收入	0.5732	3.86	0.6616	4.51
	C62 旅游总消费	0.3645	2.45	0.9563	6.52
	C63 旅游收入占第三产业产值的比例	0.4511	3.03	0.8468	5.77
B7 旅游人口规模	C71 接待入境过夜游客	0.5772	3.88	0.6761	4.61
	C72 国内游客	0.4143	2.79	0.9638	6.57
B8 碳锁定	C81 碳锁定系数	0.9265	6.23	0.5644	3.85
	C82 旅游产业碳排放量	0.4492	3.02	0.7472	5.10

从表 5-2 中可以看到，2013 年，影响西南民族地区旅游产业低碳化转型的指标的灰色关联度和权重排名前十的指标从高到低依次是国内游客、旅游总消费、旅游收入占第三产业产值的比例、旅游人均的国内专利申请授权数、环保资金占地区生产总值的比例、旅游产业碳排放量、接待入境过夜游客、国际旅游收入、旅游人均的公园面积、旅游人均的年末实有道路面积，其灰色关联度及其权重（括号内的比例为权重）依次为 0.9638（6.57%）、0.9563（6.52%）、0.8468（5.77%）、0.8007（5.46%）、0.7629（5.20%）、0.7472（5.10%）、0.6761（4.61%）、0.6616（4.51%）、0.6564（4.48%）、0.6495（4.43%）。2017 年，影响西南民族地区旅游产业低碳化转型的指标，其灰色关联度和权重排名前十的指标从高到低依次是碳锁定系数、旅游住宿业每人每天的能源消耗、

分地区居民人均可支配收入、每万元旅游收入能源消费量、人均水资源量、国内旅游收入增长率、人均全年天然气供气总量、城市生活垃圾清运和处理情况、每吨能源生产的旅游收入、旅游人均的研究与试验发展（R&D）人员全时当量，其灰色关联度及其权重依次为0.9265（6.23%）、0.9227（6.21%）、0.7729（5.20%）、0.7716（5.19%）、0.7421（4.99%）、0.7312（4.92%）、0.6822（4.59%）、0.6758（4.55%）、0.6752（4.54%）、0.6528（4.39%）。与此同时，通过对比2013年、2017年影响西南民族地区旅游产业低碳化转型的指标的灰色关联度和权重排名前十的影响指标，可以发现，影响西南民族地区旅游产业低碳化转型的前十名指标均发生了变化，并未有重合的指标，表明随着近几年来旅游业的快速发展，影响旅游产业低碳化转型的具体因素发生了较大的变化，并表明影响旅游产业低碳化转型的内外环境及条件均出现了较大的变化，尤其是碳锁定系数、旅游住宿业每人每天的能源消耗、分地区居民人均可支配收入、每万元旅游收入能源消费量、人均水资源量等指标已成为影响西南民族地区旅游产业低碳化转型的重要因素指标。

同时，2013年，仅次于前十名影响指标，灰色关联度大于0.4的影响指标，按重要性从高到低排名在十一至二十的依次为碳锁定系数、每万元旅游收入能源消费量、城市建成区绿化覆盖率、人均水资源量、城市污水处理能力、科学技术支出占财政支出的比例、城市生活垃圾清运和处理情况、每吨能源生产的旅游收入、旅游人均的研究与试验发展（R&D）人员全时当量、入境旅游消费结构指数，其灰色关联度及权重（括号内的比例为权重）依次为0.5644（3.85%）、0.5589（3.81%）、0.5556（3.79%）0.5243（3.58%）、0.5038（3.44%）、0.4794（3.27%）、0.4716（3.22%）、0.4648（3.17%）、0.4484（3.06%）、0.4376（2.98%），可以看到，上述十个影响指标的灰色关联度的平均值为0.5009。2017年，灰色关联度大于0.4000的影响指标，按重要性从高到低排名在十一至二十的依次为各地区研究与试验发展（R&D）经费投入强度、科学技术支出占财政支出的比例、接待入境过夜游客、国际旅游收入、城市污水处理能力、入境旅游消费结构指数、旅游人均的国内专利申请授权数、环保资金占地区生产总值的比例、旅游收入占第三产业产值的比例、旅游产业碳排放量，其灰色关联度及权重（括号内的比例为权重）依次为0.6395（4.30%）、0.5831（3.92%）、0.5772（3.88%）、0.5732（3.86%）、0.5681（3.82%）、0.5556（3.74%）、0.5218（3.51%）、0.5049（3.40%）、0.4511（3.03%）、0.4492（3.02%），上述十个影响指标的灰色关联度平均值为0.5424。由此可见，2017年灰色关联度排名十一至二十的十个影响指标平均值大于2013年相应影响指标的平均值，表明相较于 2013 年、2017 年西南民族地区旅游产业低碳化转型的关联性更大。

此外，从余下的五个影响指标，按照灰色关联度从大到小进行排序，2013 年依次为旅游住宿业每人每天的能源消耗、各地区研究与试验发展（R&D）经费投入强度、分地区居民人均可支配收入、人均全年天然气供气总量、国内旅游收入增长率，其灰色关联度及权重（括号内的比例为权重）依次为 0.4177（2.85%）、0.3998（2.73%）、0.3800（2.59%）、0.3706（2.53%）、0.3653（2.49%），其灰色关联度的平均值为 0.3867。2013 年余下的五个影响指标，按照灰色关联度从大到小进行排序，依次为国内游客、旅游人均的年末实有道路面积、旅游人均的公园面积、旅游总消费、城市建成区绿化覆盖率，其灰色关联度及权重（括号内的比例为权重）依次为 0.4143（2.79%）、0.4118（2.77%）、0.3668（2.47%）、0.3645（2.45%）、0.3336（2.24%），其灰色关联度的平均值为 0.3782。可以看到，2017 年影响西南民族地区旅游产业低碳化转型的排序在最后的五个影响指标的灰色关联度的平均值要小于 2013 年排序的最后五个影响指标的灰色关联度。

表 5-2 在一定程度上反映了各项指标与西南民族地区旅游产业低碳化转型之间的单一关联程度，但是仍难以从总体上反映出西南民族地区旅游产业低碳化转型的发展特点。为进一步了解西南民族地区旅游产业低碳化转型的八大影响因素的灰色关联度，在采用公式（5-1）至公式（5-5）求得西南民族地区旅游产业低碳化转型的各大影响因素得分及其排序（见表 5-3）的基础上，采用公式（5-3）至公式（5-5）进一步求得西南民族地区旅游产业低碳化转型的八大影响因素的灰色关联度和排序（见表 5-4）。

表 5-3　2013 年和 2017 年西南民族地区旅游产业低碳化转型的各大影响因素得分及其排序

年份	地区	B1 低碳规制	B2 资源环境约束	B3 能源利用效率提高	B4 旅游消费结构优化	B5 低碳技术进步和创新	B6 旅游经济发展	B7 旅游人口规模	B8 碳锁定	均值	排序
2013	广西	0.5752	0.7110	0.6391	0.3756	0.6862	0.8515	0.7744	0.8463	0.6824	1
	贵州	0.4514	0.3583	0.3333	0.4382	0.4588	0.8365	0.9082	0.7624	0.5684	2
	云南	0.6879	0.5608	0.4689	0.3905	0.4150	0.7767	0.7771	0.3588	0.5545	3

续表

年份	地区	B1 低碳规制	B2 资源环境约束	B3 能源利用效率提高	B4 旅游消费结构优化	B5 低碳技术进步和创新	B6 旅游经济发展	B7 旅游人口规模	B8 碳锁定	均值	排序
2017	广西	0.6723	0.6526	1.0000	0.4142	0.615	0.4759	0.4365	0.7150	0.6230	2
	贵州	0.7081	0.4583	0.6065	0.8493	0.5655	0.5400	0.6667	0.6036	0.6247	1
	云南	0.5362	0.4414	0.7629	0.6667	0.6609	0.3728	0.3841	0.7449	0.5712	3

表5-4　2013年和2017年西南民族地区旅游产业低碳化转型的各大影响因素的灰色关联度及其排序

年份	名称	B1 低碳规制	B2 资源环境约束	B3 能源利用效率提高	B4 旅游消费结构优化	B5 低碳技术进步和创新	B6 旅游经济发展	B7 旅游人口规模	B8 碳锁定
2013	灰色关联度	0.5885	0.7557	0.6272	0.4772	0.7118	0.4408	0.4716	0.4803
	排序	4	1	3	6	2	8	7	5
2017	灰色关联度	0.7765	0.662	0.5803	0.5316	0.8034	0.5796	0.6075	0.6973
	排序	2	4	6	8	1	7	5	3

从表5-3可以看到，2013年西南民族地区旅游产业低碳化转型的各大影响因素得分从高到低的地区排序依次是广西（0.6824）、贵州（0.5684）、云南（0.5545），其中广西的得分比贵州的得分高了0.1140，而贵州和云南的地区得分分别为0.5684、0.5545，两者的得分相对较接近，仅差0.0139，表明2013年广西在推进旅游产业实现低碳化转型的综合效果要比贵州、云南的综合效果要好，而贵州、云南两个地区的旅游产业低碳化转型的综合效果也相对较接近，但是与广西的旅游产业低碳化转型效果仍存在着一定的差距。

与此同时，2017年西南民族地区旅游产业低碳化转型的各大影响因素得分从高到低的地区排序依次是贵州（0.6247）、广西（0.6230）、云南（0.5712），可以看到，贵州的地区得分由2013年的0.5684上升到2017年的0.6247，并在2017年超过广西的0.6230，排在第1位，表明贵州在推进旅游产业实现低碳化转型方面所取得的效果相对较好，且效果较为显著；而广西则由 2013 年的 0.6824 下降到 2017 年的 0.6230，表明广西的各大影响因素在推动旅游产业实现低碳化转型方面的贡献有所减弱；此外，云南地区的得分由 2013 年的 0.5545 提升到 2017 年的 0.5712，表明其旅游产业低碳化转型的总体效果稍有所改进，但是仍有较大的提升空间。

与此同时，在各地区的旅游产业低碳化转型影响因素得分中：

（1）2013 年广西的影响因素得分较高的是旅游经济发展（0.8515）、碳锁定（0.8463）、旅游人口规模（0.7744）、资源环境约束（0.711），其得分均大于 0.7000；而 2017 年广西的影响因素得分较高的是能源利用效率提高（1.000）、碳锁定（0.7150）其余影响因素的得分均小于 0.7000。

（2）在 2013 年贵州的旅游产业低碳化转型影响因素中，得分较高的影响因素是旅游人口规模（0.9082）、旅游经济发展（0.8365）、碳锁定（0.7624），其余影响因素的得分均低于 0.5000；在 2017 年贵州的旅游产业低碳化转型影响因素中，得分较高的影响因素是旅游消费结构优化（0.8493）、低碳规制（0.7081），其他影响因素的得分均低于 0.7000。

（3）在 2013 年云南的旅游产业低碳化转型影响因素中，得分较高的影响因素是旅游人口规模（0.7771）、旅游经济发展（0.7767），其他影响因素的得分均低于 0.7000；在 2017 年云南的旅游产业低碳化转型影响因素中，得分较高的影响因素是能源利用效率提高（0.7629）、碳锁定（0.7449），其他影响因素的得分均低于 0.7000。

（4）通过对比 2013 年和 2017 年各地区旅游产业低碳化转型的影响因素得分，可以发现，在 2013 年，旅游人口规模、旅游经济发展是影响广西、贵州和云南的旅游产业低碳化转型影响因素得分高低的两个重要共性影响因素，同时碳锁定也是影响广西、贵州的旅游产业低碳化转型影响因素得分高低的重要因素。然而，在 2017 年，能源利用效率提高、碳锁定则成为影响广西、云南的旅游产业低碳化转型影响因素得分高低的重要共性因素，而影响贵州的旅游产业低碳化转型影响因素得分高低的因素则是旅游消费结构优化、低碳规制。表明在 2013 年、2017 年推动西南民族地区旅游产业低碳化转型的各影响因素重要性发生了较大变化，新形势下旅游产业低碳化转型结构出现了较大的变动。

从表 5-4 中可以看到，2013 年西南民族地区旅游产业低碳化转型的影响因素中，灰色关联度最高的影响因素是资源环境约束，其灰色关联度为 0.7557，排名第一位，表明在 2013 年，资源环境约束是推动西南民族地区旅游产业实现低碳化转型的重要因素，也表明由于受到资源环境的约束和影响作用，进一步倒逼旅游产业加快推进旅游产业实现低碳化转型的步伐；第二位是低碳技术进步和创新，其与旅游产业实现低碳化转型的灰色关联度为0.7118，仅次于资源环境约束机制，表明低碳技术进步和创新是推进旅游产业实现低碳化转型的重要因素；灰色关联度排在第三到第五位的是能源利用效率提高、低碳规制、碳锁定，灰色关联度分别是0.6272、0.5885、0.4803，说明能源利用效率提高、低碳规制、碳锁定也是影响西南民族地区旅游产业实现低碳化转型的重要因素。但是也要看到，能源利用效率提高、低碳规制、碳锁定的灰色关联度与分别排在第一位、第二位的资源环境约束、低碳技术进步和创新仍存在着一定的差距；此外，旅游消费结构优化、旅游人口规模、旅游经济发展的灰色关联度分别为0.4772、0.4716、0.4408，均小于0.5000，在西南民族地区旅游产业实现低碳化转型的影响因素重要性排序中分别排在第六位、第七位、第八位，其重要性相较于资源环境约束、低碳技术进步和创新、能源利用效率提高、低碳规制、碳锁定等因素而言，其在推动西南民族地区旅游产业实现低碳化转型的重要性相对要弱一些。由此可见，2013年，西南民族地区旅游产业实现低碳化转型的各大影响因素中，其灰色关联度和重要性从强到弱的排序依次为：资源环境约束、低碳技术进步和创新、能源利用效率提高、低碳规制、碳锁定、旅游消费结构优化、旅游人口规模、旅游经济发展。

与此同时，2017年，西南民族地区旅游产业低碳化转型的影响因素中，灰色关联度最高的影响因素是低碳技术进步和创新，其灰色关联度是0.8034，其与西南民族地区旅游产业实现低碳化转型的关联性排在第一位；第二位，低碳规制，其与西南民族地区旅游产业低碳化转型之间的灰色关联度是0.7765，排在第二位表明低碳规制也是推进西南民族地区旅游产业实现低碳化转型的重要因素，通过低碳规制有助于为实现旅游产业实现低碳化转型营造良好的政策和发展环境；第三位，碳锁定、资源环境约束、旅游人口规模，其与西南民族地区旅游产业低碳化转型之间的灰色关联度分别是0.6973、0.6625、0.6075，排在第三到第五位。但相较于2013年，碳锁定、旅游人口规模对西南民族地区旅游产业实现低碳化转型的抑制作用进一步增强，其灰色关联度的排序也提升到第三位、第五位，而资源环境约束则由2013年的第一位下降到2017年的第四位，表明当前西南民族地区旅游产业实现低碳化转型的环境和条件出现了较大变化，也面临更为严峻的发展局面和现实挑战；最后，能源利用效率提高、旅游经济发展、旅游消费结构优化，其与西南民族地区旅游产业低碳化转型之间的灰色关联度分别是0.5803、0.5796、0.5316，其中能源利用效率提高与西南民族地区旅游产业低碳化转型之间的灰色关联度有所下降，由2013

年的第三位下降到 2017 年的第六位，表明在当前发展环境和条件下，能源利用效率提高、旅游经济发展、旅游消费结构优化在推进西南民族地区旅游产业实现低碳化转型中的重要性尚未起到根本性的影响作用，其重要性相对而言要弱一些，但仍不能忽略其在推进西南民族地区旅游产业低碳化转型中的重要性及其贡献作用。因此，可以看到，2017 年，西南民族地区旅游产业实现低碳化转型的各大影响因素中，其灰色关联度和重要性从强到弱的排序依次为：低碳技术进步和创新、低碳规制、碳锁定、资源环境约束、旅游人口规模、能源利用效率提高、旅游经济发展、旅游消费结构优化。

（四）研究小结

通过从低碳规制、资源环境约束、能源利用效率提高、旅游消费结构优化、低碳技术进步和创新、旅游经济发展、旅游人口规模、碳锁定等影响因素角度，结合科学性、系统性、可操作性、层次性和可操作性等指标体系构建原则，建立了 8 个二级指标层共 25 项三级指标的西南民族地区旅游产业低碳化转型评价指标体系，然后结合灰色关联评价分析法和 2013 年、2017 年广西、云南、贵州的相关评价指标数据，对西南民族地区旅游产业低碳化转型的影响因素进行灰色关联评价，研究发现：

（1）2013 年，影响西南民族地区旅游产业低碳化转型的指标的灰色关联度和权重排名前十的指标从高到低依次是国内游客、旅游总消费、旅游收入占第三产业产值的比例、旅游人均的国内专利申请授权数、环保资金占地区生产总值的比例、旅游产业碳排放量、接待入境过夜游客、国际旅游收入、旅游人均的公园面积、旅游人均的年末实有道路面积。2017 年，影响西南民族地区旅游产业低碳化转型的指标的灰色关联度和权重排名前十的指标从高到低依次是国内游客、旅游总消费、旅游收入占第三产业产值的比例、旅游人均的国内专利申请授权数、环保资金占地区生产总值的比例、旅游产业碳排放量、接待入境过夜游客、国际旅游收入、旅游人均的公园面积、旅游人均的年末实有道路面积。通过对比发现，影响西南民族地区旅游产业低碳化转型的前十名指标均发生了变化，并未有重合的指标，表明近几年来旅游业的快速发展，影响旅游产业低碳化转型的具体因素发生了较大的变化，并表明影响旅游产业低碳化转型的内外环境及条件均出现了较大的变化。

（2）2013 年西南民族地区旅游产业低碳化转型的各大影响因素得分从高到低的地区排序依次是广西、贵州、云南，2013 年广西在推进旅游产业实现低碳化转型的综合效果要比贵州、云南的综合效果要好，而贵州、云南两个地区的旅游产业低碳化转型的综合效果相对较接近。2017年西南民族地区旅游产业低碳化转型的各大影响因素得分从高到低的地区排序依次是贵州、广西、云南，其中，贵州的得分在2017年超过广西，并排在了第一位，表明贵州在推进旅游产业实现低碳化转型方面所取得的效果相对较好，且效果较为显著；而广西的各大影响因素在推动旅游产业实现低碳化转型方面的贡献有所减弱；云南旅游产业低碳化转型的总体效果有所改进，但是仍有较大的提升空间。与此同时，通过对比发现，2013年和2017年各地区旅游产业低碳化转型影响因素的得分，在2013年，旅游人口规模、旅游经济发展是影响广西、贵州和云南的旅游产业低碳化转型的两个重要共性影响因素，同时碳锁定也是同时影响广西、贵州的旅游产业低碳化转型的重要因素；然而，在2017年，能源利用效率提高、碳锁定成为影响广西、云南的旅游产业低碳化转型的重要共性因素，而影响贵州的旅游产业低碳化转型的因素则是旅游消费结构优化、低碳规制。表明在2013年、2017年推动西南民族地区旅游产业低碳化转型的各影响因素重要性发生了较大变化，新形势下旅游产业低碳化转型结构出现了较大的变动。

（3）2013年，西南民族地区旅游产业实现低碳化转型的各大影响因素中，其灰色关联度和重要性从强到弱的排序依次为：资源环境约束、低碳技术进步和创新、能源利用效率提高、低碳规制、碳锁定、旅游消费结构优化、旅游人口规模、旅游经济发展。与此同时，2017年，西南民族地区旅游产业实现低碳化转型的各大影响因素中，其灰色关联度和重要性从强到弱的排序依次为：低碳技术进步和创新、低碳规制、碳锁定、资源环境约束、旅游人口规模、能源利用效率提高、旅游经济发展、旅游消费结构优化。可以看到，影响西南民族地区旅游产业实现低碳化转型的重要因素已由2013年的资源环境约束、低碳技术进步和创新、能源利用效率提高转变成2017年的低碳技术进步和创新、低碳规制、碳锁定，可见，在2017年除了低碳技术进步和创新因素是共同的因素且提升至第一位之外，低碳规制、碳锁定两个因素已成为驱动和抑制西南民族地区旅游产业实现低碳化转型的重要因素，并排在了第一位、第二位，同时也表明了新形势下影响西南民族地区旅游产业实现低碳化转型的因素的重要性出现了较大的变化，西南民族地区旅游产业低碳化转型的内外环境出现了较大的变化。

二、基于层次分析法分析的西南民族地区旅游产业低碳化转型评价

(一) 层次分析法概述

在 20 世纪 70 年代，著名数学家皮次堡大学教授萨提在第一届国际数学建模会议上发表了"无结构决策问题的建模——层次分析法"的演讲，他提出了一种适用范围非常广泛的决策方法——层次分析法（Analytic Hierarahy Process，AHP）。其基本原理和步骤如下：

1. 建立递阶层次结构模型

在利用层次分析法研究某一具体问题并作出相应决策的过程中，首先是要将问题进行分层和细化，构建出一个结构层次清晰、隶属关系合理的结构化模型。在进行细分和层次化的过程中，复杂的决策问题会被划分为若干个组成部分。这些组成部分又按其属性形成若干层次。上层中的组成部分作为准则对下层中的元素起决定作用。我们一般将结构层次划分为三类。图 5-1 为 AHP 层次结构图。

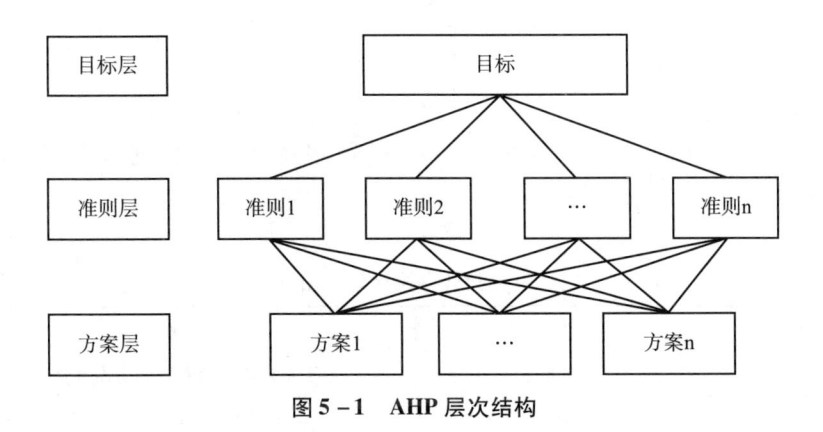

图 5-1 AHP 层次结构

(1) 目标层。在目标层中一般只包含一个具有高度概括性、凝练化的元素，这也是对问题进行分析和解决问题的目标。

(2) 准则层。在 AHP 法中，准则层就是将目标层进行进一步细化和分层，在准则层里包括了要执行的关键环节来实现目标，准则层一般是由一个或多个不同的层次组成的。

(3) 方案层。在方案层中有多个解决问题的方案，这些决策方案是为了实现目标层所设定的目标而设置的，也是最后决策的对象，也是准则层的细化层级。

层次结构中的层数主要由两个因素决定。一是所决策问题本身的复杂程度，二是需要对问题分析的详尽程度，层数与两个因素呈正相关。由于建立判断矩阵需要对指标两两比较。由于决策者本身存在一定的局限性，为避免指标过多给两两比较造成一定的复杂性，因此每一层中各指标所隶属的子指标会小于 9 个。

2. 构造判断矩阵

由于决策者对事物有所偏好，因此在决策时准则层的各个准则在相应的目标层中所占的比例也会各有不同，在做出决策前有必要对这些指标进行量化。在比较 n 个因子 $X = \{x_1, \cdots, x_n\}$ 对某个具体因素 Z 的影响大小时，一般可以通过建立比较矩阵的办法采用线性代数的方法对这 n 个因子进行两两比较。在比较时，以 a_{ij} 来衡量 x_i 和 x_j 对 z 的影响的大小比重，将比较结果在判断矩阵 $A = (a_{ij})_{max}$ 中呈现，可以看到，若 x_i 与 x_j 对 Z 的影响之比为 a_{ij}，则 $a_{ji} = \frac{1}{a_{ij}}$。

若矩阵 $A = (a_{ij})_{n \times n}$ 满足：

$$a_{ij} > 0 \quad (5-6)$$

$$a_{ji} = \frac{1}{a_{ij}} \quad (1, 2, \cdots, n) \quad (5-7)$$

则称为正反矩阵（易见 $a_{ii} = 1, i = 1, \cdots, n$）。

关于 a_{ij} 值的确定，一般是采用 1~9 的数字及其相应的倒数来进行衡量。表 5-5 列出了 1~9 数字的含义。

表 5-5　　　　　　　　判断矩阵两两比较赋值

标度	含义	说明
1	同等重要	元素 A 相比较元素 B 具有同等重要性
3	稍微重要	元素 A 相比较元素 B 而言稍微重要
5	重要	元素 A 相比较元素 B 而言重要
7	强烈重要	元素 A 相比较元素 B 而言强烈重要

续表

标度	含义	说明
9	极度重要	元素 A 相比较元素 B 而言极端重要
2，4，6，8	上述两相邻判断的折中	上述两相邻判断的中值
倒数	倒数	上述两相邻判断的倒数

通常来讲，所有元素两两比较的次数应当达到 $\frac{n(n-1)}{2}$ 次才具备足够的说服力，但有些学者指出，从数据集合中选取某一特殊元素与其他元素比较，就能够具备一定程度的说服力。但如果在比较过程中出现某一次失误，就会使最终的结论排序缺乏科学性、合理性，并且，通常来讲，在目标层次结构系统的比较过程中，失误和误差是难以避免的。进行 $\frac{n(n-1)}{2}$ 次比较不仅可以出现更多地数据，而且在分析的过程中还可以从不同角度进行反复比较，计算出更加符合实际情况的权重。

3. 层次单排序及一致性检验

对设定好的判断矩阵 A 进行归一化后，我们便可以求出该矩阵的最大特征值 λ_{max}，也就是在同一准则层中相应元素对于上一层指标所具有的相对重要性的权重值，然后对它的最大特征值进行排序，这个排序就是层次单排序。

尽管构造判断矩阵可以在最大程度上来规避其他相关因素所产生的影响，但是该矩阵可以较为准确地衡量出两个元素在决策者心中相互作用和影响的差别，可以初步判断出两个元素之间哪一个更为重要些。但是在统揽整个模型时，可能会因为这些人为主观判断因素而出现少数模型的非一致性。要想得到一致的结果，判断矩阵中的各元素还应该满足以下条件：

$$A_{ij}a_{jk} = a_{jk}, \quad \forall i, j, k = 1, 2, \cdots, n \tag{5-8}$$

一般来说，判断矩阵 A 是互反矩阵，它的最大特征值 λ_{max} 肯定是为正实数，且判断矩阵 A 的其他特征值的模都会严格小于最大特征值 λ_{max}。

如果判断矩阵 A 为一致矩阵，则：

（1）A 必为正的互反矩阵；

（2）A 的转置矩阵 A^T 也是一致矩阵。

A 的最大特征值 $\lambda_{max} = n$，n 为矩阵 A 的阶。A 的其余特征值均为零。若 A 的最大特征值 λ_{max} 对应的特征向量 $W = (w_1, \cdots, w_n)^T, \forall i, j = 1, 2, \cdots, n$，

则 $a_{ij} = \dfrac{w_i}{w_j}$

$$A = \begin{bmatrix} \dfrac{w_1}{w_1} & \dfrac{w_2}{w_1} & \cdots & \dfrac{w_n}{w_1} \\ \dfrac{w_1}{w_2} & \dfrac{w_2}{w_2} & \cdots & \dfrac{w_n}{w_2} \\ \cdots & \cdots & \cdots & \cdots \\ \dfrac{w_1}{w_n} & \dfrac{w_2}{w_n} & \cdots & \dfrac{w_n}{w_n} \end{bmatrix} \quad (5-9)$$

因此 λ_{max} 是否等于 n 可以作为检验矩阵 A 是否为一致矩阵的标准。因为特征根与 a_{ij} 的相关性较强，所以 $\lambda_{max} - n$ 的值越大，A 的非一致性也就越高，λ_{max} 的标准化特征向量对 $X = \{x_1, \cdots, x_2\}$ 在 Z 中占比也越不真实。因此，该判断矩阵 A 必须严格地通过一致性检验，才能让决策者作出相应的决策。

对判断矩阵的一致性检验的步骤如下：

(1) 计算一致性指标 CI，

$$CI = \dfrac{\lambda_{max} - n}{n - 1} \quad (5-10)$$

(2) 查找相应的平均随机一致性指标 RI，

$$RI = \dfrac{\lambda'_{max} - n}{n - 1} \quad (5-11)$$

数值如表 5-6 所示。

表 5-6　　　　　　平均随机一致性指标 RI 数值表

n	1	2	3	4	5	6	7	8	9	10
RI 值	0	0	0.58	0.90	1.12	1.24	1.32	1.41	1.45	1.49

(3) 计算一致性比例 CR，

$$CR = \dfrac{CI}{RI} \quad (5-12)$$

国际上通用的做法是，当 CR < 0.10 时，判断矩阵的所对应的权重是可以接受的，即该权重通过一致性检验，否则应修正判断矩阵。

4. 层次总排序

按照上述步骤进行计算分析后,我们可以得出每个层级的相应权重,但是这些权重仅仅只是表示某一层次的一部分元素在其对应的上一层的这部分元素所占的比例。然后,我们再通过计算得到最后一层中各指标占总目标的比例,并对这些权重进行排序后进行决策。总排序权重需要对所有层级下的权重进行垂直方向自上而下地进行合成排序。在层次总排序的过程中,首先设上一层次包含 A_1,…,A_m 共 m 个指标,它们各自所占的权重为 a_1,…,a_m,设下一层次包含 n 个指标 B_1,…,B_n,它们在单排序 A_j 的权重为 b_{1j},…,b_{nj}(当 B_j 与 A_j 无关联时,$b_{ij}=0$)。最后求最低层中指标在总目标中所占的权重,即求最底层中各指标的层次总排序权重 b_1,…,b_n,即:

$$b_i = \sum_{j=1}^{m} b_{ij} a_j, (i = 1, \cdots, n) \qquad (5-13)$$

(二) 构建低碳旅游转型化评价指标体系及其解释

良好的地区环境和优质的旅游资源是实现低碳旅游转型的前提条件,同时需要展开相应具体行为,如低碳排放行为和能源高效利用等,依靠强大的低碳技术和配套的低碳环保政策作支撑。结合前面的低碳旅游转型的灰色关联度实证评价,我们同样沿用统一指标来评价低碳旅游转型,这些指标包括:环境类指标、状态类指标、结果类指标 3 个一级指标。

环境类指标包括低碳规制和资源环境约束 2 个二级指标。低碳规制指标包括环保资金占地区生产总值的比例和分地区居民人均可支配收入 2 个三级指标;资源环境约束指标包括旅游人均的年末实有道路面积、城市建成区绿化覆盖率、旅游人均的公园面积、人均水资源量、人均全年天然气供气总量、城市污水处理能力和资源环境约束 6 个三级指标。

状态类指标包括能源利用效率提高、旅游消费结构优化和低碳技术进步和创新 3 个二级指标。能源利用效率提高指标包括每万元旅游收入能源消费量、每吨能源生产的旅游收入和旅游住宿业每人每天的能源消耗 3 个三级指标;旅游消费结构优化指标包括国内旅游收入增长率和入境旅游消费结构指数 2 个三级指标;低碳技术进步和创新包括城市生活垃圾清运和处理情况、科学技术支出占财政支出的比例、各地区研究与试验发展(R&D)经费投入强度、旅游人均的研究与试验发展(R&D)人员全时当量和旅游人均的国内专利申请授权数 5 个三级指标。

结果类指标包括旅游经济发展、旅游人口规模和碳锁定3个二级指标。旅游经济发展指标包括国际旅游收入、旅游总消费、旅游收入占第三产业产值的比例3个三级指标；旅游人口规模指标包括接待入境过夜游客和国内游客2个三级指标，碳锁定指标包括碳锁定系数和旅游产业碳排放量2个三级指标。

构建低碳旅游转型评价指标体系，应该从各个角度包含低碳排放和旅游资源等内容要求，系统地反映出旅游地区低碳转型的现状、潜力以及发展趋势。根据前文对旅游地区低碳转型评价指标的罗列，我们从环境类指标、状态类指标、结果类指标3个方面来构建目标层次法的指标体系（见表5-7），该指标体系包括3个一级指标、8个二级指标、25个三级指标，最终得到的综合发展指数用于评价旅游地区低碳转型化的水平。

表5-7　　　西南民族地区旅游产业低碳化转型评价指标体系

一级指标	二级指标	三级指标
环境类指标（A1）	B1 低碳规制	C11 环保资金占地区生产总值的比例
		C12 分地区居民人均可支配收入
	B2 资源环境约束	C21 旅游人均的年末实有道路面积
		C22 城市建成区绿化覆盖率
		C23 旅游人均的公园面积
		C24 人均水资源量
		C25 人均全年天然气供气总量
		C26 城市污水处理能力
状态类指标（A2）	B3 能源利用效率提高	C31 每万元旅游收入能源消费量
		C32 每吨能源生产的旅游收入
		C33 旅游住宿业每人每天的能源消耗
	B4 旅游消费结构优化	C41 国内旅游收入增长率
		C42 入境旅游消费结构指数
	B5 低碳技术进步和创新	C51 城市生活垃圾清运和处理情况
		C52 科学技术支出占财政支出的比例
		C53 各地区研究与试验发展（R&D）经费投入强度
		C54 旅游人均的研究与试验发展（R&D）人员全时当量
		C55 旅游人均的国内专利申请授权数

续表

一级指标	二级指标	三级指标
结果类指标（A3）	B6 旅游经济发展	C61 国际旅游收入
		C62 旅游总消费
		C63 旅游收入占第三产业产值的比例
	B7 旅游人口规模	C71 接待入境过夜游客
		C72 国内游客
	B8 碳锁定	C81 碳锁定系数
		C82 旅游产业碳排放量

（三）确定指标判断矩阵

1. 一级指标判断矩阵

表5-8为一级指标判断矩阵。

表5-8　　　　　　　一级指标判断矩阵

指标类型	环境类指标（A1）	状态类指标（A2）	结果类指标（A3）
环境类指标（A1）	1	1/3	1/2
状态类指标（A2）	3	1	3
结果类指标（A3）	2	1/3	1

进行一致性检验，结果见表5-9。

表5-9　　　　　　　一级指标层一致性检验结果

一级指标	环境类指标（A1）	状态类指标（A2）	结果类指标（A3）
权重	0.157056	0.593634	0.249311

$\lambda max = 3.053622$，$CI = 0.026811$，$CR = 0.0462255$（<0.10），该矩阵具有满意的一致性

根据表5-9分析，在西南民族地区旅游产业低碳化转型评价体系中，X_i各元素的权重分别为：环境类指标（A1）= 15.7056%，状态类指标（A2）=

59.3634%，结果类指标（A3）=24.9311%，其中权重值最高的元素为状态类指标，权重值最低的元素为环境类指标，最大特征值为3.053622。

2. 二级指标判断矩阵

（1）环境类指标权重确定。表5-10为环境类指标的判断矩阵。

表5-10　　　　　　　　环境类指标的判断矩阵

环境类指标（A1）	低碳规制指标（B1）	资源环境约束指标（B2）
低碳规制指标（B1）	1	2
资源环境约束指标（B2）	1/2	1

进行一致性检验，结果见表5-11。

表5-11　　　　　　　　环境类指标一致性检验结果

基础指标	低碳规制指标（B1）	资源环境约束指标（B2）
权重	0.67	0.33
$\lambda_{max}=2$，CI=0，CR=0（<0.10），该矩阵具有满意的一致性		

根据表5-11分析，在整个低碳旅游二级评价指标中，X_i各元素的权重分别为：低碳规制指标（B1）=67%，资源环境约束指标（B2）=33%。其中权重值最高的元素为低碳规制指标，权重值最低的元素为资源环境约束，最大特征值为2。这说明低碳规制才是实现低碳旅游转型的根本。

（2）状态类指标权重确定。表5-12为状态类指标的判断矩阵。

表5-12　　　　　　　　状态类指标的判断矩阵

状态类指标（A2）	能源利用效率提高（B3）	旅游消费结构优化（B4）	低碳技术进步和创新（B5）
能源利用效率提高（B3）	1	1/2	1/3
旅游消费结构优化（B4）	2	1	1/4
低碳技术进步和创新（B5）	3	4	1

进行一致性检验，结果见表5-13。

表5-13　　　　　　　状态类指标的一致性检验结果

基础指标	能源利用效率提高（B3）	旅游消费结构优化（B4）	低碳技术进步和创新（B5）
权重	0.15145968	0.218443	0.630098

λmax = 3.1078473，CI = 0.0539237，CR = 0.0929718（<0.10），该矩阵具有满意的一致性

根据表5-13分析，在整个低碳旅游转型状态评价指标中，X_i各元素的权重分别为：能源利用效率提高（B3）=15.145968%，旅游消费结构优化（B4）=21.8443%，低碳技术进步和创新（B5）=63.0098%。其中权重值最高的元素为低碳技术进步和创新（B5），权重值最低的元素为能源利用效率提高（B3），最大特征值为3.1078473。这说明加强低碳技术进步和创新才是实现低碳旅游转型的有效途径。

（3）结果类指标权重确定。表5-14为结果类指标的判断矩阵。

表5-14　　　　　　　结果类指标的判断矩阵

结果类指标（A3）	旅游经济发展指标（B6）	旅游人口规模指标（B7）	碳锁定指标（B8）
旅游经济发展指标（B6）	1	1/2	1/5
旅游人口规模指标（B7）	2	1	1/3
碳锁定指标（B8）	5	3	1

进行一致性检验，结果见表5-15。

表5-15　　　　　　　结果类指标一致性检验结果

结果类指标（A3）	旅游经济发展指标（B6）	旅游人口规模指标（B7）	碳锁定指标（B8）
权重	0.122020192	0.229650794	0.648329014

λmax = 3.0036946，CI = 0.0018473，CR = 0.0031850（<0.10），该矩阵具有满意的一致性

根据表5-15分析，结果类指标中，X_i各元素的权重分别为：旅游经济发展指标（B6）=12.2020192%，旅游人口规模指标（B7）=22.9650794%，碳锁定

指标（B8）=64.8329014%。其中权重值最高的元素为碳锁定指标，权重值最低的元素为旅游经济发展指标，最大特征值为3.0036946。这说明加强碳锁定才是低碳旅游转型的核心所在。

3. 三级指标判断矩阵

(1) 低碳规制指标权重确定。表5-16为低碳规制指标的判断矩阵。

表5-16　　　　　　　　低碳规制指标的判断矩阵

结果类指标（A3）	环保资金占地区生产总值的比例（C11）	分地区居民人均可支配收入（C12）
环保资金占地区生产总值的比例（C11）	1	1/3
分地区居民人均可支配收入（C12）	3	1
碳锁定指标（B8）	5	3

进行一致性检验，结果见表5-17。

表5-17　　　　　　　　低碳规制指标一致性检验结果

低碳规制指标	环保资金占地区生产总值的比例（C11）	分地区居民人均可支配收入（C12）
权重	0.25	0.75
$\lambda_{max}=2$，CI=0，CR=0（<0.10），该矩阵具有满意的一致性		

根据表5-17分析，低碳规制指标中，X_i各元素的权重分别为：环保资金占地区生产总值的比例（C11）=25%，分地区居民人均可支配收入（C12）=75%。其中权重值最高的元素为分地区居民人均可支配收入，权重值最低的元素为环保资金占地区生产总值的比例，最大特征值为2。这说明在推行低碳转型政策过程中，仅仅提高环保资金占地区生产总值的比例是远远不够的，更重要的是提高分地区居民人均可支配收入，这是因为环保资金相对于地区生产总值而言总量相对很少，即使环保资金的绝对值有大幅度的增加，但是相对于地区生产总值而言，其比例也变化较小，且提高公共环保资金用于低碳旅游转型的推广上的收效甚微。直接提高广大居民人均可支配收入，让每个居民都能享受到政策的好处，从而人人自发地从实际旅游过程中践行低碳旅游理念，从而达到低碳旅游转型的

目的。

（2）资源环境约束指标权重确定。表5-18为资源环境约束指标的判断矩阵。

表5-18　　　　　　资源环境约束指标的判断矩阵

资源环境约束指标	旅游人均的年末实有道路面积（C21）	城市建成区绿化覆盖率（C22）	旅游人均的公园面积（C23）	人均水资源量（C24）	人均全年天然气供气总量（C25）	城市污水处理能力（C26）
旅游人均的年末实有道路面积（C21）	1	2	3	1/6	1/5	1/4
城市建成区绿化覆盖率（C22）	1/2	1	1/2	1/7	1/6	1/5
旅游人均的公园面积（C23）	1/3	2	1	1/5	1/4	1/3
人均水资源量（C24）	6	7	5	1	2	3
人均全年天然气供气总量（C25）	5	6	4	1/2	1	3
城市污水处理能力（C26）	4	5	3	1/3	1/3	1

进行一致性检验，结果见表5-19。

表5-19　　　　　　资源环境约束指标一致性检验结果

资源环境约束指标	旅游人均的年末实有道路面积（C21）	城市建成区绿化覆盖率（C22）	旅游人均的公园面积（C23）	人均水资源量（C24）	人均全年天然气供气总量（C25）	城市污水处理能力（C26）
权重	0.07192	0.038575	0.055973	0.389418	0.281557	0.162557

$\lambda_{max}=4.070868$，$CI=0.023628$，$CR=0.026450$（<0.10），该矩阵具有满意的一致性

根据表5-19分析，资源环境约束指标中，X_i各元素的权重分别为：旅游人均的年末实有道路面积=7.192%，城市建成区绿化覆盖率=3.8575%，旅游人均的公园面积=5.5973%，人均水资源量=38.9418%，人均全年天然气供气总

量=28.1557%，城市污水处理能力=16.2557%。其中权重值最高的指标是人均水资源量，其次是人均全年天然气供气总量，城市污水处理能力指标对低碳旅游转型的作用也不容小觑，以16.2557%的占比在资源环境约束指标中排第三位，旅游人均的年末实有道路面积和旅游人均的公园面积这两个指标在资源环境约束方面的贡献较小。在资源环境约束指标中，城市建成区绿化覆盖率指标权重值最低，仅为3.8575%，这是因为城市建成区绿化覆盖率本身就是与低碳直接挂钩的，城市建成区绿化覆盖率越广，说明其资源环境约束越强，反之，则其资源环境约束越弱。此外，整个资源环境约束指标的最大特征值为4.070868，CR值也远低于0.1，较好地通过了一致性检验，说明这些指标对西南民族地区低碳旅游转型具有重要的意义。

（3）能源利用效率提高指标权重确定。表5-20为能源利用效率提高指标的判断矩阵。

表5-20　　　　　　　能源利用效率提高指标的判断矩阵

能源消费指标	每万元旅游收入能源消费量（C31）	每吨能源生产的旅游收入（C32）	旅游住宿业每人每天的能源消耗（C33）
每万元旅游收入能源消费量（C31）	1	2	1/3
每吨能源生产的旅游收入（C32）	1/2	1	1/4
旅游住宿业每人每天的能源消耗（C33）	3	4	1

进行一致性检验，结果见表5-21。

表5-21　　　　　　　能源利用效率提高指标一致性检验结果

能源利用效率提高指标	每万元旅游收入能源消费量（C31）	每吨能源生产的旅游收入（C32）	旅游住宿业每人每天的能源消耗（C33）
权重	0.238487	0.1365	0.625013

$\lambda_{max}=3.0182947$，$CI=0.0091474$，$CR=0.0157713$（<0.10），该矩阵具有满意的一致性

根据表5-21分析，在能源利用效率提高二级指标体系里，X_i各元素的权重

分别为：每万元旅游收入能源消费量＝23.8487%，每吨能源生产的旅游收入＝13.65%，旅游住宿业每人每天的能源消耗＝62.5013%，最大特征值为3.0182947，CR 值为 0.0157713，通过一致性检验。这说明能源利用效率提高二级指标体系下的三个指标结构层次是合理的，其中最为重要的指标是旅游住宿业每人每天的能源消耗，权重值高达 62.5013%，这说明在能源利用效率提高方面，控制好旅游住宿业每人每天的能源消耗对低碳旅游转型起到非常关键性的作用，因此西南民族地区各地旅游酒店应该减少一次性酒店用具的使用，尽量使用一些能够循环重复使用的用具，比如尽量用质量较好且耐用的拖鞋、浴帽等，而不要使用一次性的纸拖鞋和浴帽等，旅游消费者也应该自觉地准备好自己的洗漱用具，尽量不使用酒店里面的一次性洗漱用具，这样在酒店行业和旅游消费者两者的努力下，旅游过程中的住宿业低碳化可以得到明显改善，有利于低碳旅游的转型。每万元旅游收入能源消费量指标的权重值排在第二，该指标强调了在提高旅游收入的同时，不能忽视旅游低碳化的标准，如果以巨大的能源消费量代价来换取旅游收入，这显然是不可取且不可持续发展的，应该有效地控制每万元旅游收入能源消费量。同理，每吨能源生产的旅游收入指标也是如此，不能以牺牲环境为代价来提高旅游收入。

（4）旅游消费结构优化指标权重确定。表 5-22 为旅游消费结构优化指标的判断矩阵。

表 5-22　　　　旅游消费结构优化指标的判断矩阵

碳排放指标	国内旅游收入增长率（C41）	入境旅游消费结构指数（C42）
国内旅游收入增长率（C41）	1	2
入境旅游消费结构指数（C42）	1/2	1

进行一致性检验，结果见表 5-23。

表 5-23　　　　旅游消费结构优化指标一致性检验结果

碳排放指标	国内旅游收入增长率（C41）	入境旅游消费结构指数（C42）
权重	0.67	0.33

λ_{max}＝2，CI＝0，CR＝0（＜0.10），该矩阵具有满意的一致性

根据表 5-23 分析，旅游消费结构优化指标中，X_i 各元素的权重分别为：国

内旅游收入增长率=67%，入境旅游消费结构指数=33%。其中权重值最高的元素为国内旅游收入增长率，权重值最低的元素为入境旅游消费结构指数，最大特征值为2。通过旅游消费结构优化指标分解，我们可以看出，在低碳旅游转型过程中，起到决定性作用的依然是国内旅游收入增长率，也就是说国内旅游消费者依然是低碳旅游转型的主体，这一结论不难解释。随着经济发展和人民生活消费水平的提高，国内越来越多的人开展旅游活动。作为拥有全世界1/5人口的国家，我国庞大的国内旅游消费者基数就足以对旅游收入产生很大的影响。2019年，仅"五一"小长假全国国内旅游接待总人数1.95亿人次，国内旅游实现收入1176.7亿元，同比增长16.1%。由此可见，国内旅游收入增长率指标在低碳旅游转型指标体系中绝不容忽视。

（5）低碳技术进步和创新指标权重确定。表5-24为低碳技术进步和创新指标的判断矩阵。

表5-24　　　　低碳技术进步和创新指标的判断矩阵

低碳技术进步和创新指标	城市生活垃圾清运和处理情况（C51）	科学技术支出占财政支出的比例（C52）	各地区研究与试验发展（R&D）经费投入强度（C53）	旅游人均的研究与试验发展（R&D）人员全时当量（C54）	旅游人均的国内专利申请授权数（C55）
城市生活垃圾清运和处理情况（C51）	1	3	2	2	4
科学技术支出占财政支出的比例（C52）	1/3	1	1/3	1/3	2
各地区研究与试验发展（R&D）经费投入强度（C53）	1/2	3	1	1/2	3
旅游人均的研究与试验发展（R&D）人员全时当量（C54）	1/2	3	2	1	4
旅游人均的国内专利申请授权数（C55）	1/4	1/2	1/3	1/4	1

进行一致性检验，结果见表5-25。

表 5-25　　　　　　　低碳技术进步和创新指标一致性检验结果

低碳技术指标	城市生活垃圾清运和处理情况（C51）	科学技术支出占财政支出的比例（C52）	各地区研究与试验发展（R&D）经费投入强度（C53）	旅游人均的研究与试验发展（R&D）人员全时当量（C54）	旅游人均的国内专利申请授权数（C55）
权重	0.362436	0.099293	0.196526	0.274675	0.06707

λ_{max} = 5.143191971，CI = 0.035797993，CR = 0.031962493（<0.10），该矩阵具有满意的一致性

根据表 5-25 分析，低碳技术进步和创新指标中，X_i 各元素的权重分别为：城市生活垃圾清运和处理情况 = 36.2436%，科学技术支出占财政支出的比例 = 9.9293%，各地区研究与试验发展（R&D）经费投入强度 = 19.6526%，旅游人均的研究与试验发展（R&D）人员全时当量 = 27.4675%，旅游人均的国内专利申请授权数 = 6.707%。其中权重值最高的元素为城市生活垃圾清运和处理情况指标，这是因为旅游目的地城市生活垃圾清运和处理情况最能够直接反映出一个城市的环保治理情况。如果旅游当地生活垃圾清运工作做得很好，那该旅游地的城市清洁度会大大提高，也会给前来旅游观光的消费者很好的印象，同时也会间接地影响外来旅游者的旅游行为，比如旅游地城市道路非常干净，旅游消费者也会不好意思有乱丢果皮、乱扔垃圾等行为。旅游地城市的面貌越好，生活垃圾清理越彻底，旅游消费者也会越发自觉地约束自己的旅游行为，这对低碳旅游转型具有直接的影响。权重值较高的元素是旅游人均的研究与试验发展（R&D）人员全时当量指标，旅游人均的研究与试验发展（R&D）人员投入得越多，那么旅游行为和过程就会分解得越细化，在哪个环节重点实施低碳旅游、控制旅游碳排量也会在相关科技人员的实验下得到确认，这样才能有效地在各个环节、各个领域实施旅游低碳化行为。同理，各地区研究与试验发展（R&D）经费投入强度指标亦是如此，低碳旅游研发经费投入提高，必然会更好地开展相关的低碳旅游活动研究工作，也会让广大消费者了解到更多的低碳旅游行为并去实行，这样也能促进旅游低碳化转型。

（6）旅游经济发展指标权重确定。表 5-26 为旅游经济发展指标的判断矩阵。

表 5-26 旅游经济发展指标的判断矩阵

旅游经济发展指标	国际旅游收入（C61）	旅游总消费（C62）	旅游收入占第三产业产值的比例（C63）
国际旅游收入（C61）	1	3	2
旅游总消费（C62）	1/3	1	1/2
旅游收入占第三产业产值的比例（C63）	1/2	2	1

进行一致性检验，结果见表 5-27。

表 5-27 旅游经济发展指标一致性检验结果

旅游经济发展指标	国际旅游收入（C61）	旅游总消费（C62）	旅游收入占第三产业产值的比例（C63）
权重	0.539615	0.163424	0.296961

$\lambda_{max} = 3.0092027$，$CI = 0.0046014$，$CR = 0.0079334$（<0.10），该矩阵具有满意的一致性

根据表 5-27 分析，旅游经济发展指标中，X_i 各元素的权重分别为：国际旅游收入 =53.96%，旅游总消费 =16.3424%，旅游收入占第三产业产值的比例 =29.6961%。其中权重值最高的元素为国际旅游收入指标，权重值最低的元素为旅游总消费指标比例，最大特征值为 3.0092027。这说明在旅游经济发展过程中，提高国际旅游收入对旅游经济发展具有更明显的作用，因此，旅游地应该在借助自身旅游资源优势的基础上，努力打造属于本地的旅游特色，吸引更多的国际游客前来观光旅游。此外，旅游收入占第三产业产值的比例也能反映出旅游经济发展情况，旅游收入占比越高，说明旅游经济发展越好，但是由于第三产业产值基数相对于旅游收入而言较大，因此提高旅游收入占第三产业产值比例的效果不如直接提高国际旅游收入的效果好。

（7）旅游人口规模指标权重确定。表 5-28 为旅游人口规模指标的判断矩阵。

表 5-28　　　　　　　　旅游人口规模指标的判断矩阵

旅游人口规模指标	接待入境过夜游客（C71）	国内游客（C72）
接待入境过夜游客（C71）	1	3
国内游客（C72）	1/3	1

进行一致性检验，结果见表 5-29。

表 5-29　　　　　　　　旅游人口规模指标一致性检验结果

旅游人口规模指标	接待入境过夜游客（C71）	国内游客（C72）
权重	0.75	0.25

$\lambda_{max}=2$，$CI=0$，$CR=0$（<0.10），该矩阵具有满意的一致性

根据表 5-29 分析，旅游人口规模指标中，X_i 各元素的权重分别为：接待入境过夜游客=75%，国内游客=25%。其中权重值最高的元素为接待入境过夜游客指标，权重值最低的元素为国内游客指标比重，最大特征值为 2。这说明在提高旅游人口规模指标上，提高接待入境过夜游客的相对于增加国内游客而言，其所产生的效应更强一些，这是因为国内游客本身基数较大，增加游客人次数无法对旅游人口规模起到较大影响。但是入境过夜游客本身数量相对国内游客要少，因此当入境过夜游客略有增加时，都会对旅游人口规模产生较大的影响。换言之，国内游客的人口规模弹性较小，而入境过夜游客的人口规模弹性较大，因此，入境过夜游客的作用更加明显。

（8）碳锁定指标权重确定。表 5-30 为碳锁定指标的判断矩阵。

表 5-30　　　　　　　　碳锁定指标的判断矩阵

碳锁定指标	碳锁定系数（C81）	旅游产业碳排放量（C82）
碳锁定系数（C81）	1	4
旅游产业碳排放量（C82）	1/4	1

进行一致性检验，结果见表 5-31。

表 5-31　　　　　　　碳锁定指标一致性检验结果

碳锁定指标	碳锁定系数（C81）	旅游产业碳排放量（C82）
权重	0.8	0.2

$\lambda_{max}=2$，$CI=0$，$CR=0$（<0.10），该矩阵具有满意的一致性

根据表 5-31 分析，碳锁定指标中，X_i 各元素的权重分别为：碳锁定系数 = 80%，旅游产业碳排放量 = 20%。其中权重值最高的元素为碳锁定系数指标，权重值最低的元素为旅游产业碳排放量，最大特征值为 2。这说明控制好碳锁定系数所发挥的作用远远比用于控制旅游产业碳排放量强得多。

（9）评价指标体系的权重和总排序权重。由上述分析计算可得，评价指标体系的权重和总排序权重如表 5-32 所示。

表 5-32　　西南民族地区旅游产业低碳化转型评价的各级指标的权重情况

一级指标（A）	权重	二级指标（B）	权重	三级指标（C）	权重	总排序权重
环境类指标（A1）	0.1571	低碳规制（B1）	0.6700	环保资金占地区生产总值的比重（C11）	0.2500	0.0263
				分地区居民人均可支配收入（C12）	0.7500	0.0789
		资源环境约束（B2）	0.3300	旅游人均的年末实有道路面积（C21）	0.0719	0.0037
				城市建成区绿化覆盖率（C22）	0.0386	0.0020
				旅游人均的公园面积（C23）	0.0560	0.0029
				人均水资源量（C24）	0.3894	0.0202
				人均全年天然气供气总量（C25）	0.2816	0.0146
				城市污水处理能力（C26）	0.1626	0.0084
状态类指标（A2）	0.5936	能源利用效率提高（B3）	0.1515	每万元旅游收入能源消费量（C31）	0.2385	0.0214
				每吨能源生产的旅游收入（C32）	0.1365	0.0123
				旅游住宿业每人每天的能源消耗（C33）	0.6250	0.0562
		旅游消费结构优化（B4）	0.2184	国内旅游收入增长率（C41）	0.6700	0.0869
				入境旅游消费结构指数（C42）	0.3300	0.0428

续表

一级指标（A）	权重	二级指标（B）	权重	三级指标（C）	权重	总排序权重
状态类指标（A2）	0.5936	低碳技术进步和创新（B5）	0.6301	城市生活垃圾清运和处理情况（C51）	0.3624	0.1356
				科学技术支出占财政支出的比重（C52）	0.0993	0.0371
				各地区研究与试验发展（R&D）经费投入强度（C53）	0.1965	0.0735
				旅游人均的研究与试验发展（R&D）人员全时当量（C54）	0.2747	0.1027
				旅游人均的国内专利申请授权数（C55）	0.0671	0.0251
结果类指标（A3）	0.2493	旅游经济发展（B6）	0.1220	国际旅游收入（C61）	0.5396	0.0164
				旅游总消费（C62）	0.1634	0.0050
				旅游收入占第三产业产值的比例（C63）	0.2970	0.0090
		旅游人口规模（B7）	0.2297	接待入境过夜游客（C71）	0.7500	0.0429
				国内游客（C72）	0.2500	0.0143
		碳锁定（B8）	0.6483	碳锁定系数（C81）	0.8000	0.1293
				旅游产业碳排放量（C82）	0.2000	0.0323

从表5-32可以看到，在一级指标中，权重最高的是状态类指标，其权重为0.5936，表明状态类指标对西南民族地区旅游产业低碳化转型的影响较大，而状态类指标又包含能源利用效率提高、旅游消费结构优化、低碳技术进步和创新3个指标，且这3个二级指标的权重分别为0.1515、0.2184、0.6301，由此可见，低碳技术进步和创新对西南民族地区旅游产业低碳化转型的影响较大，其对西南民族地区旅游产业低碳化转型的影响贡献达到0.3740（即两者权重的乘积）；其次是旅游消费结构优化，其对西南民族地区旅游产业低碳化转型的影响贡献达到0.1297；最后是能源利用效率提高，其对西南民族地区旅游产业低碳化转型的影响贡献达到0.0899。与此同时，可以看到，在状态类指标中，影响西南民族地区旅游产业低碳化转型的三级指标的总排序权重，从高到低依次为城市生活垃圾清运和处理情况、旅游人均的研究与试验发展（R&D）人员全时当量、国内旅游收入增长率、各地区研究与试验发展（R&D）经费投入强度、旅游住宿业每人每天的能源消耗、入境旅游消费结构指数、科学技术支出占财政支出的比例、旅游人均的国内专利申请授权数、每万元旅游收入能源消费量、每吨能源生产的旅

游收入。

在一级指标中,权重仅次于状态类指标的是结果类指标,其权重为 0.2493,表明状态类指标对西南民族地区旅游产业低碳化转型的影响也相对较大,但与状态类指标对西南民族地区旅游产业低碳化转型的影响的差距较大,其影响权重仅为状态类指标影响权重的 42.00%。同时,结果类指标包含旅游经济发展、旅游人口规模、碳锁定 3 个指标,且这 3 个二级指标的权重分别为 0.1220、0.2297、0.6483,由此可见,在结果类指标中,碳锁定对西南民族地区旅游产业低碳化转型的影响较大,其对西南民族地区旅游产业低碳化转型的影响贡献达到 0.1616;其次是旅游人口规模,其对西南民族地区旅游产业低碳化转型的影响贡献达到 0.0573;最后是旅游经济发展,其对西南民族地区旅游产业低碳化转型的影响贡献达到 0.0304。与此同时,在结果类指标中,影响西南民族地区旅游产业低碳化转型的三级指标的总排序权重,从高到低依次为碳锁定系数、接待入境过夜游客、旅游产业碳排放量、国际旅游收入、国内游客、旅游收入占第三产业产值的比例、旅游总消费。

在一级指标中,环境类指标对西南民族地区旅游产业低碳化转型的影响相对较小,其权重仅为 0.1571,是状态类指标的 26.46%,是结果类指标的 63.00%,表明环境类指标对西南民族地区旅游产业低碳化转型的影响要远小于状态类指标和结果类指标的影响。同时环境类指标包括低碳规制和资源环境约束 2 个二级指标,且这 2 个二级指标的权重分别为 0.6700、0.3300,其对西南民族地区旅游产业低碳化转型的影响贡献分别为 0.1052、0.0518,表明低碳规制对西南民族地区旅游产业低碳化转型的影响要大于资源环境约束的影响。与此同时,在环境类指标中,影响西南民族地区旅游产业低碳化转型的三级指标的总排序权重,从高到低依次为分地区居民人均可支配收入、环保资金占地区生产总值的比例、人均水资源量、人均全年天然气供气总量、城市污水处理能力、旅游人均的年末实有道路面积、旅游人均的公园面积、城市建成区绿化覆盖率。

总之,通过基于层次分析法对西南民族地区旅游产业低碳化转型进行评价,可以发现:

在一级指标中,对西南民族地区旅游产业低碳化转型评价的影响指标权重或影响大小从高到低的排序依次为状态类指标、结果类指标、环境类指标。

在二级指标中,对西南民族地区旅游产业低碳化转型评价的影响指标贡献从高到低的排序依次为低碳技术进步和创新、碳锁定、旅游消费结构优化、低碳规制、能源利用效率提高、旅游人口规模、资源环境约束、旅游经济发展。

在三级指标中,根据其对西南民族地区旅游产业低碳化转型评价影响的总排

序权重大小,可将各类指标划分为以下三类:

第一类,包括总排序权重大于 0.0700 的各三级指标,从高到低排序依次为:城市生活垃圾清运和处理情况、碳锁定系数、旅游人均的研究与试验发展(R&D)人员全时当量、国内旅游收入增长率、分地区居民人均可支配收入、各地区研究与试验发展(R&D)经费投入强度。

第二类,即总排序权重介于 0.0100 和 0.0600 之间的各三级指标,从高到低排序依次为:旅游住宿业每人每天的能源消耗、接待入境过夜游客、入境旅游消费结构指数、科学技术支出占财政支出的比例、旅游产业碳排放量、环保资金占地区生产总值的比例、旅游人均的国内专利申请授权数、每万元旅游收入能源消费量、人均水资源量、国际旅游收入、人均全年天然气供气总量、国内游客、每吨能源生产的旅游收入。

第三类,即总排序小于 0.0100 的三级指标,从高到低排序依次为:旅游收入占第三产业产值的比例、城市污水处理能力、旅游总消费、旅游人均的年末实有道路面积、旅游人均的公园面积、城市建成区绿化覆盖率。

三、基于 DEA 模型的西南民族地区低碳旅游发展效率评价

(一)数据包络法(DEA)概述

数据包络法(DEA)作为一种非参数评价方法,它主要是依赖投入、产出指标数据对决策单元(DMU)进行评价,即运用数学规划评价具有多个输入与输出的决策单元间的运行效率,来判断 DMU 是否位于生产可能集的"前沿面"上,该方法结构简单、应用方便,特别适合处理多种投入、多产出指标时的系统评价问题,且各指标的单位可以不统一,这也是 DEA 方法相对于其他分析方法而言所具有的优点,从而在诸多领域都得到广泛应用。常用的数据包络分析模型有 C^2R 和 C^2GS^2 模型,其中 C^2R 模型主要用来评价 DMU 的规模有效性,且 C^2R 模型大多被用于在相对效率的评价中,评价技术有效性使用的是 C^2GS^2 模型。

C^2R 模型是假设 n 个决策单元 DMU、m 种输入和 S 种输出组成了每个决策单元 DMU_j。第 j 个决策单元对第 i 种输入的投入总量用 x_{ij} 来代表;第 j 个决策单元对第 r 种输出的产出总量用 y_{rj} 来代表;第 i 种输入的权重用 v_i 来代表,表示对第

r 种输出的权重用 u_r 来代表。并且，$x_{ij}>0$，$y_{rj}>0$，$v_i>0$，$u_r>0$，$i=1,2,\cdots,m$；$r=1,2,\cdots,S$；$j=1,2,\cdots,n$。对于权系数 $v=(v_1,v_2,\cdots,v_s)^T$ 和 $u=(u_1,u_2,\cdots,u_s)^T$，每个 DMU 都有相应的效率评价指数：$h_j=\dfrac{\sum_{r=1}^{s}u_r y_{rj0}}{\sum_{i=1}^{m}v_i x_{ij0}}$。总可以适当地选取 u 和 v，使 $h_j\leqslant 1$。

现在对第 j_0 个 DMU 进行效率评价（$1\leqslant j_0\leqslant n$），以权系数 v 和 u 为变量，以第 j 个 DMU 的相对效率指数最大为目标，以所有 DMU 的效率指数 $h_j\leqslant 1$ 为约束，构成如下最优化模型：

$$\begin{cases} \text{Max} h_{j0}=\dfrac{\sum_{r=1}^{m}u_r y_{rj0}}{\sum_{i=1}^{m}v_i x_{ij0}} \\ \text{s. t.} \dfrac{\sum_{r=1}^{n}u_r y_{rj}}{\sum_{i=1}^{m}v_i x_{ij}}\leqslant 1 \\ v=(v_1,v_2,\cdots,v_m)^T\geqslant 0 \\ u=(u_1,u_2,\cdots,u_m)^T\geqslant 0 \end{cases} \quad (5-14)$$

由模型（5-14）可以看出，评价 DMU_{j0} 是否有效，是相对于其他所有 DMU 而言的。

模型（5-14）是一个分式规划，不易操作，对其进行 Charnes – Cooper 变换后取对偶规划。式（5-15）转化为一个等价的线性规划问题，并引入非阿基米德无穷小量 ε，则上述模型变为：

$$\begin{cases} \max[\theta-\varepsilon(\hat{e}^T s^- + e^T s^+)] \\ \text{s. t. } \sum_{j=1}^{n}\lambda_j y_j + s^- = \theta x_0 \\ \sum_{j=1}^{n}\lambda_j y_j - s^+ = y_0 \\ \lambda_j\geqslant 0,\ j=1,2,\cdots,n \\ s^-\geqslant 0,\ s^+\geqslant 0 \end{cases} \quad (5-15)$$

设此规划问题的最优解为：λ^*，s^{*-}，s^{*+}，θ^*。其中，$\hat{e}=(1,1,\cdots,$

$1)^T \in R^m$；$e = (1, 1, \cdots, 1)^T \in R^s$；非阿基米德无穷小量为 ε；$x_j = (x_{1j}, x_{2j}, \cdots, x_{mj})^T$，输出指标数量为 m；$y_j = (y_{1j}, y_{2j}, \cdots, y_{pj})^T$，输出指标数量为 p；$x_{ij} \geq 0$，$y_{rj} \geq 0$，$i = 1, 2, \cdots, s$；$r = 1, 2, \cdots, s$，$s^- = (s_1^-, s_2^-, \cdots, s_m^-)^T$，$s^+ = (s_1^+, s_2^+, \cdots, s_p^+)^T$；$C^2R$ 模型，带有非阿基米德无穷小量 ε，用来判断决策单元的 DEA 有效性，研究技术有效性和规模有效性。

（1）若 $\theta^* = 1$，则决策单元 DMU_{j0} 是弱 DEA 有效，即决策单元 DMU_{j0} 不是同时技术有效和规模有效。

（2）若 $\theta^* = 1$，并且 $s^{*-} = 0$，$s^{*+} = 0$，则 DMU_{j0} 是 DEA 有效的，即 DMU_{j0} 同时技术有效和规模有效。

（3）若 $\theta^* < 1$，则 DMU_{j0} 不是 DEA 有效的。

（4）若 $\dfrac{\sum_{j=1}^n \lambda_j^*}{\theta^*} = 1$，则 DMU_{j0} 具有恰当的投入规模，处于规模收益不变（规模最佳）。

（5）若 $\dfrac{\sum_{j=1}^n \lambda_j^*}{\theta^*} < 1$，则规模收益递增，表示增加输入量可以使输出量水平已递增的速度增加。

（6）若 $\dfrac{\sum_{j=1}^n \lambda_j^*}{\theta^*} > 1$，则规模收益递减。

DEA 模型是分析决策单元有效性的主要方式，而对于非 DEA 有效决策单元，有效生产前沿面的投影是分析出导致决策单元非有效性影响因素的主要方式。令 $x_0' = \theta^* x_0 - s^{*-}$，$y_0' = y_0 + s^{*+}$，$(x_0, y_0)$ 在 DEA 相对有效面上的投影就是 (x_0', y_0') 为非 DEA 有效的决策单元，它相对于原来的 n 个 DMU 是 DEA 有效。

Malmquist 生产率指数是由卡维斯（Caves）等最早提出来的，但真正的广泛应用是在弗雷（Fare）等给出这一理论的非线性规划解法之后。基于 DEA 的 Malmquist 生产率指数法是在对每个时期的生产最佳前沿面，通过数学规划模型对面板数据进行构造的情况下，再对生产与最佳前沿面进行比较，进而测算生产率的变化情况，实质上，Malmquist 生产率指数法是一种对全要素生产率增长率进行测算和分解的非参数模型。

假设从 t 时期到 t + 1 时期，度量全要素生产率增长的 Malmquist 指数（TFP）可以表示为：

$$M_0(x_{t+1}, y_{t+1}, x_t, y_t) = \left[\frac{d_0^t(x_{t+1}, y_{t+1})}{d_0^t(x_t, y_t)} \times \frac{d_0^{t+1}(x_{t+1}, y_{t+1})}{d_0^{t+1}(x_t, y_t)} \right]^{1/2} \quad (5-16)$$

其中，(x_{t+1}, y_{t+1}) 表示 t+1 时期的投入和产出向量，(x_t, y_t) 表示 t 时期的投入和产出向量；d_0^t 表示以 t 时期技术为参照的 t 时期的距离函数，d_0^{t+1} 以 t 时期技术为参照的 t+1 时期的距离函数。

将上述 Malmquist 指数分解为规模报酬不变假定下，技术效率变化指数（EFFCH）和技术进步指数（TECH），其分解过程如下：

$$\begin{aligned} TFP &= M_0(y_{t+1}, x_{t+1}, y_t, x_t) \\ &= \frac{d_0^{t+1}(x_{t+1}, y_{t+1})}{d_0^t(x_t, y_t)} \times \left[\frac{d_0^t(x_{t+1}, y_{t+1})}{d_0^{t+1}(x_{t+1}, y_{t+1}C)} \times \frac{d_0^t(x_t, y_t)}{d_0^{t+1}(x_t, y_t)} \right]^{1/2} \\ &= EFFCH \times TECH \end{aligned} \quad (5-17)$$

其中，技术效率变化指数还可进一步分解为纯技术效率指数（PECH）、规模效率指数（SECH）。该公示也可表示为 TFP = EFFCH × TECH = TECH × (PECH × SECH)。当 TFP 指数等于 1，代表没有什么变化；指数大于 1，代表有进步；指数小于 1，代表情况恶化。当技术效率变化、纯技术效率变化、规模效率变化大于 1 时，表示 TFP 增长的源泉是对应的技术效率变化、纯技术效率变化、规模效率变化，相反地，则是 TFP 降低的根源。

（二）投入产出指标

DEA – Malmquist 生产率指数法是一种用于分析多投入—多产出的决策单元的全要素生产率（TFP）及其相对效率的有效方法。本书分别采用 2013 年和 2017 年广西、贵州和云南 3 个省份的截面数据来研究西南民族地区低碳旅游发展效率情况。低碳旅游发展效率评价活动也是一项多投入、多产出的复杂活动。为了保证与前文在指标上的统一性，在用 DEA 测算西南民族地区低碳旅游发展效率时，我们采用前面章节指标体系及测算出来的相关指标系数作为低碳旅游发展效率评价的基础数据。根据数据的相关性以及低碳旅游发展效率所需要的投入产出指标的特点与性质，进一步构建了西南民族地区旅游低碳发展效率评价指标体系（见表 5 – 33），原始数据资料是通过《中国旅游统计年鉴》相关数据经过进一步测算出来的。

表 5-33　　　　西南民族地区低碳旅游发展效率评价指标体系

类型	指标	单位
投入指标	每万元旅游收入能源消费量	吨标准煤
	每吨能源生产的旅游收入	元
	旅游住宿业每人每天的能源消耗	吨标准煤/(人·天)
	城市生活垃圾清运和处理情况	%
	科学技术支出占财政支出的比例	%
	各地区研究与试验发展（R&D）经费投入强度	%
	旅游人均的研究与试验发展（R&D）人员全时当量	人年/人次
	旅游人均的国内专利申请授权数	件/人次
产出指标	碳锁定系数	—
	旅游产业碳排放量	万吨

（三）评价结果及分析

1. DEA 有效性分析

根据上述 DEA 模型，取非阿基米德无穷小量 $\varepsilon = 10^{-3}$，运用规划求解软件分别进行计算，得出结果，见表 5-34。

表 5-34　　　西南民族地区旅游产业低碳转化投入产出效率
DEA 模型求解结果比较

地区	综合效率		纯技术效率		规模效率		规模报酬	
	2017 年	2013 年	2017 年	2013 年	2017 年	2013 年	2017 年	2013 年
广西	1.000	0.843	1.000	1.000	1.000	0.843	—	irs
贵州	1.000	1.000	1.000	1.000	1.000	1.000		
云南	1.000	1.000	1.000	1.000	1.000	1.000		
平均值	1.000	0.948	1.000	1.000	1.000	0.948		

注：irs 表示规模报酬递增，—表示规模报酬不变。

从表 5-34 可以看出西南民族地区广西、贵州和云南的低碳旅游发展的投入产出效率的情况，2017年西南民族地区3个省份的综合效率、纯技术效率和规模效率均为1.000，且规模报酬均不变，2013年除了广西的综合效率、纯技术效率和规模效率分别为0.843、1.000和0.843，规模报酬呈现递增变化外，贵州和云南地区的综合效率、纯技术效率和规模效率均为1.000，且规模报酬均为不变。

2. DEA决策单元的投影分析

根据各地区低碳旅游发展的投入产出的综合效率（θ），令 $x_0' = \theta^* x_0 - s^{*-}$、$y_0' = y_0 + s^{*+}$，进行数据转换运算，可得到各地区低碳旅游发展的投入产出指标的投影点，即各地区低碳旅游发展的投入值、产出值需要达到技术有效的目标改进值，也是在有效前沿面上的投影值，结果见表5–35。

表5–35　2013年和2017年西南民族地区低碳旅游发展的投入冗余量结果比较

地区	每万元旅游收入能源消费量		每吨能源生产的旅游收入		旅游住宿业每人每天的能源消耗		城市生活垃圾清运和处理情况	
	2017年	2013年	2017年	2013年	2017年	2013年	2017年	2013年
广西	0.000	0.000	0.601	0.000	0.165	0.000	0.265	0.000
贵州	0.000	0.000	0.000	0.000	0.000	0.000	0.000	0.000
云南	0.000	0.000	0.000	0.000	0.000	0.000	0.000	0.000
地区	科学技术支出占财政支出的比例		各地区研究与试验发展（R&D）经费投入强度		旅游人均的研究与试验发展（R&D）人员全时当量		旅游人均的国内专利申请授权数	
	2017年	2013年	2017年	2013年	2017年	2013年	2017年	2013年
广西	0.008	0.000	0.002	0.000	3.468	0.000	0.096	0.000
贵州	0.000	0.000	0.000	0.000	0.000	0.000	0.000	0.000
云南	0.000	0.000	0.000	0.000	0.000	0.000	0.000	0.000

由表5–35可见，从时间上来看，2013年，西南民族地区广西、贵州和云南的低碳旅游发展的投入量没有出现冗余情况，产出量也没有出现明显的不足，低碳旅游发展的投入冗余值和产出不足值均为0.000，但是在2017年却出现了投入冗余和产出不足；从地区来看，西南民族地区中贵州和云南分别在2013年和2017年的低碳旅游发展的投入冗余值和产出不足值均为0.000，广西在2013年的低碳旅游发展的投入冗余值和产出不足值也为0.000，但是广西在2017年投入

和产出情况却发生了显著变化。其中投入指标值中每吨能源生产的旅游收入、旅游住宿业每人每天的能源消耗、城市生活垃圾清运和处理情况、科学技术支出占财政支出的比例、各地区研究与试验发展（R&D）经费投入强度、旅游人均的研究与试验发展（R&D）人员全时当量、旅游人均的国内专利申请授权数等 7 个指标均分别存在 0.601、0.165、0.265、0.008、0.002、3.468、0.096 的投入冗余量，每万元旅游收入能源消费量指标的投入量冗余情况相对其他几个投入指标来说要好一些，其投入冗余量为 0.000。在产出方面，如表 5-36 所示，产出指标中的碳锁定系数指标在 2017 年出现了产出不足的情况，产出不足值为 24.360，这说明广西在 2017 年低碳旅游发展效率在碳锁定系数还有待提升空间，需要进一步提高广西低碳旅游发展的效率。

表 5-36　2017 年和 2013 年我国西南民族地区低碳旅游发展产出不足量结果比较

地区	碳锁定系数		旅游产业碳排放量	
	2017 年	2013 年	2017 年	2013 年
广西	24.360	0.000	0.000	0.000
贵州	0.000	0.000	0.000	0.000
云南	0.000	0.000	0.000	0.000

3. Malmquist 指数及其分解

采用 DEAP2.1 软件分别计算 2013 年和 2017 年我国西南民族地区广西、贵州和云南的低碳旅游发展的 Malmquist 生产率指数及其分解指数——效率变动指数（EFFCH）、技术进步指数（TECHCH）、纯技术效率变化指数（PECH）与规模效率变化指数（SECH），见表 5-37 和表 5-38。

表 5-37　2017 年西南民族地区旅游低碳转化的 Malmquist 指数及其分解

地区	EFFCH	TECHCH	PECH	SECH	TFPCH
广西	1.186	1.219	1.000	1.186	1.446
贵州	1.000	0.971	1.000	1.000	0.971
云南	1.000	0.669	1.000	1.000	0.669
平均值	1.059	0.926	1.000	1.059	0.980

表5-37是2017年我国西南民族地区3省区的低碳旅游发展平均全要素生产率变化（Malmquist指数）及其分解。我国西南民族地区3省区旅游低碳转化的平均全要素生产率为0.980。其中，广西、贵州和云南的全要素生产率指数分别为1.446、0.971、0.669，可以明显看出，云南的低碳旅游发展效率严重落后于广西和贵州地区。此外，西南民族地区广西、贵州和云南的低碳旅游发展效率变动指数、技术进步指数、纯技术效率变化指数与规模效率变化指数平均值分别为1.059、0.926、1.000、1.059，表明效率变动指数和规模效率变化指数对低碳旅游发展的全要素生产率起到正相关的增强作用，技术进步指数则对全要素生产率有削弱作用，而纯技术效率变化指数对全要素生产率指数的影响不明显，这说明西南民族地区3省区的低碳旅游发展的平均全要素生产率的下降主要来自技术进步指数的降低和低碳旅游发展技术的落后。另外，单从广西地区来看，广西的全要素生产率指数为1.446，其Malmquist指数分解值分别为1.186、1.219、1.000和1.186，可以看出广西地区低碳旅游发展技术较为先进，纯技术效率则相对较低，但是从整体上来看，广西地区的低碳旅游发展对整个西南民族地区3省份的低碳旅游发展是有积极拉动作用的。单独从贵州地区来看，贵州地区的全要素生产率为0.971，效率变动指数、技术进步指数、纯技术效率变化指数与规模效率变化指数分别为1.000、0.971、1.000、1.000，该分解值都没有对全要素生产率起到积极促进作用，其中技术进步指数更是起到消极的反作用；云南地区与贵州地区的情况非常相似，其中，云南地区的全要素生产率指标远远低于广西和贵州两个地区，且主要原因和贵州相似，也是由于技术进步指数的低下而导致Malmquist指数整体偏低，而其他纯技术效率变化指数与规模效率变化指数也作用不明显。

表5-38　2013年西南民族地区旅游低碳转化的Malmquist指数及其分解

地区	EFFCH	TECHCH	PECH	SECH	TFPCH
广西	0.843	0.820	1.000	0.843	0.692
贵州	1.000	1.030	1.000	1.000	1.030
云南	1.000	1.494	1.000	1.000	1.494
平均值	0.945	1.080	1.000	0.945	1.021

表5-38是2013年我国西南民族地区3省区的低碳旅游发展平均全要素生产率变化（Malmquist指数）及其分解。从表5-38中可以很明显得出，我国西

南民族地区 3 省区旅游低碳转化的平均全要素生产率为 1.021。其中，广西、贵州和云南的全要素生产率指数分别为 0.692、1.030、1.494，可以明显看出，广西的低碳旅游发展效率严重落后于贵州和云南地区。此外，广西、贵州和云南的低碳旅游发展效率变动指数、技术进步指数、纯技术效率变化指数与规模效率变化指数平均值分别为 0.945、1.080、1.000 和 0.945，表明技术进步指数对低碳旅游发展的全要素生产率起到正相关的增强作用，而效率变动指数和规模效率变化指数则对全要素生产率有削弱作用，而纯技术效率变化指数对全要素生产率指数的影响不明显，这说明西南民族地区的低碳旅游发展的全要素生产率的下降主要来自效率变动指数和规模效率变化指数，而全要素生产率的提高则主要取决于技术进步指数。这说明西南民族地区低碳旅游发展全要素生产率的提高主要在于低碳转化的技术进步和革新，而低碳转化的速度、效率以及规模对全要素生产率的提高并无太明显的促进作用。另外，单从广西地区来看，广西的全要素生产率指数为 0.692，其 Malmquist 指数分解值分别为 0.843、0.820、1.000 和 0.843，可以看出广西地区低碳旅游发展除了纯技术效率保持在及格线上外，其余三个指标效率变动指数、技术进步指数和规模效率变化指数都处在较低的水平，且对整个的全要素生产率都有负面影响。不仅如此，从整体上来看，广西地区低碳旅游的发展对整个西南民族地区低碳旅游的发展是有阻碍作用的。单独从贵州地区来看，贵州地区的全要素生产率为 1.030，效率变动指数、技术进步指数、纯技术效率变化指数与规模效率变化指数分别为 1.000、1.030、1.000 和 1.000，该分解值除了技术进步指数对全要素生产率起到积极促进作用外，其余的纯技术效率变化指数与规模效率变化指数都不产生明显的影响。云南地区与贵州地区的情况非常相似，其中，云南地区的全要素生产率指标远远大于广西和贵州两个地区，且主要原因和贵州相似，也是由于技术进步指数的突出而使 Malmquist 指数整体偏高，从而使云南地区在整个西南民族地区的平均全要素生产率中起着非常积极的推动作用，而其他纯技术效率变化指数与规模效率变化指数作用不明显。

对比 2017 年和 2013 年西南民族地区 3 省区的低碳旅游发展的 Malmquist 指数及其分解情况，我们发现有以下特征：

（1）2017 年西南民族地区的低碳旅游发展的全要素生产率均值是小于 1，而 2013 年的低碳旅游发展的全要素生产率均值是大于 1，这说明整个西南民族地区的低碳旅游发展的总体效率从 2013 年到 2017 年出现了下降，也就是说低碳旅游发展水平不如以前了。

（2）2017 年低碳旅游发展全要素生产率值最大的是广西地区，最小的是云南地区，而到了 2013 年则变成了广西地区为最小值，而云南地区却是最大值，这说明，在这个过程中，广西地区的低碳旅游发展水平上升了，而云南地区的低碳旅游发展水平则呈明显下降趋势；而贵州虽然屈居第二，但是贵州的全要素生产率指数由 2013 年的 1.030 下降到 2017 年的 0.971，说明贵州的低碳旅游发展水平也有所降低。

（3）在 Malmquist 指数的分数值中，广西地区 2017 年的效率变动指数、技术进步指数和规模效率变化指数均大于 1，而 2013 年三个指标值均小于 1，从而导致全要素生产率指数由 2013 年的小于 1 变成 2017 年的大于 1；而贵州和云南地区，则主要是受技术进步指数影响，两个地区的技术进步指数在 2013 时都大于 1，而到了 2017 年均小于 1，从而使两个地区最终的全要素生产率指数在 2013 年都大于 1，而到了 2017 年均小于 1。这说明在西南地区低碳旅游发展过程中，广西地区是受低碳旅游的效率、技术和规模等几个因素的共同影响，而贵州和云南地区则主要是受低碳旅游发展的技术要素影响。

四、本章小结

本章主要对西南民族地区旅游产业低碳化转型的影响因素及发展效率进行综合评价。首先，本章结合上文对西南民族地区旅游产业低碳化转型的影响因素及作用机理研究，从低碳规制、资源环境约束、能源利用效率提高、旅游消费结构优化、低碳技术进步和创新、旅游经济发展、旅游人口规模、碳锁定等影响因素角度，结合动态性、可操作性、层次性、系统性、科学性等评价指标体系构建原则，构建了西南民族地区旅游产业低碳化转型评价指标体系；采用灰色关联评价分析法，对西南民族地区旅游产业低碳化转型的影响因素进行综合评价，研究发现：2017 年西南民族地区旅游产业实现低碳化转型的各大影响因素中，其灰色关联度和重要性从强到弱的排序依次为：低碳技术进步和创新、低碳规制、碳锁定、资源环境约束、旅游人口规模、能源利用效率提高、旅游经济发展、旅游消费结构优化；2017 年西南民族地区旅游产业低碳化转型的各大影响因素得分从高到低的地区排序依次是贵州、广西、云南。

其次，采用目标层次分析法，对西南民族地区旅游产业低碳化转型进行综合评价，可以发现，对西南民族地区旅游产业低碳化转型评价的影响指标权重或影响大小从高到低的排序依次为状态类指标、结果类指标、环境类指标；与此同时，对西南民族地区旅游产业低碳化转型评价的影响指标贡献从高到低的排序依次为低碳技术进步和创新、碳锁定、旅游消费结构优化、低碳规制、能源利用效率提高、旅游人口规模、资源环境约束、旅游经济发展。由此可见，层次分析法中各影响因素的影响贡献程度大致与灰色关联分析法中的各指标的影响重要性程度基本一致，其中，低碳技术进步和创新、碳锁定、低碳规制等因素是主要的影响因素。

最后，采用 DEA 投入产出效率分析法，对西南民族地区低碳旅游发展效率进行综合评价，研究发现，云南的低碳旅游发展效率严重落后于广西和贵州地区。西南民族地区低碳旅游发展技术进步指数对低碳旅游发展的全要素生产率起到正相关的增强作用，效率变动指数和规模效率变化指数则对全要素生产率的影响作用较弱，而纯技术效率变化指数对全要素生产率指数的影响不明显，全要素生产率的提高则主要取决于技术进步指数。

第六章 西南民族地区低碳化转型的系统动力学与情景分析

本章主要采用系统动力学分析法和情景分析法,对西南民族地区旅游产业低碳化转型进行情景仿真模拟和预测分析。通过从低碳旅游资源、低碳旅游参与者、低碳旅游相关部门和低碳旅游经济发展等角度构建西南民族地区低碳旅游的系统动力学模型,进而对西南民族地区低碳旅游系统进行仿真模拟和预测。然后,采用情景分析方法,从基准情景、高速增长情景、低碳增速情景和碳脱钩情景对西南民族地区旅游产业碳排放进行预测,为选择合理的旅游产业低碳化发展路径提供决策参考。

一、西南民族地区低碳化转型的系统动力学研究

(一) 系统动力学概述

1. 相关概念

系统是由一些相互依赖、相互作用的各种要素在特定的环境下构成的一个整体。在经济生活中存在着各种系统,但是我们往往只注意到一些简单的系统,而忽略对庞大复杂系统的研究,从简单到复杂的系统研究经历了漫长的岁月。1937年,贝塔朗菲借助机体论进行庞大的生命整体系统的探究,在芝加哥大学首次提出了系统论。1947~1948年贝塔朗菲进一步阐述了系统论的思想,他指出,无论系统的类型、组成部分的性质以及它们之间的关系,都有适用于系统(综合系统或子系统)的一般模式、原则和规律。

系统动力学是一门研究和解决系统问题的综合性学科,主要是分析研究信息

反馈系统，它是将人文社会科学和自然科学结合起来的横向学科。系统动力学最早是在 1956 年由美国麻省理工学院教授福瑞斯特提出的，到 20 世纪 70 年代末被引入中国，随后系统动力学在各个行业和领域里被广泛运用，特别是在可持续发展战略的研究中具有很明显的优势。系统动力学的优势及自身的独特性在于它是运用因果关系和结构决定行为的思想，并从联系、发展和运动的视角来看待事物的发展，并借助计算机仿真技术来分析系统内部复杂结构的动态关系，它是将定量分析与定性分析相结合的一种科学方法。而旅游低碳化转型过程就是这样一个复杂的循环系统，旅游低碳化的可持续发展就是依赖于它的各子系统间的相互协调。因此，运用系统动力学模拟仿真对于旅游低碳化转型来说具有很重要的意义。

2. 系统动力学模型常用的术语

在系统动力学中，有一些经常使用到的基本术语，这些基本术语贯穿于系统动力学的研究过程，主要包括因果关系反馈、累积流量、流、滞后和模拟仿真语言等。

（1）因果关系反馈。所谓因果关系反馈，就是说在一个流程或系统里，若 A 事件发生的结果会对 B 事件产生影响，那么我们就说 B 事件是 A 事件的结果，A 事件是 B 事件发生的原因之一，这样 A、B 两个事件之间就形成了一种潜在的因果关系。而且这种因果关系又分为正向和负向的因果关系。如果 A 事件增加使得 B 事件也不同程度的增加，那么这种因果关系就是正向的；反之，如果 A 事件增加使 B 事件在不同程度的减少，那么这种因果关系就是负向的。相应的，这些因果关系链接就构成了系统动力学里因果关系图或流程图的反馈回路，如果是正向因果关系就是正的反馈回路，负向因果关系就是负的反馈回路。

（2）流。系统动力学中的"流"是指某一个行为或活动，包括资金流、现金流、物流、人流和信息流等能反映一个行为发生的过程量。"流"一般又分为实体流和虚体流，因此在系统动力学流程图里，我们分别用实体流实线和信息流虚线来区分实体流和虚体流，以便更好地反映整个系统的结构和动态特征。

（3）累积流量。系统动力学中的累积流量是上述"流"量某个阶段的汇总结果，在流程图中表现为同一对象的两个流量的输入、输出之差，它是对"流"的动态描述。

（4）滞后（延迟）。在系统动力学中，实体（物质）和虚体（信息）在整个系统传递过程需要经过一定的时间，从而产生了滞后（延迟），这也是导致社会系统非线性的一个很重要但又不可避免的原因之一，根据滞后（延迟）的性质我们又分为物质滞后和信息滞后两大类。

（5）模拟仿真语言。在系统动力学中，通过上述因果关系反馈、流和累积流量等基本元素建立起系统框架后，就需要对整个系统进行模拟仿真，这个模拟仿真就需要运用多种函数对这些基本元素之间建立起数学逻辑关系，只要在系统动力学中所设置的方程及结构没问题，便可以向用户提供相应的模拟仿真结果。

3. 系统动力学的结构模式

系统动力学在研究一个复杂系统问题时，主要通过该复杂系统内部存在的各种行为模式、逻辑关系以及与系统结构间紧密的依赖关系为基础，并在此基础上建立起相应的数学模型，尝试画出能反映这些变化形态的因果关系图。在因果关系图的基础上进一步充分理解和认识系统中的因果反馈和滞后（延迟），并根据相应的规则以及前面画好的因果关系图，逐步建立并画出相应的系统动力学流程图。

（1）因果关系图。因果关系图主要由因果箭、因果链和因果反馈回路三个基本要素构成。其中因果箭就是一个标明方向的线段，箭头指向结果，箭尾是表明原因。因果箭有正负之分，"+"表示正向因果关系，"-"表示负向因果关系；因果链是由若干因果箭和相关元素所构成的一个具有传递性的链条。在同一个因果链中如果因果箭头标为"-"有奇数个，那么整个因果链的极性就为负，否则该因果链的极性为正；因果反馈回路就是由因果箭和因果链所构成的一个因果关系回路。

（2）流程图。流程图是根据因果关系图的逻辑建立起来的反映系统作用机理的图像，它也是系统动力学结构模型的重要内容，系统动力学研究过程中的主要内容之一就是绘制流程图。流程图的主要由流、水准、速率、参数值、辅助变量和滞后等几个要素构成。其中流指的是系统中的行为和活动，一般分为实物（实体）流和信息（虚体）流；水准就是系统中子系统的累积流量，即实物（实体）流的积累，反映的是子系统的状态；速率在系统中体现的是流的时间变化或是活动状态，在系统动力学中速率一般是由决策函数表示；参数值就是系统中存在的各种常数值；辅助变量就是通过简化速率来使我们更好地理解复杂的决策函数；滞后（延迟）主要是用来反映原因和结果、输入量和输出量之间的时差，同样也有实物流和信息流滞后之分。

4. 系统动力学的建模流程

（1）确定研究目标。在进行系统动力学建模之前一定要搞清楚自己想要研究的对象、目的和整个系统结构，并收集好相应的资料和统计调查数据。根据系统内部各子系统间的内在联系和相互影响关系，找出问题所在，确定研究的目标。

（2）确立系统边界并对因果关系进行分析。在设定系统边界时要充分考虑多种因素对内部结构的共同影响。在设定好系统边界后，要针对研究目标自身的特征和内在逻辑关系，对原本复杂的系统整体进行合理分解和拆分，且拆分后的每个部分都能构成一个简单的、独立的子系统，同时这些子系统的内部结构也要完整且一定的内在因果关系，并对这些子系统的内在因果关系进行明确和梳理，最后是要用一些关键的元素将各子系统之间有机地结合起来并还原成复杂的大系统整体，同时确定好系统整体与各子系统之间的内在因果关系。

（3）建立模型并画图。在梳理好因果关系后，就需要绘制系统因果关系图和系统流程图，并对系统流程图设置相应的结构方程式，将系统变量和结构符号等有机结合起来，并对研究对象的量化指标和行为机制进行明确，绘制流程图是构建系统动力模型过程中的核心环节之一。

（4）对模型进行仿真模拟。在已经设定好的系统流程图基础上，将相关的决策函数、常数及状态变量方程的初始值输入模型中，并设置好起始时间和时间步长等，然后进行模拟，就可以得到仿真模拟预测的数值以及对应的图表。在仿真模拟过程中，结合研究目标，可以适当调整内部结构因果反馈和系统边界，从而对整个系统实现完整的模拟过程。

（5）分析结果。运用计算机和 Vensim 软件进行仿真模拟，对得出的预测结果进行分析，并从中选定最优化方案。

图 6-1 为系统动力学的建模流程。

```
                        ┌──────────────┐
                        │  明确研究目标  │
                        └──────────────┘
              ┌────────────┬────┴────┬──────────────┐
              ▼            ▼          ▼
         ┌────────┐   ┌────────┐   ┌──────────────┐
         │ 调查统计 │   │ 资料分析 │   │ 确立矛盾与问题 │
         └────────┘   └────────┘   └──────────────┘
                           │
                           ▼
                    ┌──────────────┐
         ┌─────────▶│  确立系统边界  │◀─────────┐
         │          └──────────────┘          │
         │       边界范围影响  边界范围影响        │
         │       内部因素数量  内部结构           │
         │              ▼                      │
         │       ┌──────────────┐              │
         │       │  因果关系分析  │              │
         │       └──────────────┘              │
         │    ┌─────────┴─────────┐            │
         │    ▼      内在联系      ▼            │
         │ ┌──────────┐      ┌──────────────┐  │
         │ │系统拆分子系统│◀──▶│ 子系统内部结构  │  │
         │ └──────────┘      └──────────────┘  │
         │         └──────┬──────┘              │
```
图 6-1 系统动力学的建模流程

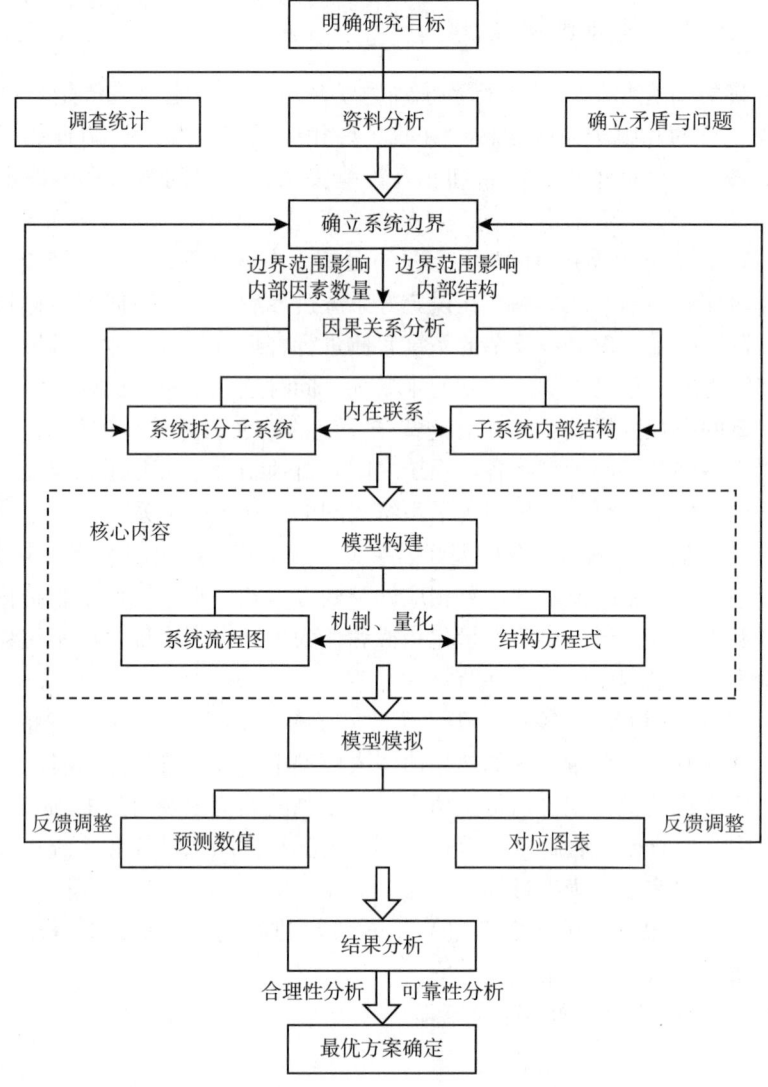

（二）西南民族地区低碳旅游系统动力模型构建

1. 低碳旅游系统构建及总体分析

在研究西南民族地区旅游低碳转型化过程中，我们根据整个旅游活动和过程，并借鉴肖岚（2014）和孙秀梅（2011）的研究成果，将低碳旅游系统分解成四个子系统，这四个子系统分别为低碳旅游条件子系统、低碳旅游参与者子系统、低碳旅游相关部门子系统和低碳旅游发展子系统。这四个子系统又包含各种要素。建立低碳旅游系统的目的就是通过引导低碳行为和制定相应的低碳措施来发展低碳产业，在旅游地营造一个良好的低碳旅游氛围和环境，并尝试开发多种低碳旅游的方式和路径，使目前多能耗的旅游业向低碳化方向转变，打造出一种健康、环保的旅游模式。这不仅能更好地满足旅游者的旅行需求，维护好旅游系统的和谐稳定，使旅游业健康可持续发展。

如图6-2所示，低碳旅游系统由四个子系统构成。低碳旅游条件子系统主要是由低碳旅游资源、低碳旅游环境、低碳旅游设施和低碳旅游产品构成，体现了开展低碳旅游的最终目标。参与者子系统主要是由低碳旅游消费者和低碳旅游提供者构成，也是低碳旅游活动的主要参与者或是执行者，它包括外来旅游消费的游客和旅游地本地居民。低碳旅游相关部门子系统是维持低碳旅游活动过程顺利进行的倡导者、协调者和推动者，它是由低碳旅游管理部门和低碳旅游企业部门两大机构组成。低碳旅游相关部门子系统主要是通过相关政策制度、技术手段和管理手段等来引导、推动和监督低碳旅游活动的开展。低碳旅游发展子系统主要是体现低碳旅游带来的社会效益和经济效益，它主要是由低碳旅游经济效益和低碳旅游社会效益两大部分构成，是推动低碳旅游发展的内在动力。低碳旅游四个子系统之间相互关联、相互作用，从而构成低碳旅游大系统。

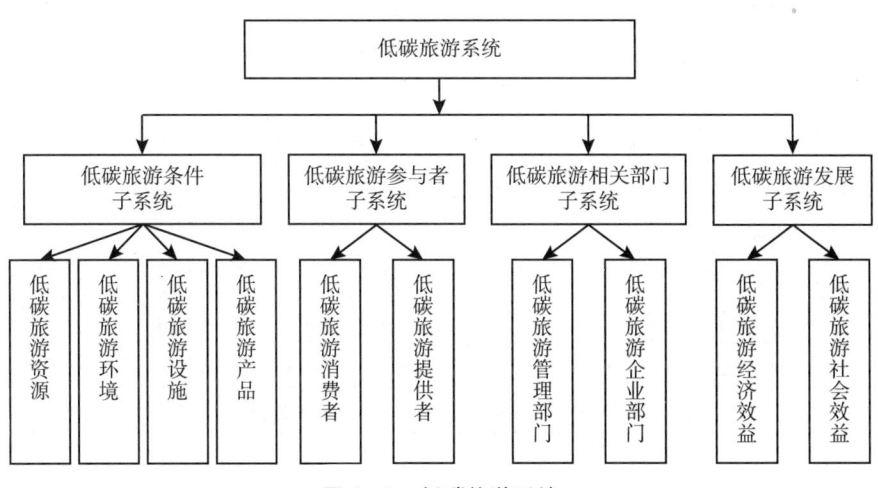

图6-2 低碳旅游系统

2. 西南民族地区低碳旅游条件子系统 SD 模型构建

（1）低碳旅游条件子系统 SD 模型变量设置。在低碳旅游系统状态变量中，低碳旅游系统资源和环境的质量优劣，直接受各种要素碳足迹数量的影响。以旅游交通碳足迹（L2）为例，其速率变量旅游交通碳排量（R3）和旅游交通碳中和量（R4）对旅游交通碳足迹（L2）的变化起着关键性的作用，更是直接决定了下一时刻旅游交通碳足迹量的多少。SD 模型变量设置见表 6-1。

表 6-1　　　　　　低碳旅游条件子系统 SD 模型变量设置

变量类型	具体变量	单位	变量类型	具体变量	单位
状态变量	L1：旅游景点碳足迹	千克	辅助变量	A1：旅游景点游客人均碳排量	千克/人
	L2：旅游交通碳足迹	千克		A2：旅游景点投资碳中和效率	千克/万元
	L3：旅游住宿碳足迹	千克		A3：旅游交通人均碳排量	千克/人
	L4：旅游购物碳足迹	千克		A4：旅游交通投资碳中和效率	千克/万元
	L5：旅游餐饮碳足迹	千克		A5：旅游住宿人均碳排量	千克/人
	L6：旅游地居民生活碳足迹	千克		A6：旅游住宿投资碳中和效率	千克/万元
速率变量	R1：旅游景点碳排量	千克		A7：旅游购物人均碳排量	千克/人
	R2：旅游景点碳中和量	千克		A8：旅游购物投资碳中和效率	千克/万元
	R3：旅游交通碳排量	千克		A9：旅游餐饮人均碳排量	千克/人
	R4：旅游交通碳中和量	千克		A10：旅游餐饮投资碳中和效率	千克/万元
	R5：旅游住宿碳排量	千克		A11：旅游居民人均碳排量	千克/人
	R6：旅游住宿碳中和量	千克		A12：旅游居民投资碳中和效率	千克/万元
	R7：旅游购物碳排量	千克		A13：旅游景点碳治理投资	万元
	R8：旅游购物碳中和量	千克		A14：旅游交通碳治理投资	万元
	R9：旅游餐饮碳排量	千克		A15：旅游住宿碳治理投资	万元
	R10：旅游餐饮碳中和量	千克		A16：旅游购物碳治理投资	万元
	R11：旅游地居民生活碳排量	千克		A17：旅游餐饮碳治理投资	万元
	R12：旅游地居民生活碳中和量	千克		A18：旅游地居民生活碳治理投资	万元

（2）低碳旅游条件子系统因果关系图及流程。旅游条件子系统的因果关系图反映出旅游供给者（旅游地本地居民）和旅游消费者（外来旅游者）在整个旅

游活动过程中，对旅游设施、旅游资源、旅游环境产生的影响。这些影响主要是通过碳足迹量指标来衡量。这些碳足迹量又根据旅游活动的内容可以细分为旅游住宿碳足迹、旅游购物碳足迹、旅游餐饮碳足迹、旅游景点碳足迹和旅游交通碳足迹等 5 个方面。具体由这 5 个碳足迹所构成的条件子系统的因果关系和流程如图 6-3、图 6-4 所示。

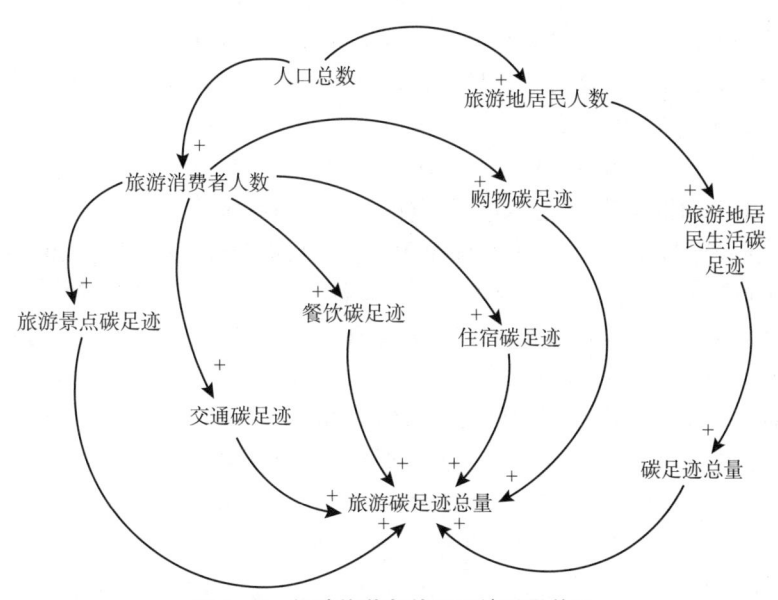

图 6-3　低碳旅游条件子系统因果关系

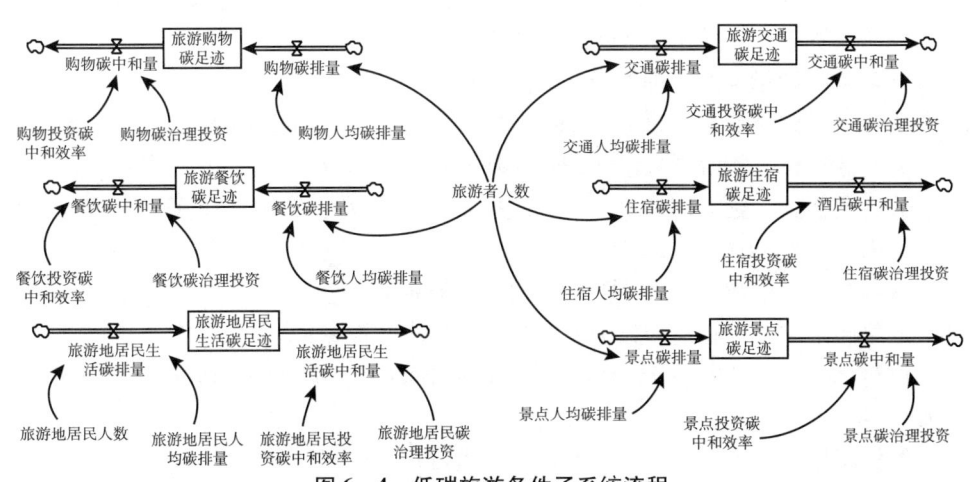

图 6-4　低碳旅游条件子系统流程

（3）低碳旅游条件子系统涉及的方程如下：

旅游人数增长率=（广西0.2407，贵州0.4833，云南0.3478）；

旅游者数量增加值=旅游者数量×旅游人数增长率；

旅游者数量=INTEG（旅游者数量增加值，广西6640.71，贵州3127.08，云南7011.28）；

旅游景点人均碳排量=（广西0.1509，贵州0.1746，云南0.1238）；

旅游景点碳排量=旅游者数量×旅游景点人均碳排量；

旅游景区碳足迹=INTEG［（景点碳排量－景点碳中和量），广西685793，贵州569214，云南764981］；

景点投资碳中和效率=WITH LOOKUP(Time)；

景点碳中和量=碳治理投资×景点投资碳中和效率；

交通人均碳排量=（广西0.024465501，贵州0.027411803，云南0.014090009）；

交通碳排量=旅游者数量×交通人均碳排量；

旅游交通碳足迹=INTEG［（交通碳排量－交通碳中和量），广西14235785，贵州12573933，云南15847211］；

交通投资碳中和效率=WITH LOOKUP(Time)；

交通碳中和量=碳治理投资×交通投资碳中和效率；

酒店人均碳排量=（广西0.011822163，贵州0.012266017，云南0.011401957）；

酒店碳排量=旅游者数量×酒店人均碳排量；

旅游酒店碳足迹=INTEG［（酒店碳排量－酒店碳中和量），广西824357，贵州724519，云南772158］；

酒店投资碳中和效率=WITH LOOKUP(Time)；

酒店碳中和量=碳治理投资×酒店投资碳中和效率；

购物人均碳排量=（广西0.1189，贵州0.1241，云南0.1368）；

购物碳排量=旅游者数量×购物人均碳排量；

旅游购物碳足迹=INTEG［（购物碳排量－购物碳中和量），广西575176，贵州587912，云南603125］；

购物投资碳中和效率=WITH LOOKUP(Time)；

购物碳中和量=碳治理投资×购物投资碳中和效率；

旅游餐饮人均碳排量=（广西0.002348695，贵州0.015916382，云南0.004734699）；

餐饮碳排量=旅游者数量×餐饮人均碳排量；

旅游餐饮碳足迹=INTEG［（餐饮碳排量－餐饮碳中和量），广西512647，贵州 556942，云南 581953］；

　　餐饮投资碳中和效率 = WITH LOOKUP(Time)；

　　餐饮碳中和量 = 碳治理投资 × 餐饮投资碳中和效率；

3. 低碳旅游参与者子系统

（1）低碳旅游参与者子系统 SD 模型变量设置如表 6-2 所示。

表 6-2　　　　　低碳旅游参与者子系统 SD 模型变量设置

变量类型	具体内容	单位
状态变量	L1：低碳旅游旅游者数量	人
	L2：低碳旅游地居民数量	人
速率变量	R1：低碳旅游者数量增加值	人
	R2：低碳旅游地居民净增量	人
辅助变量	A1：低碳旅游游客增长率	无量纲
	A2：低碳旅游地居民净增长率	无量纲
	A3：低碳旅游地总人数	人

（2）低碳旅游参与者子系统 SD 模型因果关系和流程如图 6-5、图 6-6 所示。

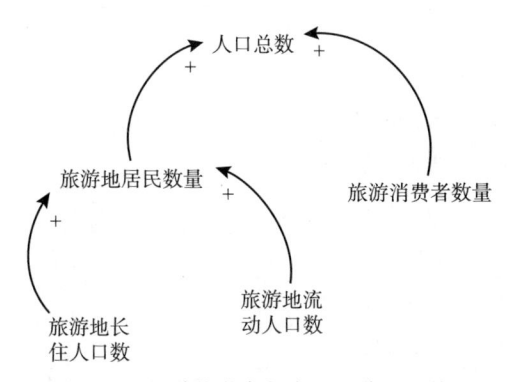

图 6-5　低碳旅游参与者子系统因果关系

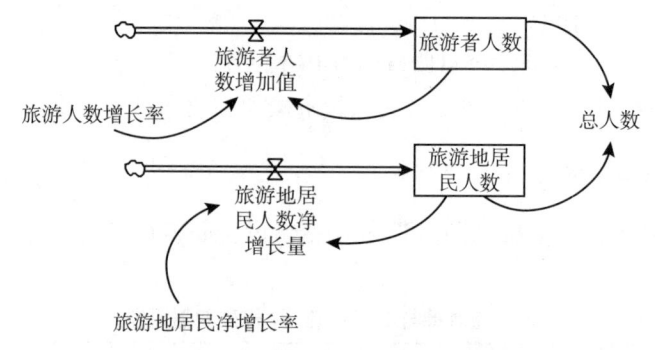

图 6-6 低碳旅游参与者子系统流程

（3）低碳旅游参与者子系统的涉及的方程如下：

旅游地人数净增长率 =（广西 0.07，贵州 0.0738，云南 0.07972）；

旅游地居民净增量 = 旅游地居民人数 × 旅游地人数净增长率；

旅游地居民人数 = INTEG（居民数量增加值，广西 4889，贵州 3931.12，云南 4450.4）；

总人数 = 旅游者数量 + 旅游地居民数量。

4. 低碳旅游相关部门子系统 SD 模型构建

（1）低碳旅游相关部门子系统 SD 模型变量设置如表 6-3 所示。

表 6-3　　低碳旅游相关部门子系统 SD 模型变量设置表

变量类型	具体内容	单位
状态变量	L1：旅游投资	万元
	L2：旅游碳中和量	千克
速率变量	R1：旅游投资增加值	万元
	R2：旅游碳中和量增加值	千克
辅助变量	A1：旅游收入	万元
	A2：旅游收入投资因子	无量纲
	A3：旅游环境投资	万元
	A4：旅游环境投资比例	无量纲
	A5：旅游碳中和效率	无量纲

续表

变量类型	具体内容	单位
辅助变量	A6：旅游发展投资	万元
	A7：旅游发展投资因子	无量纲
	A8：旅游投资对收入促进因子	无量纲

（2）低碳旅游相关部门子系统因果关系和流程如图 6－7、图 6－8 所示。

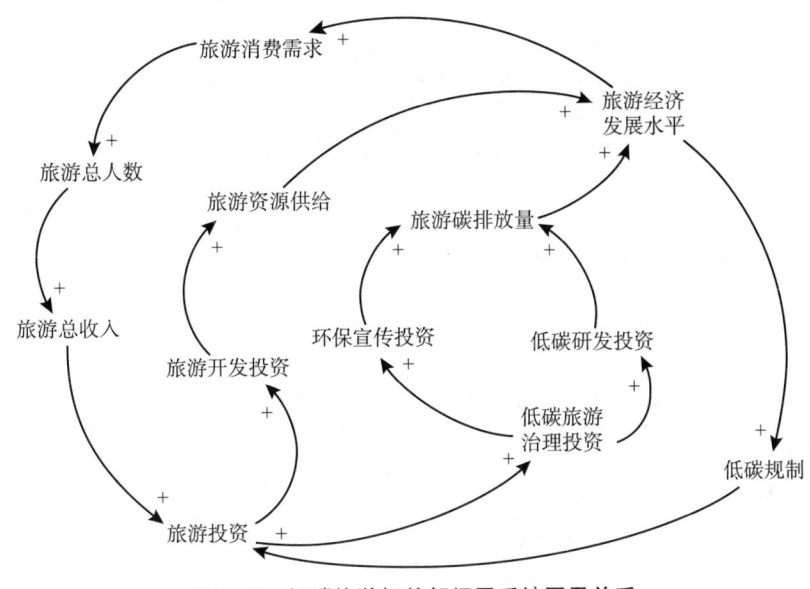

图 6－7　低碳旅游相关部门子系统因果关系

（3）低碳旅游相关部门子系统涉及的方程如下：
旅游收入 = 旅游酒店收入 + 旅游景区收入 + 旅游购物收入 + 旅游交通收入；
旅游收入投资因子 =（广西 0.235，贵州 0.247，云南 0.265）；
旅游投资增加值 = 旅游收入投资因子 × 旅游收入；
旅游投资 = INTEG（旅游投资增加值，广西 44351，贵州 47628，云南 45369）；
碳治理投资比例 =（广西 0.15，贵州 0.17，云南 0.16）；
碳治理投资 = 旅游投资 × 碳治理投资比例。

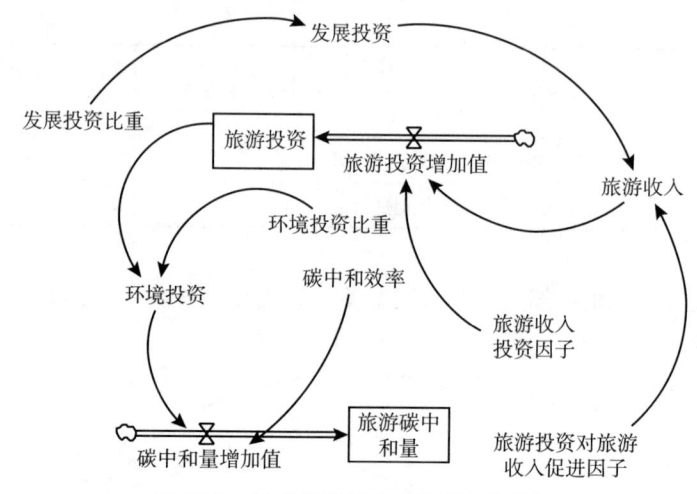

图 6-8　低碳旅游相关部门子系统流程

5. 低碳旅游发展子系统 SD 模型分析

（1）低碳旅游发展子系统 SD 模型变量设置如表 6-4 所示。

表 6-4　　　　　低碳旅游发展子系统 SD 模型变量设置

变量类型	具体内容	单位
状态变量	L1：低碳旅游酒店收入	万元
	L2：低碳旅游交通收入	万元
	L3：低碳旅游购物收入	万元
	L4：低碳旅游景区收入	万元
	L5：低碳旅游餐饮收入	万元
速率变量	R1：低碳旅游酒店收入增加值	万元
	R2：低碳旅游交通收入增加值	万元
	R3：低碳旅游景区收入增加值	万元
	R4：低碳旅游购物收入增加值	万元
	R5：低碳旅游餐饮收入增加值	万元

续表

变量类型	具体内容	单位
辅助变量	A1：低碳旅游酒店发展因子	无量纲
	A2：低碳旅游酒店价格标准变化率	无量纲
	A3：低碳旅游交通发展因子	无量纲
	A4：低碳旅游交通票价变化率	无量纲
	A5：低碳旅游景区发展因子	无量纲
	A6：低碳旅游景区门票价格变化率	无量纲
	A7：低碳旅游零售业发展因子	无量纲
	A8：低碳旅游商品价格变化率	无量纲
	A9：低碳旅游餐饮发展因子	无量纲
	A10：低碳旅游食品价格变化率	无量纲

（2）低碳旅游发展子系统因果关系图和流程如图6-9、图6-10所示。

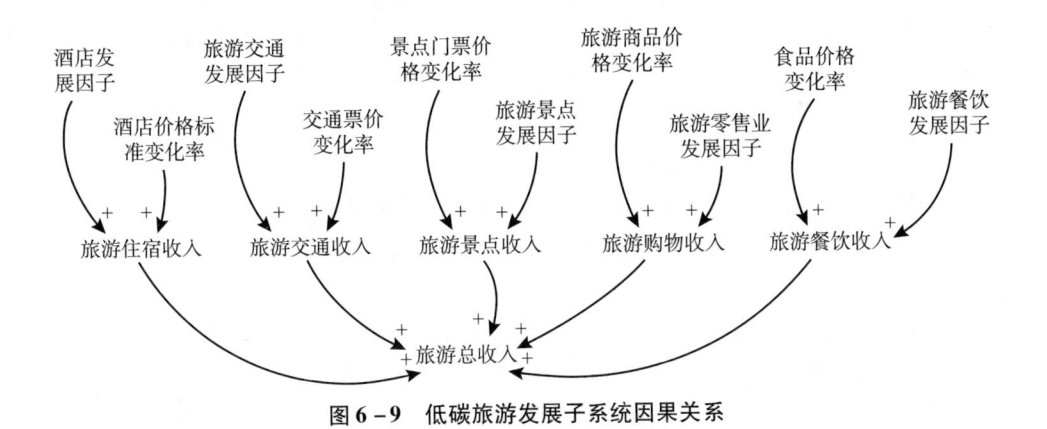

图6-9 低碳旅游发展子系统因果关系

（3）低碳旅游发展子系统涉及的方程如下：

旅游景点门票价格变化率 =（广西0.0014，贵州0.0013，云南0.0013）；
旅游景点发展因子 =（广西0.0238，贵州0.0274，云南0.0285）；
景点收入增加值 = 旅游景点收入 ×（旅游景点门票价格变化率 + 旅游景点发展因子）；

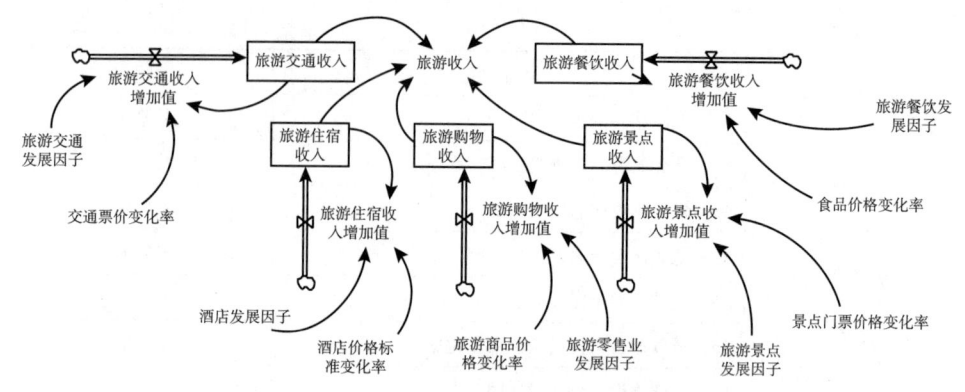

图6-10 低碳旅游发展子系统因果流程

旅游景区收入 = INTEG（景区收入增加值，广西46265，贵州44287，云南46658）；

交通票价变化率 =（广西0.0046，贵州0.0039，云南0.0052）；

旅游交通发展因子 =（广西0.0346，贵州0.0387，云南0.0352）；

交通收入增加值 = 旅游交通收入×（交通票价变化率 + 旅游交通发展因子）；

旅游交通收入 = INTEG（交通收入增加值，广西47679，贵州46891，云南48632）；

酒店价格变化率 =（广西0.03947，贵州0.03882，云南0.03941）；

酒店发展因子 =（广西0.0662，贵州0.0578，云南0.0649）；

酒店收入增加值 = 旅游酒店收入×（酒店价格变化率 + 酒店发展因子）；

旅游酒店收入 = INTEG（酒店收入增加值，广西84327，贵州88469，云南86724）；

旅游销售业发展因子 =（广西0.0137，贵州0.0146，云南0.0168）；

旅游商品价格变化率 =（广西0.0362，贵州0.0341，云南0.0395）；

旅游购物收入增加值 = 旅游购物收入×（旅游商品价格变化率 + 旅游销售业发展因子）；

旅游购物收入 = INTEG（旅游购物收入增加值，广西29147，贵州28993，云南28747）；

食品价格变化率 =（广西0.0037，贵州0.0042，云南0.0046）；

旅游餐饮发展因子 =（广西0.0545，贵州0.0482，云南0.0473）；

餐饮收入增加值 = 旅游餐饮收入×（食品价格变化率 + 旅游餐饮发展因子）；

旅游餐饮收入 = INTEG（餐饮收入增加值，广西59627，贵州62873，云南

61982）。

6. 低碳旅游系统 SD 模型构建

将低碳旅游的四个子系统按照内在的逻辑关系进行合并，构成以下复杂的低碳旅游大系统。其中，我们可以看到，通过旅游投资、旅游收入、旅游者数量等几个关键元素，将旅游条件子系统、旅游参与者子系统、旅游相关部门子系统和旅游发展子系统等四个子系统有机地衔接起来，形成一个相关联系的低碳旅游大系统。整个低碳旅游系统比较复杂，涉及的活动和环节较多。我们对该系统的参数进行如下设置：INITIAL TIME = 2005，FINAL TIME = 2025，TIME STEP = 4，UNIITS FOR TIME = YEAR。图 6-11 为低碳旅游系统因果，图 6-12 为低碳旅游系统流程。

（三）西南民族地区低碳旅游系统仿真研究

1. 仿真研究范围概况及数据获取

由于整个低碳旅游系统动力学模型非常复杂（见图 6-11、图 6-12），涉及的因果关系和决策函数也较多，如果对整个系统的每个环节都进行模拟仿真，工作量较大且没有必要，此外数据的获取也是一个制约因素。因此本书模拟仿真是对西南民族地区（广西、贵州和云南）低碳旅游活动过程中较有代表性的 3 个指标进行模拟仿真，分别是旅游者数量、旅游交通碳排放和旅游餐饮碳排放。作为低碳旅游活动的实施者和执行者，旅游者数量是整个低碳旅游活动开展的关键，因此对旅游者数量进行模拟仿真是很有必要的；除了旅游者数量外，我们从整个旅游活动过程所涉及的旅游景点碳排放、旅游住宿碳排放、旅游交通碳排放、旅游餐饮碳排放和旅游购物碳排放等几个环节中，选择旅游交通碳排放和旅游餐饮碳排放作为模拟仿真的研究范围。西南民族地区低碳旅游 SD 模型时间跨度为 2005~2025 年，其中，2005 年作为 SD 仿真模拟的基年。

在数据获取方面，主要有以下几个来源：（1）相关的统计年鉴。如旅游者数量等指标的初始值，就是通过查找相关的统计年鉴得来；（2）通过科学方法分析计算间接得出。如旅游交通碳排放量和旅游餐饮碳排放量等初始值就是在前面通过专门的测算方法来计算得出的；（3）根据通用的参考值进行推算而得出来的。如旅游交通碳中和量、旅游交通投资碳中和效率等指标。

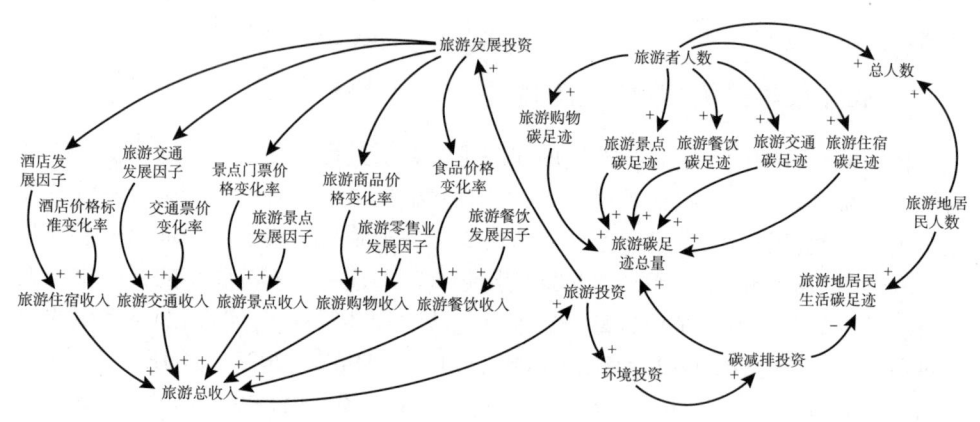

图 6-11　低碳旅游系统因果

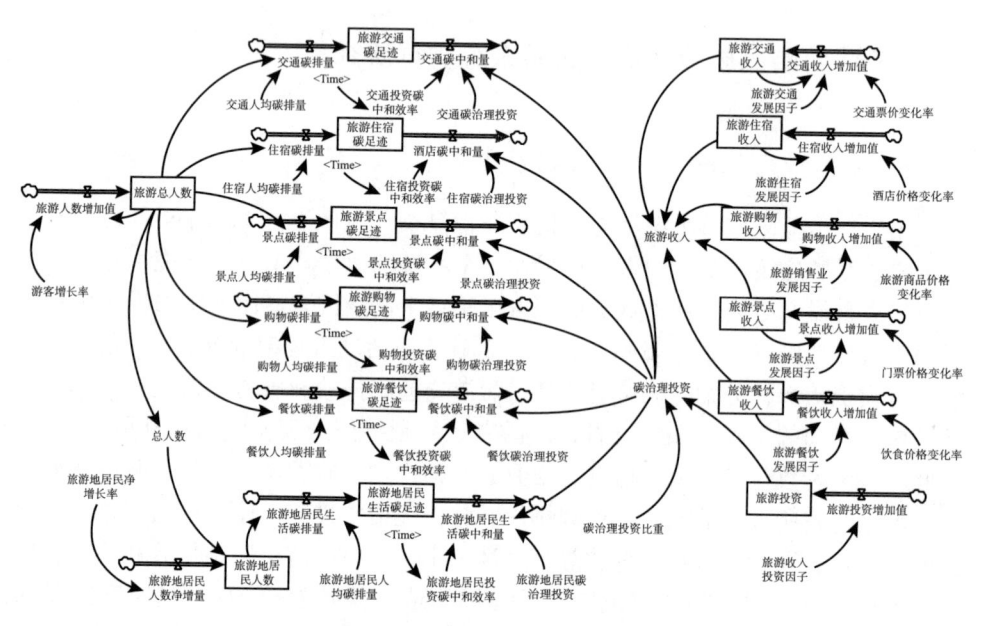

图 6-12　低碳旅游系统流程

2. 真实性检验

由于西南民族地区低碳旅游系统动力学模型中所涉及的输出变量较多，因此本书在检验时选取的变量是从前述统计资料中获得的旅游者数量指标和前面所计算得出来的旅游交通碳排放、旅游餐饮碳排放这3个较为典型的指标。时间是从2005年开始进行仿真模拟，仿真时间步长为4，分别选取2005年、2009年、

2013年和2017年这四年的数据,将仿真数据与上述历史数据分别进行比较分析,来检验我们之前建立的低碳旅游系统动力模型是否是可行的或有效的。而判断所建立起来的低碳旅游系统动力模型是否可行或可靠,就是通过仿真软件及相关的决策函数预测出相应的指标值,再将预测出来的指标值与其实际值进行比较分析,如果预测值与实际值之间存在一致性(即误差率控制在较小的范围内),则说明该系统动力模型是可行的、有效的,我们才可以进行下一步的仿真模拟过程。如果仿真模拟预测的数据与真实的原始数据之间没有太大差异,那么相关变量的指标值的输入和输出关系就能够很好地通过系统动力模型展现出来,此时也证明建立的相关模型通过了真实性检验,并且可以利用这一模型对系统未来的发展趋势进行相关预测。具体检验结果如表6-5、表6-6、表6-7所示。

表6-5　　　　广西低碳旅游SD模型真实性检验对照

年份	检验项	旅游者数量(万人)	旅游交通碳排放(万吨)	旅游餐饮碳排放(万吨)
2005	实际值	6640.7100	162.4683	15.5970
	预测值	6640.0000	162.4600	15.5900
	误差(%)	-0.0107	-0.0051	-0.0449
2009	实际值	12015.7500	270.7010	24.2492
	预测值	13034.0000	252.9100	22.2900
	误差(%)	8.4743	-6.5722	-8.0794
2013	实际值	24545.7400	316.9515	40.1128
	预测值	25583.0000	343.1900	43.8700
	误差(%)	4.2258	8.2784	9.3666
2017	实际值	52324.4400	489.9360	37.4372
	预测值	50216.0000	523.0500	40.5700
	误差(%)	-4.0296	6.7588	8.3681

表6-6　　　　贵州低碳旅游SD模型真实性检验对照

年份	检验项	旅游者数量(万人)	旅游交通碳排放(万吨)	旅游餐饮碳排放(万吨)
2005	实际值	3127.0800	85.7189	49.7718
	预测值	3127.0000	85.7100	49.7700
	误差(%)	-0.0026	-0.0104	-0.0036

续表

年份	检验项	旅游者数量（万人）	旅游交通碳排放（万吨）	旅游餐饮碳排放（万吨）
2009	实际值	10439.9500	142.7808	48.8078
	预测值	9472.0000	142.1200	53.4600
	误差（％）	-9.2716	-0.4628	9.5317
2013	实际值	26745.9800	248.1717	56.5023
	预测值	26904.0000	235.6400	60.7900
	误差（％）	0.5908	-5.0496	7.5885
2017	实际值	74323.4000	490.9430	69.2219
	预测值	78915.0000	443.6900	67.1800
	误差（％）	6.1779	-9.6250	-2.9498

表 6-7　　云南低碳旅游 SD 模型真实性检验对照

年份	检验项	旅游者数量（万人）	旅游交通碳排放（万吨）	旅游餐饮碳排放（万吨）
2005	实际值	7011.2800	98.7890	33.1963
	预测值	7011.0000	98.7800	33.1900
	误差（％）	-0.0040	-0.0091	-0.0190
2009	实际值	12307.4900	135.4087	46.8327
	预测值	12328.0000	146.0400	42.6500
	误差（％）	0.1666	7.8513	-8.9312
2013	实际值	24260.2300	182.1428	53.2638
	预测值	21878.0000	199.9100	53.1300
	误差（％）	-9.8195	9.7545	-0.2512
2017	实际值	57339.8100	208.1147	40.0892
	预测值	52119.0000	219.2100	44.0300
	误差（％）	-9.1050	5.3313	9.8301

由表6-5、表6-6、表6-7可以看出，西南民族地区低碳旅游系统动力模型中的旅游者数量、旅游交通碳排放、旅游餐饮碳排放这三个变量均通过了真实性检验，三个变量的模拟结果与历史数据基本上相差不多，都存在10%以内的误差，甚至有些误差控制在5%以内，这说明该模型拟合度较好，也说明此前建

立的低碳旅游系统动力学模型是比较可靠的，西南民族地区低碳旅游可以借用这一模型进行进一步研究。

3. 仿真模拟与预测

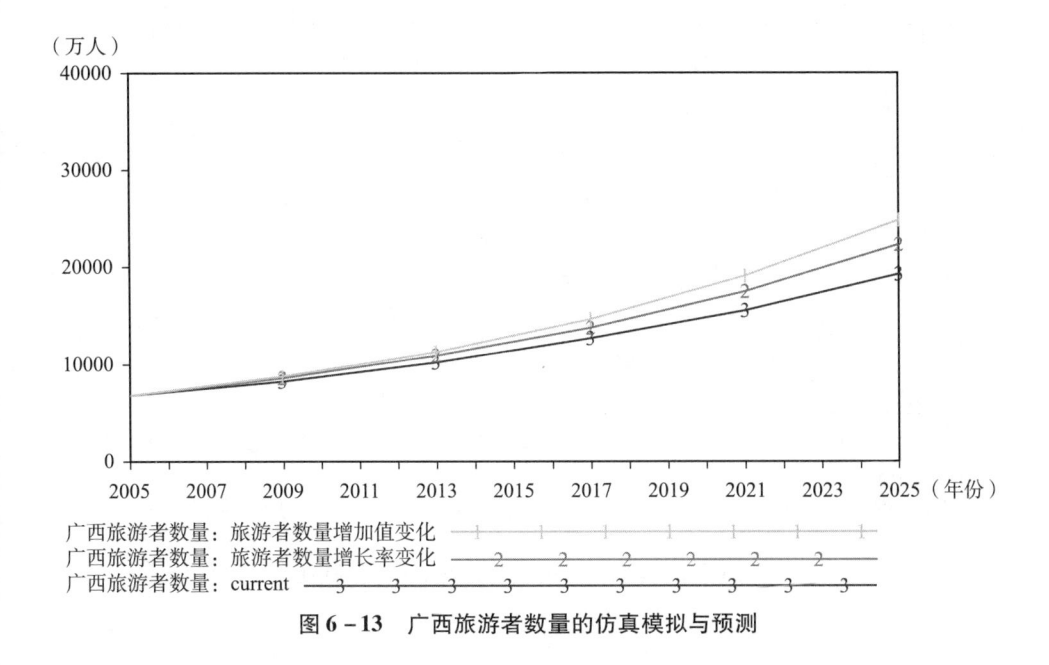

（1）西南民族地区旅游者数量的仿真模拟与预测见图 6-13、图 6-14、图 6-15。

在低碳旅游参与者子系统中，我们以旅游者数量为研究对象来进行仿真模拟和预测，研究旅游者数量增加值和旅游者数量增长率变化对西南民族地区低碳旅游系统中的旅游者数量的影响。对比分析西南民族地区 3 个省区的情况，我们发现，广西、贵州和云南的旅游者数量受影响的情况各不一样。广西地区旅游者数量增加值的变化对旅游者数量增加的影响大于旅游者数量增长率的影响，但是两者的影响幅度相较于贵州而言并不算太大，这其中最主要的原因是广西的旅游者数量基数相对于贵州而言比较大，所以旅游者数量增加值变化和增长率变化都不会对旅游者数量产生太大的波动。一直以来广西地区旅游资源在国内甚至内外都有一定的知名度，其中"桂林山水甲天下"就是最好的证明，广西地区的旅游者数量维持在一个较高的水平上也不足为奇了。贵州地区的旅游者数量受旅游者数量

图 6-13　广西旅游者数量的仿真模拟与预测

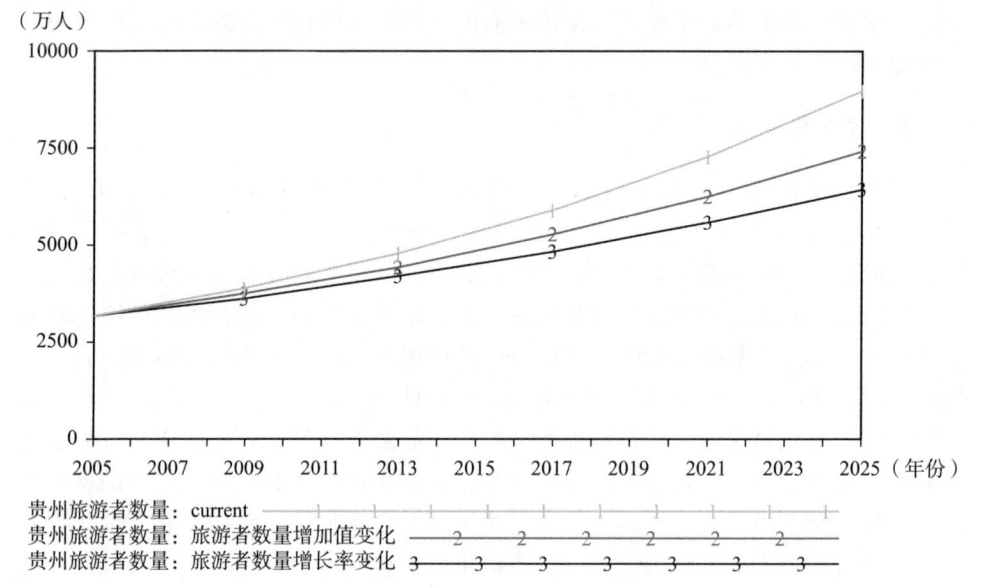

图 6-14　贵州旅游者数量的仿真模拟与预测

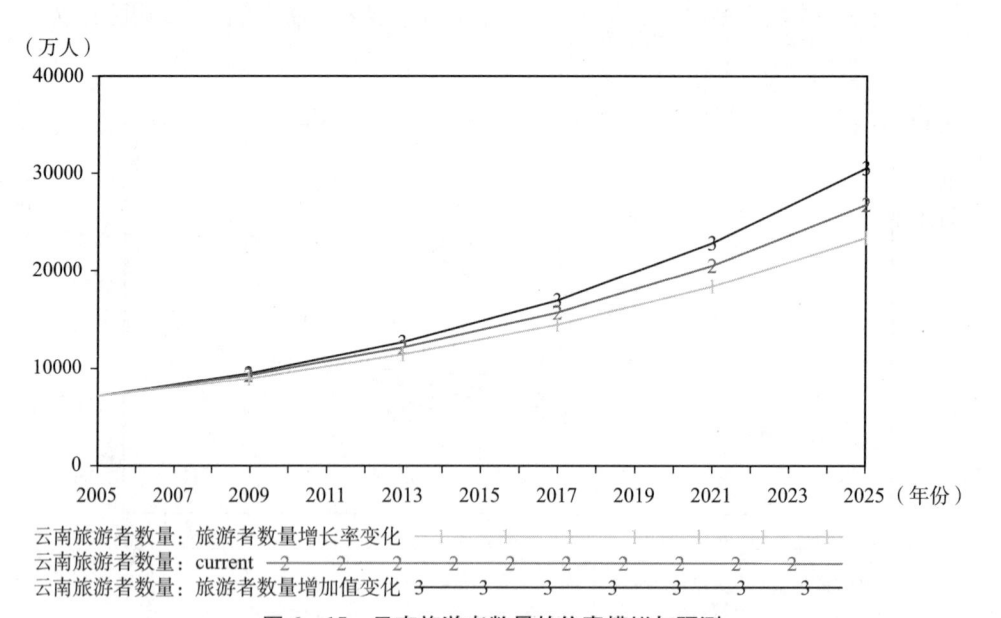

图 6-15　云南旅游者数量的仿真模拟与预测

增长率变化影响更大一些，且影响变化幅度较大，尤其是在 2017 年以后，贵州省的旅游者数量增加值变化和增长率变化对旅游人数有非常大的影响，这说明贵州旅游者人数弹性较大，贵州旅游产业发展还有很大的提升空间。贵州省自 2009 年提出大力发展"多彩贵州"以来，就一直非常重视旅游产业的发展，旅游结构得到不断的优化，旅游综合实力也得到不断提升，这些都为贵州旅游产业发展提供了很大的发展空间。因此，无论是贵州省旅游人数绝对值的增加还是增长率的变化，都会对旅游者总人数产生较大的影响。云南地区和广西地区的情况差不多，旅游者数量受旅游者数量增加值变化和增长率变化的情况都差不多，且两个因素的影响幅度都不算太大。其原因与广西大致相似，云南的旅游产业一直是重要的支柱产业，每年的旅游人数基本都维持在较高的水平上，因此，在旅游人数增加值和增长率变化时对旅游总人数的影响不会太大。

（2）西南民族地区旅游交通碳排放量的仿真模拟与预测如图 6 - 16、图 6 - 17、图 6 - 18 所示。

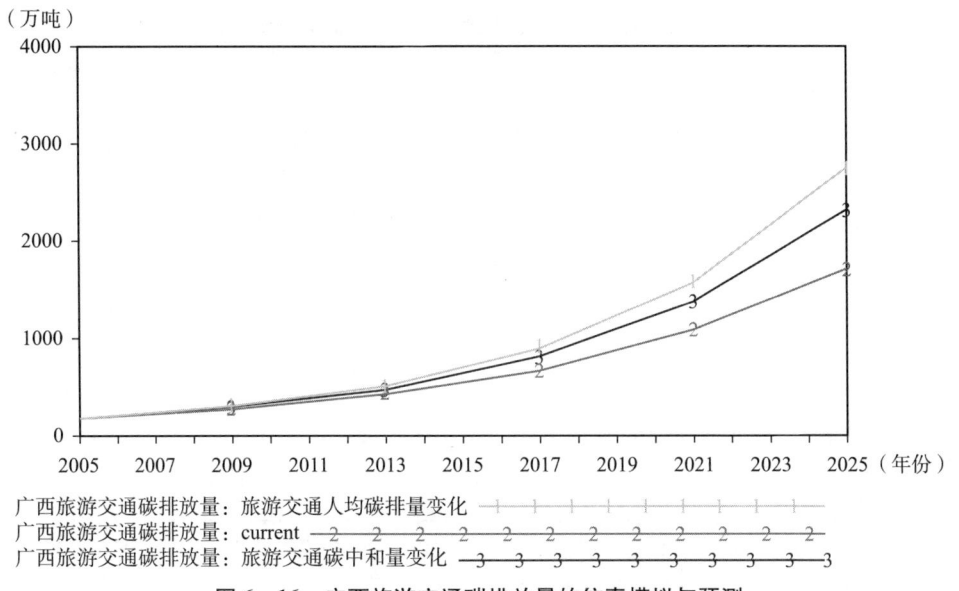

图 6 - 16　广西旅游交通碳排放量的仿真模拟与预测

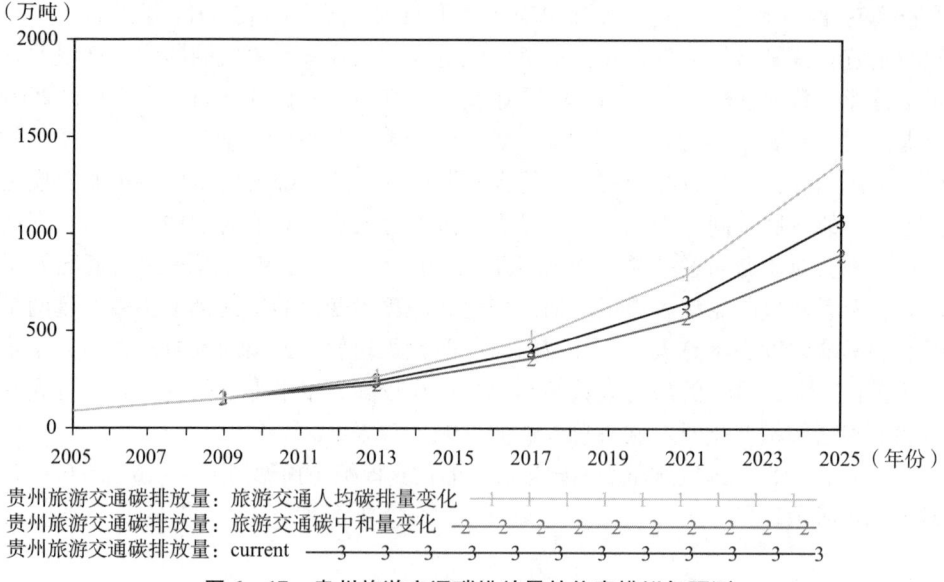

图 6-17 贵州旅游交通碳排放量的仿真模拟与预测

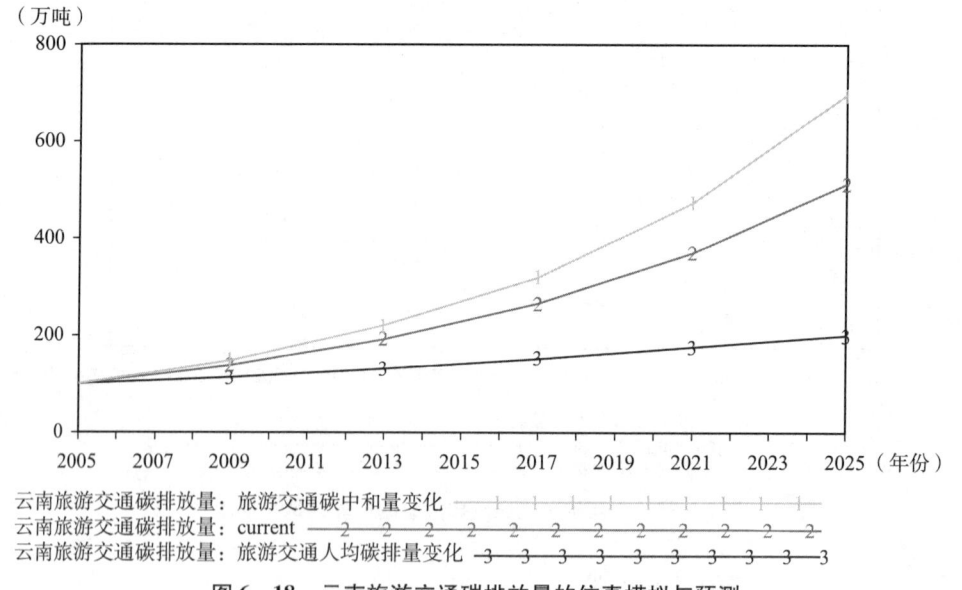

图 6-18 云南旅游交通碳排放量的仿真模拟与预测

在西南民族地区的旅游交通碳排放量的仿真模拟过程中，我们可以发现，在旅游交通人均碳排量或旅游交通碳中和量发生调整时，都会影响旅游交通碳排放量的改变，具体哪种因素的影响更为明显，西南民族的三个地区则出现不一致的情况。如广西和贵州地区旅游交通人均碳排量对本地旅游交通碳排放量的影响更大一些，在相同变化幅度情况下，旅游交通碳中和量所引起的旅游交通碳排放量变化幅度较小，这说明在广西地区应该通过减少旅游交通人均碳排放量来降低旅游低碳排放量，也即意味着在广西地区应该更多地推广公共交通设施，尽可能让更多的游客采取环保的方式出行；而云南地区的情况则刚好相反，云南地区的旅游交通碳中和量对旅游交通碳排放量的作用更为明显，在相同大小的影响程度下，旅游交通人均碳排放量变化对旅游交通碳排放量的影响更小，这说明，在云南地区公共交通设施的增加不会太大地影响旅游交通的碳排放量，而应该通过其他方式或手段（如加大推广碳减排技术的研发、加大低碳旅游投资等）来降低旅游交通碳排放量。

（3）西南民族地区旅游者餐饮碳排放量的仿真模拟与预测如图 6-19、图 6-20、图 6-21 所示。

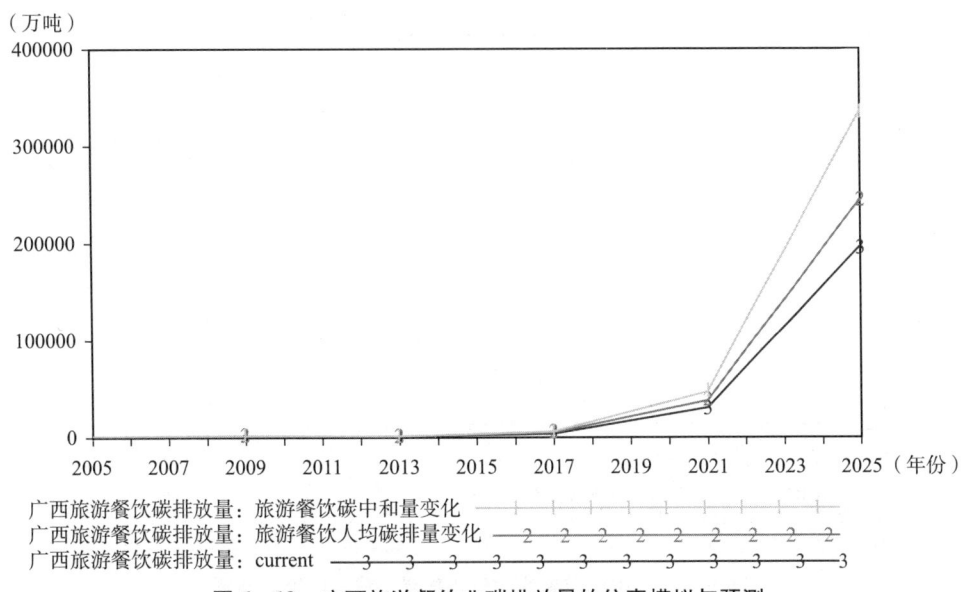

图 6-19 广西旅游餐饮业碳排放量的仿真模拟与预测

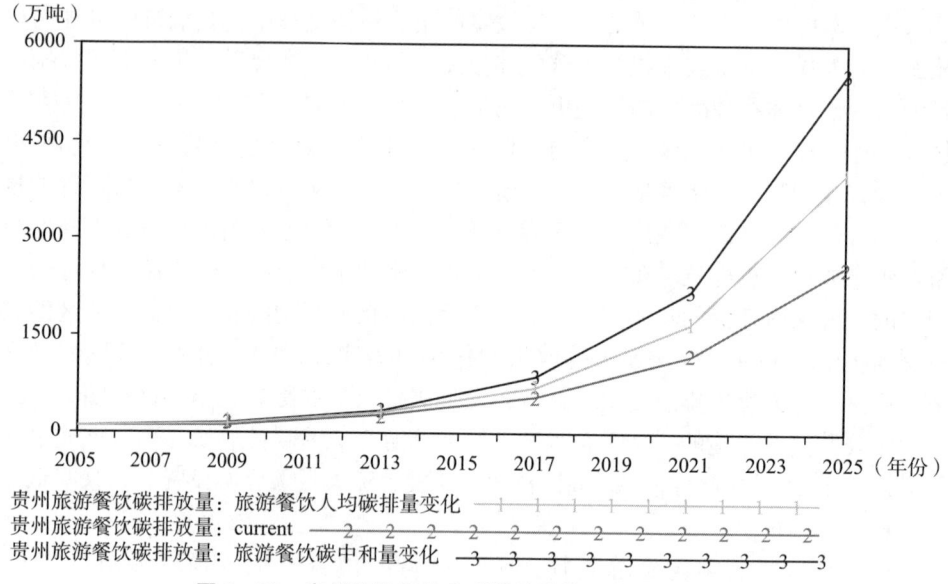

图 6-20　贵州旅游餐饮业碳排放量的仿真模拟与预测

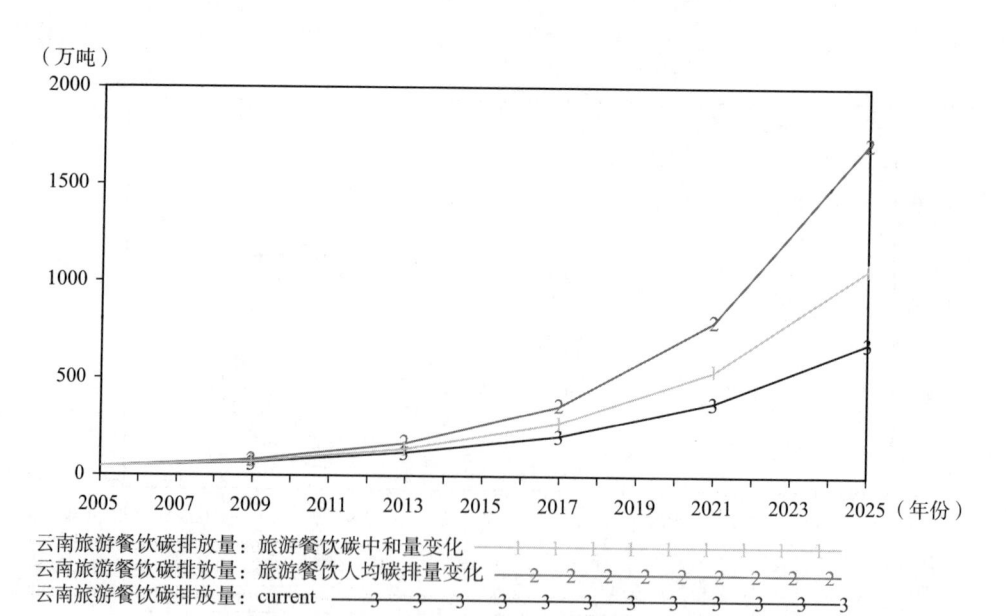

图 6-21　云南旅游餐饮业碳排放量的仿真模拟与预测

在西南民族地区的餐饮碳排放量的仿真模拟过程中，我们可以发现，旅游餐饮碳排放量对旅游餐饮人均碳排量和旅游餐饮碳中和量变化都比较敏感，但是每个地区对不同的影响因素敏感程度都不尽相同。其中贵州和云南地区旅游餐饮碳中和量变化和旅游餐饮人均碳排量变化对旅游餐饮碳排放的影响都比较大，但是贵州的旅游餐饮碳中和量变化的影响更大一些，而云南地区则受旅游餐饮人均碳排量变化的影响较大一些。这表明云南应该从旅游者身上下功夫，通过对广大旅游消费者加大低碳旅游思想宣传力度，让旅游者自发地减少自己的碳排放行为（比如尽量少用一次性碗筷等），控制人均餐饮碳排放量，从而降低整个旅游活动过程的餐饮排放量。贵州则应该通过其他政策或技术手段（比如在酒店点餐时不需要使用纸质的菜单，而应该采用 App 等无纸化的点餐方式）来控制旅游餐饮碳排放量。广西的旅游餐饮排放量受旅游餐饮碳排放中和量和人均餐饮碳排放量的影响要小于贵州和云南，且相对来说，旅游餐饮碳中和量变化的影响更大一些。因此，广西应该通过其他方式或手段（如加大推广碳减排技术的研发等）来降低旅游餐饮碳排放量。

二、西南民族地区旅游产业低碳化转型的情景分析

（一）情景分析法

情景分析法在战略规划、政策分析和决策管理等领域被广泛应用，其实质是通过构建一套情景分析的理论框架，并基于现实情况或未来发展趋势，预测未来及发展过程中可能出现的情景，并做出一系列相应的方案。情景分析法通过基于预测目标的参数变化，在其理论分析框架下，探讨未来出现的不同情景，从而模拟分析各个情景下不同的发展趋势，避免过高或过低估计事物的未来发展变化和影响。应用情景分析法的优势，在于提供了各种不同的可能出现的发展预测结果，尤其是在面对不确定性时，使政策制定者或管理者能有效避免不合理的决策，从而选择最合适的发展方向和路径。本章通过采用情景分析方法，对西南民族地区旅游产业碳排放可能出现的不同情景进行预测，为选择合理的旅游产业低碳化发展路径提供决策参考。

(二) 情景分析模型构建

1971 年，IPAT 模型由著名人口学家保罗·埃尔利希（Paul P. Ehrlich）教授在人口增长对环境的冲击研究时提出，是用于规划循环经济的一种工具，可以把人口、经济、技术对能耗的影响进行定量分析，还能模拟分析未来人口、经济等发展情况。近年来，西南民族地区旅游业发展规模不断壮大，生态环境保护压力日益加重，因此，可利用 IPAT 模型预测 2025 年西南民族地区旅游产业低碳化转型的情景，从而提出合理的实现路径。保罗·埃尔利希教授认为，人口总量、社会的富裕度以及社会生产活动的技术水平三大因素对环境演变过程产生了重要的冲击，因此提出了环境影响的三因素公式：

$$I = P \cdot A \cdot T \tag{6-1}$$

其中，I 表示环境影响，P 表示人口数量，A 表示富裕度，T 表示技术水平。

环境负荷 IPAT 代表能耗对环境污染的影响，在整个经济社会的发展中，IPAT 对碳排放和碳强度的分析十分有效。旅游产业环境负荷是旅游产业发展过程中排放的二氧化碳对环境产生的影响，用二氧化碳排放量来表示。那么二氧化碳排放量 C 可取代 I；衡量一个国家或地区的富裕度可用人均旅游收入（Y/P）来表示，那么 $A = Y/P$；单位旅游收入的碳排放可以用技术水平 T，即碳排放强度（Q）来表示，即 $Q = C/Y$，于是 IPAT 模型可以用如下公式来表示：

$$C = P \cdot (Y/P) \cdot (C/Y) = Y \cdot Q \tag{6-2}$$

基年的旅游收入、碳排放量、碳强度分别用 Y_0、C_0、Q_0 来表示，旅游收入年增长率为 m，碳强度下降率为 n，第 t 年的旅游收入、碳排放量、碳强度分别为 Y_t、C_t、Q_t 来表示，则：

$$Y_t = Y_0 \cdot (1 + m)^t \tag{6-3}$$

$$Q_t = Q_0 \cdot (1 - n)^t \tag{6-4}$$

把上述三式联合起来，同时依据日本学者（Kaya）的 LMDI 指数分解法，则可以得到：

$$\begin{aligned} C_t = Y_t \cdot Q_t &= Y_0 \cdot (1 + m)^t \cdot Q_0 \cdot (1 - n)^t \\ &= Y_0 \cdot Q_0 \cdot (1 + m - n - mn)^t \\ &= \sum_i \frac{C_i}{E} \cdot \frac{E}{Y} \cdot \frac{Y}{P} \cdot P \cdot (1 + m - n - mn)^t \end{aligned} \tag{6-5}$$

其中，$\frac{C_i}{E}$ 表示能源结构，$\frac{E}{Y}$ 表示能源强度，$\frac{Y}{P}$ 表示旅游经济增长，P 表示人口增长。

由于各种能源的碳排放系数是基本不变的，所以二氧化碳排放量主要受能源结构、能源强度、人均旅游经济发展和旅游人口规模的变动影响。

所以，比较 t 期与基期，可以得出以下结论：

(1) 当 $(1+m-n-mn)^t > 1$ 时，即 $n > \dfrac{m}{1+m}$，表明负荷的碳排放加大，优化的能源结构和下降的能源强度，没有超过旅客人数的增加和经济发展对旅游产业碳排放的贡献。

(2) 当 $(1+m-n-mn)^t = 1$ 时，即 $n = \dfrac{m}{1+m}$，表明负荷的碳排放不变，优化的能源结构和下降的能源强度对旅游产业碳排放变化的贡献与旅游人口规模扩大和旅游经济发展对旅游产业碳排放的贡献正好抵消，碳排放与旅游经济增长实现脱钩。

(3) 当 $(1+m-n-mn)^t < 1$ 时，即 $n < \dfrac{m}{1+m}$，表明负荷的碳排放变小，优化的能源结构和下降的能源强度抵消了旅游人口规模扩大和旅游经济发展对旅游产业碳排放的贡献。

(三) 西南民族地区旅游产业碳排放的不同情景分析

2007 年，国务院印发《中国应对气候变化国家方案的通知》，强调到 2010 年比 2005 年的单位国内生产总值能耗降低 20% 左右，减少二氧化碳排放。《关于进一步推进旅游行业节能减排工作的指导意见》于 2010 年发布，强调到 2012 年能耗水平比 2009 年降低 10%，2015 年能耗水平比 2009 年降低 20%。由于旅游业属于服务性行业，根据我国旅游业节能减排的进度要求，参照旅游业到 2015 年减排约 20% 的目标要求，本书以 2005 年为节能减排的基期，设定旅游业到 2025 年减排 40% 的目标。

通过测算得到 2005 年达到 0.6643 万吨 CO_2/亿元的旅游产业平均碳强度水平，如果到 2025 年完成碳强度下降 40% 基本目标，那么 2025 年旅游产业的碳强度为 0.3986 万吨 CO_2/亿元，那么需要 2005～2025 年碳强度每年的下降率为 2.5218%。根据这一相对碳减排目标，假定旅游产业低碳化转型情景分四种类型：基准情景、高速增长情景、低碳增速情景、碳脱钩情景。

基准情景为已考虑节能减排而设定的经济增长目标，但不采取特别针对碳排放变化对策的情景。旅游收入年均增长率，按照 2005～2017 年旅游总收入的年均增长率来测算,得到 m = 28.3133%。碳排放强度年下降率参照 1990~2000 年世界平均的碳强度年降低率设定,即 n = 1.2%。

高速增长情景是为我国旅游经济的发展势头良好所设计的情景。旅游收入年均增长率,按照 2013~2017 年旅游总收入的年均增长率来测算,得到 m = 31.6115%,碳强度下降 40% 目标要求需要碳强度年降低率为 2.5218%。

低碳增速情景为综合考虑旅游经济增长目标和碳强度下降目标下的低碳情景。旅游产业年增长率为 28.3133%,碳强度年下降率为 2.5218%。

碳脱钩情景是为了实现碳排放与旅游经济增长脱钩,而设定的降低低碳强度目标的情景。根据既定目标,即碳强度年下降率 2.5218%,结合模型分析计算,旅游经济增长率为 2.5870% 时,才能实现 $n = \dfrac{m}{1+m}$,到达临界值。

表 6-8 反映了不同情景下西南民族地区旅游产业碳排放的基本情景情况,可以看到:

表 6-8　不同情景下的西南民族地区旅游产业碳排放的情景参数变化

情景类型	旅游收入的年增长率 m (%)	碳强度年下降率 n (%)	2025 碳排放强度 Q (万吨/亿元)	2025 年旅游收入 (亿元)	2025 年碳排放量 (万吨)
基准情景	28.3133	1.2000	0.5218	144164.4749	75228.0755
高速增长情景	31.6115	2.5218	0.3986	239497.8083	95463.1145
低碳增速情景	28.3133	2.5218	0.3986	144164.4749	57463.5312
碳脱钩情景	2.5870	2.5218	0.3986	1641.6233	654.3462

情景类型	与基准情景相比碳排放量变化量 (万吨)	相比 2005 年碳排放增长量 (万吨)	相比 2005 年碳排放增长倍数	相比 2005 年碳强度增长率 (%)
基准情景	0	74573.7293	113.9668	-21.4513
高速增长情景	20235.0390	94808.7684	144.8908	-40.0000
低碳增速情景	-17764.5443	56809.1850	86.8182	-40.0000
碳脱钩情景	-74573.7293	0	0	-40.0000

(1) 在基准情景下,虽然考虑了节能减排目标,但是不采取专门的节能减排对策,仍按照西南民族地区正常的旅游经济增长目标来推动旅游产业发展,可以看到,2025 年西南民族地区旅游产业的碳排放量预计将达到 75228.0755 万吨,

比 2005 年的 654.3462 万吨增加了 74573.7293 万吨，是 2005 年旅游产业碳排放量的 113.9668 倍，但是碳强度仅比 2005 年下降了 21.4513%，与 2025 年碳强度下降 40% 的目标仍有较大的差距。

（2）在高速增长情景下，既考虑旅游产业高速增长的情形，也考虑 2025 年碳强度下降 40% 的目标，在此情景下，2025 年碳排放量将达到 95463.1145 万吨，比基准情景的碳排放量增加了 20235.0390 万吨，同时，比 2005 年的碳排放量增加了 94808.7684 万吨，是 2005 年碳排放量的 144.8908 倍，但是在高增长情景下，碳排放的负荷较大，碳减排压力较大。

（3）在低增速情景下，既考虑旅游经济发展的目标，同时也考虑碳强度下降 40% 的目标，可以看到，2025 年碳排放量将达到 57463.5312 万吨，比基准情景的碳排放量减少了 17764.5443 万吨，相比 2005 年碳排放增长了 56809.1850 万吨，是 2005 年碳排放量的 86.8182 倍，但是由于受到低碳技术、能源使用效率等条件的限制和影响，随着碳排放量的不断增长，西南民族地区旅游产业碳强度下降的空间和减排的潜力仍较有限，减排难度也相对较大。

（4）在碳脱钩情景下，此时考虑的是旅游产业碳排放与旅游经济增长脱钩的情况，在这种情况下，负荷的碳排放不发生任何改变，通过优化能源结构和降低能源强度对旅游产业碳排放变化的贡献正好抵消旅游人口规模扩大与旅游经济发展对旅游产业碳排放的贡献。可以看到，碳脱钩情景下，2025 年碳排放量 654.3462 万吨，与 2005 年的碳排放量相同，比基准情景的碳排放量减少 74573.7293 万吨，但是旅游收入的年均增长仅为 2.5870%，在西部地区旅游产业发展水平不高的情况下，按照脱钩情景下的旅游产业发展速度，必将影响西南民族地区旅游产业的发展壮大，不利于推进西南民族地区旅游产业的快速发展和旅游地居民就业和生活水平的提高。

三、本章小结

本章主要采用系统动力学分析法和情景分析法，对西南民族地区旅游产业低碳化转型进行情景仿真模拟和预测分析，为推进西南民族地区旅游产业低碳化转型提供决策参考。首先，通过从低碳旅游资源、低碳旅游参与者、低碳旅游相关部门和低碳旅游经济发展等角度构建西南民族地区低碳旅游的系统动力学模型，进而对西南民族地区低碳旅游系统进行仿真模拟和预测，研究发现：一是在旅游者数量的仿真模拟过程的结果显示，广西、贵州和云南的旅游者数量受影响的情况各不一样，广西地区旅游者数量增加值的变化对旅游者数量增加的影响大于旅游者数量增长率的影响；贵州地区的旅游者数量受旅游者数量增长率变化影响更大一些，尤其是在2017年以后，贵州地区的旅游者数量增加值变化和增长率变化对旅游人数有较大的影响。二是在旅游交通碳排放量的仿真模拟中，在旅游交通人均碳排量或旅游交通碳中和量发生调整时，都会影响旅游交通碳排放量的改变，如广西和贵州地区旅游交通人均碳排量对本地旅游交通碳排放量的影响更大一些，在相同变化幅度情况下，旅游交通碳中和量所引起的旅游交通碳排放量变化幅度较小；而云南地区的旅游交通碳中和量对旅游交通碳排放量的作用更为明显一些。三是在餐饮交通碳排放量的仿真模拟过程中，旅游餐饮碳排放量对旅游餐饮人均碳排量和旅游餐饮碳中和量变化都比较敏感，但是每个地区对不同的影响因素敏感程度都不尽相同，其中贵州和云南地区旅游餐饮碳中和量变化和旅游餐饮人均碳排量变化对旅游餐饮碳排放的情况都比较大，但是贵州的旅游餐饮碳中和量变化的影响更大一些，而云南地区则受旅游餐饮人均碳排量变化的影响较大一些。

  其次，采用情景分析方法对西南民族地区旅游产业碳排放可能出现的不同情景进行预测，为选择合理的旅游产业低碳化发展路径提供决策参考。可以发现：在基准情景下，按照西南民族地区正常的旅游经济增长目标来推动旅游产业发展，可以看到，2025年西南民族地区旅游产业的碳排放量预计将达到75228.0755万吨，与2025年碳强度下降40%的目标仍有较大的差距；在高速增长情景下，既考虑旅游产业高速增长的情形，也考虑2025年碳强度下降40%的目标，在此情景下，2025年碳排放量将达到95463.1145万吨，但是在高增长情景下，碳排放的负荷较大，碳减排压力较大；在低碳增速情景下，既考虑旅游经济发展的目标，同时也考虑碳强度下降40%的目标，2025年碳排放量将达到57463.5312万吨，但是由于受到低碳技术、能源使用效率等条件的限制和影响，西南民族地区旅游产业碳强度下降的空间和减排的潜力仍较有限；在碳脱钩情景下，此时考虑的是旅游产业碳排放与旅游经济增长之间的脱钩关系，可以发现，旅游产业碳排放的负荷保持不变，但是能源结构优化以及能源强度的下降将会对旅游产业碳排放变化的贡献正好抵消旅游人口规模扩大与旅游经济发展对旅游产业碳排放的贡献。

第七章 西南民族地区旅游产业低碳化转型的调控模式和政策保障体系与对策建议

根据上文对西南民族地区旅游产业低碳化转型的条件、碳排放现状、发展潜力、影响因素、作用机理、影响因素评价、投入产出绩效评价、系统动力学分析、情景分析等的研究结果，在结合上述研究成果的基础上，结合西南民族地区旅游产业低碳化转型的实际情况及相关政策依据，本章首先从投入产出、效率、能耗、技术创新、资源结构、生态环境保护、可持续发展等角度，提出西南民族地区旅游产业低碳化转型的调控原则。其次从低碳旅游萌芽初创期、发展成长期、成熟稳定期等不同发展阶段，从政府主导、企业和公众主导、市场主导等层面，提出西南民族地区旅游产业低碳化转型的调控模式。再次在此基础上，从促进西南民族地区旅游产业低碳化转型的基本保障、重要保障和兜底保障等角度，提出西南民族地区旅游产业低碳化转型的政策保障体系。最后，从宏观、中观和微观等不同层面，从低碳规制、资源环境约束、能源利用效率、产业结构优化、技术创新、旅游产品开发、旅游活动、旅游消费、合作交流、旅游宣传等角度，提出促进西南民族地区旅游产业低碳化转型的政策建议。

一、西南民族地区旅游产业低碳化转型的调控原则

（一）低投入、高产出、高效率原则

西南民族地区旅游产业要想实现低碳化发展，必须遵循低投入、高产出、高效率的原则。高效率原则是旅游产业低碳发展对于资源节约利用、减少污染排放的客观要求。尤其是在西南民族地区能源结构和产业结构难以在短时间内转变的

情况下。低投入、高产出是西南民族地区实现低碳旅游发展的重要途径。西南民族地区在旅游低碳化转型过程中应重视效率原则,在低碳投入的前提下实现地区旅游经济高速发展。

(二) 低能耗、技术创新应用原则

针对西南民族地区交通、住宿、餐饮、旅游活动等方面产生的高耗能特点,在进行旅游产业低碳化发展过程中应加大先进节能技术的投入,使新技术、新工艺、新方法及时有效地运用到旅游产业的方方面面。在旅游低碳化转型过程中应重视创新原则,注重减少单位碳排放量,通过创新低碳旅游产品降低能耗水平。

(三) 低排放、优结构、资源节约原则

西南民族地区旅游产业低碳化发展,还可以通过优化旅游产业结构来实现。减少旅游过程中的碳排放,优化旅游产业结构是西南民族地区实现旅游产业低碳化发展的重要途径。尤其是在西南民族地区技术难以在短时间内快速提升的情况下,旅游产业结构、游客消费结构优化等对其低碳化发展更为重要。因此,西南民族地区在旅游低碳化转型过程中应重视节约原则,优化旅游产业结构,减少碳排放。

(四) 分区域、重生态环境保护原则

西南民族地区不同区域之间的经济发展水平差距明显,发展条件参差不齐,地貌地势分布错落不一、气候多变、环境复杂,生态修复能力和环境承载量不均衡,区域间二氧化碳的净化能力值也存在明显差异。所以,不同区域在低碳旅游发展中要因地制宜,其经济发展要与当地的生态承载能力相适配,以生态环境保护为重,以降低碳排放为抓手,着力于低碳旅游,推动生态系统的循环发展。

(五) 可持续性和协调发展原则

为实现社会的可持续发展,在低碳技术创新中不断努力,力求达到经济、社会和环境的全面协调和可持续发展。作为旅游产业结构优化中重要的标志,发展的前提和基础是生态环境与自然人文环境的可持续性。为实现这个目标,重点应

放在旅游产业结构优化,并将可持续性原则贯穿于旅游产业结构优化的全过程。协调发展原则是低碳技术创新的基本原则。科学发展将统筹兼顾作为其根本要求,从系统论的角度出发,低碳技术创新层面的统筹兼顾是指系统内部各要素以及各个子系统之间在时间和空间上的协调。西南民族地区城乡差距较大,在进行产业低碳化转型时应遵循协调发展的基本原则,通过在实践过程中逐渐缩小城乡以及区域间的差异,弱化人的发展与自然环境间的冲突,平衡经济、社会、环境保护之间的发展步调,最终达成西南民族地区各阶层与各利益群体和谐发展的目的。

(六) 良性循环发展原则

西南民族地区低碳旅游发展应依托旅游产业自身的综合特性,通过要素联动,结合科学的技术手段合理处理经济、人口、资源与环境等要素间的问题,从政府部门、旅游目的地、旅游企业、旅游者这四大核心利益群体的利益诉求出发,统筹协调有效链接,形成合力,全方位多层面分阶段地循环推进。与此同时,在旅游产业发展中要注重旅游产业的结构优化,充分激发旅游相关行业内主导者的带动作用及关联者的辅助作用,一方面发挥各地区资源的突出优势促进其区域旅游产业发展,另一方面要注重产业发展与环境保护之间的协调,将人才、资金等有限的资源合理投入到劣势行业中,促进旅游产业的均衡,形成一种可持续的良性循环。

二、西南民族地区旅游产业低碳化转型的调控模式

西南民族地区旅游产业低碳化转型的方向、效率和最终结果与调控模式的制定、实施息息相关。而一个行之有效的调控模式又受到低碳旅游发展的指导方向、低碳旅游发展的进程速度、低碳旅游发展的风险控制等问题的影响和制约。因此,西南少数民族地区旅游业低碳化转型管理模式借鉴了四大低碳旅游系统主要参与者的行为特征和博弈模式,将低碳旅游业发展的方向纳入主流,并为低碳旅游业发展的具体阶段提供一个有针对性的分阶段管理模式。

从旅游的萌芽、形成、发展到成熟,探索和实践一种新的旅游模式需要很长的时间。从时间轴线出发,依据低碳旅游的发展速率可将低碳旅游系统发展分解成三个时期,每一个时期都有其独有的环境条件和特色:(1)萌芽初创期。这一时期,低碳旅游概念刚刚萌芽还未形成统一的概念,低碳旅游观念薄弱,低碳旅

游效益差，低碳旅游基础设施缺乏，低碳旅游发展机制、制度和监管不健全。因此，需要投入较大规模的资金和长时间的建设，包括基础设施、理论构建、发展机制、管理制度、企业引入、产品宣传等等。然而，低碳旅游业的市场需求尚未形成，营销策略、设施建设、资源开发等方面的需求尚未形成，整个行业的发展缓慢且不确定。（2）发展成长期。随着低碳旅游产业的发展及国内国际可持续发展战略的引导，越来越多的游客参与到低碳旅游产业中来，市场需求的增长带来了低碳旅游设施的逐步完善、产品宣传的逐渐覆盖、理论研究的逐渐成形、开发速度的逐渐加快、旅游产品和旅游景区数量的逐渐增加、游客和居民越来越意识到低碳旅游市场发展迅速，投资大，但发展方向明确。（3）成熟稳定期。全球低碳旅游业发展速度有所降低，旅游经济增长速度也相对稳定，同时公众也充分意识到推动低碳旅游发展的重要性和必要性，低碳旅游发展机制也逐渐趋于完善，此时整个低碳旅游系统是绿色的、健康的、低碳的、可持续的、良性循环发展的，而且低碳旅游系统的维护成本不断下降，旅游资源投入也相对较少。

可以看到，低碳旅游业处于不同的发展阶段，其表现出不同的发展特点，可根据其发展阶段性特点选择合适的转型调控模式。

（一）低碳旅游萌芽初创期调控模式——政府主导调控模式

低碳旅游业是一种发展需投入的资金较大，回收周期较长的风险性产业。作为低碳旅游业发展的主导者，政府应该为低碳旅游业的发展制定优惠政策，完善低碳旅游业的基础设施等。尤其是类似于西南民族地区这样的基础设施不完善、低碳旅游发展缓慢的地区，政府在其低碳旅游业的发展中发挥着至关重要的作用。旅游业的发展在很大程度上取决于公共资源和环境资源，政府的协调作用对产业的发展尤为重要。发挥政府"看得见的手"对西南民族地区低碳旅游业发展的强大推力，可以从激励和约束两个方面采取措施，促进低碳旅游业的发展。

1. 建立旅游业的碳排放交易制度

依据《联合国气候变化框架公约》和《京都议定书》，建立旅游业碳排放交易制度，对旅游企业二氧化碳排放实行定额配给，通过对超过限量的额度外排放实行高定价方式增加旅游企业的经营成本。同时以行政禁令限制企业无节制的大量排放，给定旅游业碳排放行业标准、碳源—碳汇交易配额，设立严格的惩罚机制和法律监管机制，加强对旅游业碳排放较高的交通、酒店、餐饮等企业的监管力度，以市场与行政双手段督促旅游企业降低碳排放量。另外，建立低碳激励机制，使排放量低于碳配额的企业能够得到更多的资金支持、政策支持和实现社会效益最大化，有利于推动旅游产业低碳消费行为的规范化。西南民族地区低碳旅游实现市场化运作的必要条件是旅游产业的碳排放交易制度。

2. 建立健全低碳旅游规章制度

无规矩不成方圆，明确的规章制度既是行动的"引路灯"又是"约束带"。在发展初期，通过低碳旅游产业发展建设的规章制度的出台，能够更快地将旅游产业带入低碳发展的节奏中，加快旅游企业实施低碳经营的落地。一方面，从政策领域出发，政府和地方的补贴、政策性拨款和投资侧重具有发展潜力的低碳旅游项目。对于达到低碳发展目标的旅游业企业予以一定额度的各项税收减免；营造更有利于低碳旅游产业项目落地的金融投资环境；支持产业发展和土地利用倾斜，鼓励景区和旅游相关企业加快低碳旅游；简化低碳旅游项目的工商管理和行政审批手续等多个层面引导低碳旅游产业的转移并提供良好便利的政策支持。另一方面，制定政策进一步发展壮大绿色环保企业，营造良好的国际和区际环境，吸收和引进先进的节能减排技术，支持供应链上的各类旅游主体积极使用新能源、新材料。制定低碳旅游产业相关行业的准入标准和制度，设定尽可能完备规范标准适用性强的低碳旅游评价指标及考核管理标准。政府在整个低碳旅游产业发展过程中发挥中间人作用，协调处理好低碳旅游发展涉及的不同政府部门、行业各方的利益关系，为推进低碳旅游发展创造良好的政策环境和条件。

3. 全面倡导低碳旅游理念

发挥政府的公信力作用，以最便利最快捷最低成本的途径整合利用官方和民间的媒体资源及各种宣传渠道进行低碳旅游理念的全面倡导。在低碳旅游发展初期，需要政府机构通过官方网站、公众媒体、各种可获取的宣传渠道对低碳旅游业的发展广而告之，宣传其低碳旅游发展理念，健康、绿色、环保、可持发展的低碳旅游模式，使低碳旅游发展深入人心，并且以身作则加以实践。在日常的旅游过程中，注意保护环境，尽量减少碳污染排放。政府可以从以下几方面践行低碳旅游理念倡导：开展公益旅游活动、与旅游产业链中的相关企业合作、借助公交车、旅游巴士等媒介，加大力度向游客宣传低碳旅游发展理念；充分利用社区宣传，在社区内张贴海报和横幅、发放宣传手册、低碳知识普及布展等方式向旅游地居民推广低碳生活理念，提高居民低碳旅游意识，可以开办针对性的培训；将低碳旅游相关规章制度和项目成文下发，要求旅行社、旅游景区及旅游交通运输公司等相关企业部门构建低碳旅游的宣传推广渠道，并构建一套旅游碳排放管理机制。

（二）低碳旅游发展成长期调控模式——企业和公众主导调控模式

随着低碳旅游业的不断发展，已逐步进入产业发展和增长阶段，产业发展方向逐渐明确。旅游业发展的主体已经确立了一定程度的发展自主性，各自朝着既定方向快速发展。但是在这一发展阶段，整个旅游产业低碳发展的资金投入、技术研发和项目实施难度仍然较大。要充分调动旅游企业自主参与和公众充分参与的积极性，推动这一阶段的成功跨越。

1. 多方面调动旅游企业自主性，逐渐转换企业主导角色

从旅游者离开居住所在地到旅游地，再从旅游地回到居住地这整个旅游活动过程涵盖"吃、住、行、游、购、娱"六大主题，每一个主题环节都会涉及众多相关企业。从旅游产品生产企业、旅游设施服务企业、旅游交通运输企业、住宿餐饮服务企业到旅游组织服务机构，这些企业不仅是旅游的主要参与者，他们也是低碳旅游业发展的实践者。作为低碳旅游产业的直接践行者，各类旅游企业应本着低碳运作的理念针对行业发展具体情况采取不同的措施。旅游生产企业以国家或地区的低碳旅游规章制度为指导，践行低碳生产的社会责任，积极引进和推广低碳技术的应用，不断创新低碳旅游产品的开发和生产，开展产品的低碳战略营销。遵循低碳市场运行规律，进一步将收入外部化成本内部化，将碳排放成本转移给消费者，增强旅游企业的低碳竞争力。旅游生产企业的低碳生产经营，从源头上提升了低碳旅游产业的发展效率，促进了整个旅游产业链碳排放的显著降低。旅游设施服务企业做好服务设施规划方案，从空间优化、服务覆盖率、服务设施通达率等全面提升服务质量和服务有效率，降低重复服务的过度消耗。旅游交通运输企业是整个旅游活动中各参与主体的链接通路，也是碳排放的主要源头。通过促进新能源产品开发和应用、提升集约化运输效率和运输质量、倡导绿色出行公共交通出行等方式实现旅游交通碳减排。同时，针对旅行时长的差异进行交通工具的科学性、人性化选择和配置，最大限度避免旅行交通中的非必要碳排放。住宿餐饮服务企业属于资源重复消耗频率高、客流量高、劳动力密集度高、能源消耗量高的四高行业，逐步将企业的软硬件设备更换为低碳设施和低碳产品，增加企业空间内低碳服务和低碳消费的宣传标语，减少企业一次性用品的使用和消耗，提高清洁能源和新能源的使用率，增加网络化电子设备的使用促进无纸化发展，切实践行低碳产业发展。旅行组织服务机构以旅游行业法律法规为

指导，持续构建旅行社的全国同行业的网络互连，将办公设备逐渐电子化网络化，在整个旅游服务中始终坚持倡导低碳发展理念，不断强化对旅游者的低碳出行观念，活用互联网与社交营销践行绿色营销模式，改变产品开发模式、景区选择和旅游线路设计，突出低碳体验和成本优势。

2. 激发社会公众主人翁意识，构建全民参与模式

社会公众指旅游活动的主体，包括旅游地居民、旅游产品消费者、旅游行业从业人员，还包括与旅游业有间接关系的社会力量。作为旅游资源的直接受益者，旅游目的地的游客和当地居民排放的碳最多。因而，作为有素质的公民，要时刻谨记保护环境的理念，在日常的旅游活动中，形成良好的旅游习惯，选择环保宾馆，低碳出行，尽量采取公共交通工具或者徒步、自行车出行；遵循低碳旅游相关的环保政策规定并严格执行，做一名保护环境、低碳出行、热爱自然的好公民；旅游当地居民更应保护好自己的家乡，保护好当地的旅游文化资源、自然资源、野生动植物等其他资源；将低碳环保行动融合在日常生活的方方面面，用可再生能源和清洁能源替代现有的高污染能源，促进集约低碳生活方式。

（三）低碳旅游成熟稳定期调控模式——市场主导的调控模式

当低碳旅游产业发展进入成熟稳定期后，整个旅游产业链所涉及企业和全体民众都已经有了比较坚定的低碳发展理念，也将低碳生产和生活模式融入了日常的生产、生活和出行中，旅游经营者通常遵循既定的行为模式，低碳旅游以旅游市场为主，而且通常以有条不紊的方式进行。低碳旅游业发展模式正变得越来越成熟和稳定，从政府对低碳旅游业早期阶段的主人翁意识逐渐转向符合市场经济规律的市场主导的理想调控模式，在旅游目的地社区推广低碳生产模式、低碳消费模式和低碳生活方式。

随着低碳旅游产业发展的日趋稳定与成熟，市场上各种规章制度趋于完善。政府机构、旅游企业和旅游者受法律和概念的约束，形成了低碳旅游发展的长期机制。这种相互的制约首先体现在政府对旅游企业和旅游者的法律法规约束以及利用法律手段对破坏旅游资源和环境的行为进行处罚，政府旅游业管理的绩效直接与旅游业的低碳程度、旅游企业的低碳实施成效以及旅游者的满意程度挂钩。一方面，通过旅游企业设计出低碳旅游线路，可从源头上减少碳排放，实现低碳旅游，另一方面，旅游者对低碳旅游出行线路设计的体验和满意程度，也会进一步激励旅游企业在低碳旅游的过程中再接再厉。

三、西南民族地区旅游产业低碳化转型调控政策的保障体系

（一）促进西南民族地区旅游产业低碳化转型的基本保障

将加强低碳理念的宣传与推广作为促进西南民族地区旅游产业低碳化转型的基本保障。通过低碳理念的宣传和推广，将低碳生产、低碳生活和低碳出行变成一种日常生产生活方式，为旅游产业低碳化转型发展构建更为友好和谐的环境。首先构建轻松正能量的社会氛围，多渠道、全方位、高频率地进行低碳理念的宣传和教育强化，进而实现对旅游者、旅游地居民、旅游从业人员、旅游企业相关人员观念的潜移默化的影响，进而调动其自主学习的积极性和能动性，最快速度、最大范围、最深层次地了解低碳旅游开展形式、低碳旅游出行方式、低碳旅游体验模式，并将低碳旅游付诸实践。其次，政府应做好表率和引导，官方发布低碳教育宣传信息，组织旅游景区开展低碳旅游项目，深入旅游地社区进行普及教育和居民互动，将低碳教育融入每一个行政环节和行为活动。再次，旅游景区要充分意识到低碳旅游关乎其发展的根本，是旅游产业未来发展的指导方向。从自身出发，树立低碳服务理念，尽一切能力利用一切工具和渠道传播并普及低碳旅游知识，积极引导低碳旅游行为。最后，紧抓基层不放手，将旅游教育和旅游地居民教育工作作为基本，联合学校教育、大众传媒、工作培训、景区活动和讲解、政府宣导等多种形式多个渠道灌输低碳旅游的重要性、必然性和未来性。

（二）促进西南民族地区旅游产业低碳化转型的重要保障

将完善相关法律法规和加强立法监督作为促进西南民族地区旅游产业低碳化转型的重要保障。政府是西南民族地区旅游产业低碳化转型发展中低碳经济的主要倡导者，是转型发展的主要推手，要加强规划和法制建设充分发挥政策引导作用。将旅游低碳发展战略方针融入诸如西南民族地区城市发展规划、基础设施规划、区域产业规划等规划文件中，构建区域经济发展与区域旅游产业低碳化发展联动机制。将促进旅游产业低碳化发展的法律法规逐步完善，并且将低碳化发展的评价标准和细则逐一细化，对相关的违规违法行为绝不姑息，加大惩处力度提

高超标排放成本,落实和强化低碳环保问责制度,为旅游产业低碳化转型发展政策的落地实施提供良好氛围。在加强立法监督工作方面,加强旅游产业低碳化转型法规的监督执行,旅游、工商、环境监控、公安、商务、卫生、质检、价格等部门要加强联合执法,做好相应的配套措施建设工作,建立健全旅游业低碳转型发展战略的各项管理制度,包括环境管理制度、人口控制制度、自然资源管理制度、有偿使用制度和使用权流转制度,完善低碳监督管理。完善旅游业低碳质量监督管理制度,加强对旅游业低碳服务质量和超标排放的监督管理。加强旅游业低碳发展信用体系建设,制定旅游从业人员低碳服务标准。建立旅游相关企业低碳化服务等级评价,发挥旅游行业协会监督管理作用,提高旅游相关行业自律水平,逐步形成旅游产业低碳化转型发展战略实施制度体系。

(三) 促进西南民族地区旅游产业低碳化转型的兜底保障

将旅游产业低碳化转型发展的优惠政策作为促进西南民族地区旅游产业低碳化转型的兜底保障。政府在制定旅游业低碳转型发展优惠政策时,应定期公布旅游产业低碳化转型发展项目引导目录和"绿色企业清单",列出享受政府扶持和优惠政策的项目和标准,引入社会资本投资。对旅游产业低碳转型发展的重点项目和企业,金融、资本、人才等给予特别优惠。对积极开展节能减排、污染治理和环境保护的绿色旅游企业,给予贷款贴息、财政支持和税收返还等政策。开辟旅游产业低碳化转型发展项目审批"绿色通道",实现项目审批、建设、交工等全方位的绿色化专项服务。从文件到条款到评价指标——落实细化,包括旅游产业低碳化发展涉及的低碳化企业准入制度、排污权交易规则、脱碳补贴标准、碳指标交易、绿色信贷审批、生态补偿规格、碳补偿鼓励、碳期权期货等政策和金融工具,规范操作流程,简化操作步骤,拓宽操作领域,加大低碳化旅游项目建设扶持,积极引导和推进旅游景区低碳化实践。

四、促进西南民族地区旅游产业低碳化转型的政策建议

本书的实证结果显示,旅游产业低碳化转型的影响因素包括驱动力因素、抑制力因素两个方面。其中,驱动力因素包括低碳规制、资源环境约束、能源利用效率提高、旅游消费结构优化、低碳技术进步和创新;同时,抑制力因素包括旅游经济发展、旅游人口规模、碳锁定。基于此研究结果,本书将从以下几个方面

提出促进西南民族地区旅游产业低碳化转型升级。

（一）宏观层面

1. 完善低碳法律制度结构，构建旅游产业低碳转型规制

近年来，随着经济的发展和人民生活观念的转变，越来越多的民众追求原生态的亲近自然的特色明显的体验式旅游模式，西南民族地区依托独特的自然资源、丰富的民族文化和极致的体验感吸引了越来越多的旅游爱好者，民族地区的旅游业取得了长足的发展。然而，由于特殊的地理位置、恶劣的地形交通、脆弱的生态环境等原因，民族地区环境与旅游经济发展不协调的问题日益突出。目前，西南民族地区的环境污染有加剧的趋势。为了进一步推动经济体制改革的深化，促进民族地区形成"节约资源、保护环境的空间格局、产业结构、生产方式和生活方式，还自然以宁静、和谐、美丽"。国家旨在通过"节能减排统计、监测与考核实施办法"和"主要污染物总量减排统计、监测与考核办法"等低碳发展法律法规的颁布实施实现一种自上而下的行政监管，引导和带动整个国家和区域的旅游产业低碳化转型。但从西南民族地区的旅游业低碳化转型发展成果看，西南民族地区的环境规制政策并没有达到预期效果。因为民族地区经济发展的需要与低碳发展之间存在一定的矛盾冲突，为追求其执政下的经济发展业绩，地方政府倾向于与碳排放超标企业达成"合谋"，弱化监管进而衍生出影子经济，进一步弱化了环境保护规制和监督，西南民族地区的环境问题变得更加严峻。环境污染治理和碳减排的投资周期长、投资费用大，在一个执政周期内很难显现经济效益，这在很大程度上打击了民族地区地方政府的积极性，其财政支出偏好和政策焦点会被"晋升"指标影响而偏向投资见效快的其他产业项目，反激发出"为经济增长而扩大污染"；碳排放数据测试和监管界定难度大、范围广，容易引发监督执法部门的不作为和污染治理监督执法的低效率。因此，国家政府应将节能减排指标加入考核晋升评价体系中，从源头调动地方官员和执法部门严格执行环境规制的积极性和内驱力。一是通过政府严格执行环境规制激励民族地区企业的低碳生产技术改革和自主创新，既实现节能减排目标，又提高企业生产效率。二是顺应市场发展进行环境规制执行强度的动态调整。三是循序渐进，根据不同地区、不同行业、不同污染程度采取差异化的环境规制措施，促进企业实现低碳化转型和发展。

因此，西南民族地区需要建立旅游产业低碳化转型规制制度。首先，在相应

的法律法规条例中明确在推进旅游低碳发展转型过程中,参与主体政府、企业、民众各自的权利和义务,逐渐向法制化转轨;其次,构建旅游产业低碳化转型发展的长效机制,使其更具有区域发展特色、更具操作性,提升转型发展法律法规的可执行性;最后,缩小政府官员与旅游企业之间的"寻租"空间,提升监督、执法、惩戒的力度,为旅游产业低碳转型提供坚实保障和法律武器。

(1) 健全旅游产业低碳创新的制度体系。西南民族地区应按照我国低碳技术创新的总体要求,制定和修改地区能源法律法规,聚焦易发生低碳技术创新的旅游行业和需进行低碳技术创新的关键领域,建立健全有利于低碳技术创新的地区能源法律、法规体系,引导西南民族地区旅游产业加强低碳技术创新和减缓旅游产业温室气体排放。

(2) 建立和完善知识产权保护制度,提高低碳技术创新的激励动力。最大限度维护创新个人和企业的低碳技术创新成果和利益。第一,树立知识产权保护意识,加强创新技术开发者的知识产权管理制度的培训,提高低碳技术创新专利申请效率和知识产权申请获批的数量。第二,建立相应完善的知识产权保护和管理制度,确保低碳技术创新的知识产权保护的市场效率和社会公平目标的均衡发展。第三,加强低碳核心技术区域战略布局,营造良好的产业发展环境,提高企业实现低碳技术创新的能力,增加企业创新的利润点。此外,进一步消除旅游业低碳技术创新的制度障碍,制定有效的鼓励区域旅游"走出去"的创新制度政策,进一步提升西南民族地区国家旅游业的低碳发展竞争力,并为低碳技术创新提供保障。

2. 引进社会资本,提高西南民族地区旅游产业能源利用率

西南民族地区旅游业要实现节能减排,引进社会资本,有助于提高旅游产业创新技术升级,这就要求政府部门进一步扩大融资渠道,利用好金融杠杆和金融衍生工具。一方面,要用好政府对旅游产业低碳化转型的财政资金支持政策,将财政资助向企业效益好、投资规模大、创新能力强、示范带动意义明显的旅游低碳化转型发展项目倾斜,酌情给予更多的财政补贴和银行贷款贴息或优惠政策;另一方面,积极引导社会资本的进驻。一是通过招商引资,吸引外来企业资金进入当地,调整当地的旅游产业结构,构建合理的旅游产业及产品体系。二是尽快构建与旅游低碳化发展相匹配的碳金融制度,充分利用好绿色信贷、碳指标交易、碳期权期货等金融衍生工具的杠杆效应,扩大低碳投资资金供给。

3. 从旅游产业要素、结构、布局出发，促进旅游产业结构优化

（1）创新旅游产业生产要素。旅游产品的设计与创新应以创新为思维，以低碳为理念，结合实际情况采用相关技术进行产品的开发。这就要求政府在推动地区旅游业发展过程中完善地区基本设施建设，规范旅游场所。同时，建立健全低碳旅游人才引进政策，通过津贴等方式吸引低碳旅游人才，完成地区绿色人才队伍的建设。在引进人才的同时，加强低碳人才后续培养与维护，开展技能培训，兑现允诺的条件，由此留住人才，并发挥低碳人才队伍对地区旅游业低碳环保的正向促进作用。

（2）统筹旅游产业发展规划。西南边疆少数民族地区要根据产业调整政策和产业发展的实际需要，统筹规划低碳经济的发展。全面结合地区旅游产业现实状况，确保低碳旅游规划的正确性。完善立法，修正现有法案，从法律法规方面为低碳旅游产业的发展提供保证。加强地区行政监督力度，使西南民族地区所制定的各项低碳经济发展政策能够落到实处，为旅游产业的发展提供法律保障。

（3）调整旅游产业结构。西南民族地区在经济发展中依托地方民族特色，紧抓地方资源优势进行产业结构的调整，旅游业的产业结构也应该立足西南民族地区特色做相应的调整和优化。西南边疆少数民族地区应将国家和地区低碳旅游发展政策与地方旅游产业发展相结合起来，进一步调整和优化旅游产业结构和布局，提高旅游业发展效率，实现旅游业低碳转型。

4. 推进西南民族地区旅游产业低碳化转型的技术创新

（1）开发低碳旅游产品。旅游产品是影响旅游产业碳排放的一个重要组成部分，各旅游公司应通过加大科技投入，研发低碳旅游产品，减少景区的碳排放。具体包括：景区内部游玩设备使用太阳能、风能等清洁能源进行发电；倡导景区内部使用电动游览车、修建自行车道，为游客提供自行车；开发景区徒步游览路线，鼓励低碳游览；在景区内开展如竹排、垂钓、自行车比赛等低碳旅游活动；减少景区内一次性产品的提供与使用，鼓励游客自带牙刷、梳子等生活用具，减少一次性产品对环境的污染；在各景区内部设置"低碳旅游服务中心"，为游客提供低碳旅游的相关资讯，科普低碳相关知识，使游客在旅行过程中自发感受低碳产品带来的乐趣，逐渐树立起低碳环保意识，从而将低碳行为由被动化为主动。

（2）低碳旅游技术的推行。低碳技术的进步是旅游产业实现低碳化的前提和基础，建立低碳环保技术、低碳能源技术、低碳减排技术及低碳节能技术等旅游

低碳化技术运用的综合体系将会实现对水土、大气等资源的保护。随着低碳旅游技术的推行，也会使得景区内旅游产品的附加价值增加，由此增加景区收入。从生态效益上来说，也会是使得景区内的碳排放减少，保护景区生态环境，此乃一举多得。

（3）搭建产业低碳化技术创新平台。平台的搭建是产业低碳化技术孵化的重要基地，各旅游企业应携手搭建起低碳技术创新孵化基地，吸引低碳人才集中，逐渐形成有组织有规模有能力的低碳技术研发团队，共同攻克制约旅游产业低碳化发展转型的关键共性技术问题。吸引高校与科研机构的人才，鼓励旅游产业与高校和科研机构进行产学融合，将旅游产业低碳化技术人才培养融入企业生产实践一线，培养理论功底和实践能力都过硬的新时代技术人才。将形成的低碳技术在旅游产业进行推广。以激励政策、知识产权保护政策等为保障，鼓励平台内进行科研成果的共享，建设成为工业园区重要的公共技术平台。

（4）建立资源共享利益机制。政府与旅游业作为低碳产业转型的主体，需要共同努力，妥善处理好资源开发与生态保护、旅游与地方的关系，通过建立市场机制，调节经济利益，促进经济发展，建立强制执行机制、多方协调政府监管机制等。

（二）中观层面

1. 健全低碳技术创新机制，倡导低碳产品开发与创新

技术进步和创新是旅游低碳化发展的关键，不仅是低碳经济的基石和支撑，而且是影响低碳旅游发展的技术保障。只有取得技术上的创新与进步，才能突破若干核心技术问题，促进西南民族地区旅游产业实现低碳化转型。

（1）健全低碳激励机制。技术与人和谐发展离不开政策支持，低碳技术的创新也需要政策进行支持。西南民族地区要想促进旅游产业低碳化发展，低碳创新优惠政策应做到以下全覆盖：政府财政拨款和投资、金融机构的资金支出扩大和政策倾斜、专门的信贷业务板块。构建低碳创新服务中介网络和中介机构，将旅游低碳产业相关者进行无缝连接。

（2）生产产品低碳化。首先，加大旅游产业低碳技术的研发投入，不断提升低碳生产技术水平，将生产环节资料和能源的浪费率不断缩小；其次，企业生产原料低碳化，将太阳能、风能、核能、生物质能、海洋能、地热能等各种新能源开发使用效率提升，逐渐替换旅游产业生产中的不可再生能源；最后，创新产品

形态、提升产品性能，减少使用昂贵和稀缺资源的产品的生产，研发生产易于回收、复用和再生的低碳产品。

（3）生产工艺低碳化。旅游产品生产企业通过技术创新不断精进生产工艺，一方面提升生产过程中低污染的清洁工艺，另一方面提升生产后污染物排放末端的污染治理技术。同时改善生产管理，提升管理水平，优化生产环境，提升工人的生产效率。

（4）优化低碳科技创新资源配置。统筹协调西南民族地区不同区域之间的生产差异，各地区的区域特色、资源条件差异、民族文化传统、历史资本积累状况等实际情况，整合整个民族地区的优势资源，构建区域低碳技术创新体系，促进低碳科技创新资源配置的优化，促进区域经济社会协调发展。

2. 开展低碳旅游活动，提高能源利用率

（1）发展低碳旅游交通。旅游交通一直是能源消费和污水排放的主要贡献源，也是节能减排和低碳经济发展的重要场所。需要在旅游交通中积极应用新技术、新材料、新能源，提高旅游交通的能源利用效率，降低旅游交通的能源消耗，减少旅游交通的碳排放，促进旅游交通实现可持续发展。

（2）创建绿色饭店。绿色饭店是指以可持续发展理念为指导，全店采用循环性耗材，杜绝一次性产品的使用，坚持清洁生产。在店内宣传和践行绿色消费，采取奖惩并重措施引导用餐者低碳环保习惯，保护生态环境和合理使用资源的饭店。采用新的节能设备、材料、消费用品等。推广使用低能耗电器产品和节能灯具。

（3）生产低碳旅游产品。随着旅游业的发展，旅游景观不再局限于名山大川。西南民族地区有风景秀丽的自然风光、地方建筑、服装、饮食文化等旅游特色内容，具有较高的观赏性、科普性、教育性和经验价值，可作为低碳旅游项目开发。例如，以农业生产示范、农业种植、采摘、加工经验为代表的研学、休闲旅游项目；离子林场除了充分发挥其低碳功能外，还可以创造出以"森林浴"为代表的健康养老旅游；此外，传统农耕文化中崇尚自然的世界观和日出日落时村民的健康生活规律都是低碳旅游的体验环节。

3. 建立政策体系，完善低碳规制

（1）建立相关政策体系。旅游企业应该从旅游科技政策、环境保护政策等方面建立政策体系。具体包括景区研发或引进碳捕获、碳封存等方面的科技鼓励政策，以此推动低碳旅游的发展。同时，坚持可持续发展理念，建立政策支持、财

政支持、稳步推进、引导示范的低碳旅游产业发展机制,加强旅游相关企业和游客的参与,实现我国低碳旅游业的快速启动和健康稳定发展。

(2)完善景区低碳管理模式。景区是游客开展旅游活动的主要场所,也是促进低碳旅游的主要区域。低碳形式的旅游的推广和实施是惠及旅游业的重大事件,是世界旅游业的发展趋势。然而,这种推广和实施是一个系统的过程,涉及旅游市场、旅游景点、旅游企业、旅游支持和保护等方面。在西南民族地区旅游设施的设计、规划、建设等方面,要积极贯彻低碳旅游发展理念,推动旅游设施实现低碳化建设和运营。

4. 优化旅游消费结构,促进低碳技术产业化与市场化

(1)调整产业结构,推动产业升级。以促进旅游业产出为导向,调整产业结构,促进产业升级。从粗放的资源开发模式到集约的资源节约和可持续发展,从简单的经济功能到经济、文化和社会功能交织发展,旅游产业升级是产业结构优化、要素提升和点对点、边对边的结合。通过扩大产业规模,延伸产业链,可以提高旅游业的产出效率。

(2)调整旅游产品结构,降低单位旅游产值碳排放。旅游消费结构是反映旅游者消费质量变化和内部结构合理化的重要指标。非基础性旅游消费支出水平是反映旅游消费结构是否合理的一个明确指标。在西南民族地区,非基础性旅游消费支出占主导地位,而能源消费较少的旅游、娱乐、购物等服务性消费占比很小,导致单位旅游产值碳排放量很高。旅游业作为促进西南民族地区发展的重要产业之一,也应及时升级旅游产品,培育优质低碳旅游消费品,形式越多越好。例如,在购物过程中,我们应该尽量购买原始的生态产品并抵制过度包装和设计复杂的旅游商品;在旅游娱乐业,西南少数民族地区应大力发展能反映当地民俗风情的原始生态旅游项目,减少大规模的现实生活活动和文艺演出的发展。

5. 加强交流与联系,构建低碳合作长效机制

(1)建立景区联盟。规模化低碳建设需要较大的资金投入与较高的技术门槛,而小型旅游景区由于自身资金与技术的限制,低碳转型难度较大。因此,创立景区联盟是中小型景区进行低碳转型的重要途径。联盟的建立可以聚集各景区的资金为一体,进行低碳技术研发,研发成果也将会在联盟景区之间进行资源与技术共享,创造更高价值的联盟系统,推动景区规模化发展。景区低碳建设的战略联盟包括横向战略联盟和纵向战略联盟。横向战略联盟强调与同行业内处于同阶段的旅游景区相互借鉴,进行资源与技术共享,取长补短,降低低碳景区建设

成本,从而降低碳排放量。纵向战略联盟强调与不同发展阶段的旅游企业之间形成产业利益联盟,通过提高产业链间的融合与合作,提升合作默契和效率,从而降低碳排放量。

(2) 推动旅游业集群发展。西南民族地区旅游地区众多,应重点关注旅游项目路径规划,采用多地区联合、相关企业业务扩展等办法,形成有效战略合作,创新旅游产品,延伸旅游路径,打造特色化旅游项目。同时应减少各地旅游业及相关企业间恶性竞争,着重培养和提升旅游从业人员素质,为集群发展战略的良好实施及长久发展奠定基础。同时应避免重复建设,合理规划利用政府及民间的投资资源,整体规划,合理安排。

(3) 扩展旅游业与其他行业的多行业合作。通过挖掘各地区旅游特色,挖掘旅游潜力,加大旅游服务创新,改善旅游产品单一的特点,创造游客新动力,优化旅游业内部产业态势。并通过加大旅游业与其他外部产业(如高科技产业、现代服务业及高新制造业)的相互联系,通过产业学习、融入、创新等方式,建立有效的分工细化体系,建立多元化市场运营机制,有利于旅游业蓬勃高效地向前发展,同时也促进了旅游资源的多区域整合。

(4) 加强西南民族地区旅游产业的国际交流与合作。尤其要抓住"一带一路"倡议,积极融入国内及国际旅游市场,不仅要强调行业和企业的自主创新,也要时刻关注世界低碳经济发展动向,积极参与全球技术创新项目,形成全球互联互动的低碳创新发展同盟,实现全球范围的共同研发、知识共享、技术公用、合理转让,为西南民族地区低碳技术创新发展创造条件。

(三) 微观层面

1. 营造倡导低碳氛围,提升低碳关注度

(1) 营造鼓励低碳旅游消费的文化氛围,提高公众低碳旅游意识。具有低碳观念及低碳旅游动机的旅客应是西南民族地区重点吸引的群体,同时,西南民族地区也应大力宣传低碳旅游方式,增强低碳观念、低碳意识的传播,贯彻绿色、低碳、可持续发展的旅游发展新理念。在景区内部可以通过发放低碳旅游宣传手册、播放低碳环保纪录片、张贴低碳小标识等方式营造起景区低碳氛围,使游客在旅行过程中时刻感受到低碳氛围,充分认识"低碳"的内涵与方式,从而树立起个人低碳环保意识,自觉进行低碳旅行,保护景区环境。

(2) 营造低碳生活环境。西南民族地区应该减少住宿及餐饮中一次性用品的

第七章　西南民族地区旅游产业低碳化转型的调控模式和政策保障体系与对策建议

供应，形成相应的监督机制，倡导旅游消费者节约使用一次性用品，避免浪费；同时注重开展土地绿化活动，相应的增加绿色植被覆盖面积等，减少对原生态资源景观的破坏，将初始化的旅游体验提供给游客。关于低碳环保教育，除行为的指导和严格的监督以外，还应从低碳环保旅游方式的重要性、内涵、特点及相应体系化的知识等方面进行宣传指导，让游客能从思维观念上引导自身践行低碳环保行为。

（3）提升低碳理念普及和关注。制作可持续发展理念宣传片，将环境破坏对地球、人类和动植物的毁灭性影响一一呈现在观众眼前，用图像和数据形象展现温室效应的上升速度，让民众对低碳生产、生活必要性有一个深刻的认知。同时制作低碳科学和技术宣传片，把全球现有的低碳技术创新、全球低碳发展研究成果和测算检测技术的发展都一一呈现给公众，更好地为旅游低碳观念宣传和普及奠定基础。

2. 加强低碳旅游宣传，培养低碳消费观

（1）加强低碳旅游宣传。对旅游景区、旅游交通、酒店饭店、旅行社、旅游项目等不同行业构建既有共同标准又彰显行业特色的执行评价标准，以此培养行业低碳观念，实现景区低碳旅游一体化服务。低碳宣传的方式主要包括印发低碳宣传手册、开展低碳讲座等形式进行。通过低碳旅游的宣传，培养游客逐渐养成低碳消费方式，提高自身的社会责任感与环保意识。

（2）营造低碳良好的氛围。人是进行低碳行为的主体，环境保护需要全社会共同参与。由于地区经济发展水平较低，西南民族地区教育水平受限，导致环保意识较低。因此，西南民族地区应通过倡导发展绿色农业、生态农业等低碳活动，吸引民众逐渐树立低碳意识。通过大力宣传低碳环保知识，来营造良好的低碳环保氛围，使环保意识深入人心。

（3）贯彻低碳经济的发展理念。旅游业的迅猛发展，是贫困地区脱贫，同时稳固国家经济增长动力的一个重要方面。低碳经济是否能在旅游业中普及发展，也是旅游业贯彻可持续发展理念的重要保障。因此，要倡导全面绿色消费，将低碳发展理念贯彻在旅游广告、旅游产品、旅游公关活动等方面。促进西南民族地区实现低能耗、低污染、低排放的"三低"发展目标。

（4）培养旅游消费者的低碳消费观。充分利用消费引导性治理工具促进低碳产业发展，聚焦旅游消费者的非生产性消费，通过舆论引导、观念宣导、社会引导等方式增强消费者的低碳化偏好，影响产品市场需求进而影响企业的产品生产与管理。改变原有的不良消费习惯，选择低碳的消费方式。抓住旅游活动"吃、住、行、游、购、娱"的每一个环节，抓全局重细节，将资源节约、低碳旅游理念渗透至每一个环节。企业要积极履行减排义务，适应消费者旅游消费需要的变化。

3. 完善奖惩制度，引导游客开展低碳旅游活动

（1）通过奖惩对游客进行低碳教育。在低碳旅游景区建立具有低碳教育功能的基础设施，通过一定的奖惩对游客进行低碳教育，使游客自觉遵守景区的规章制度，提高低碳旅游意识，引导游客增强参与低碳旅游的意愿。西南少数民族地区可以组织旅游纪念林等活动，引导游客参与区域植树等碳补偿活动，引导游客主动放弃一些高碳活动，相应地赠送低碳旅游纪念品。

（2）提供景区低碳资讯。在景区内部随时为游客提供最新低碳资讯，设置低碳咨询服务点，随时为客户提供低碳旅游咨询，也可引导游客进行低碳旅游活动。对景区内不使用一次性用品的商家进行奖励，张贴环保标识，使游客在游览过程中感受低碳旅行的重要意义，自觉加入低碳环保行列。

（3）引导游客参与低碳旅游。游客的低碳经济思想直接决定旅游的可持续发展，因此，要引导游客在"吃、住、行、游、购、娱"等方面引导游客主动参与低碳旅游。景区可通过设置徒步旅行路线，鼓励游客采取低碳方式进行游览，用步行、共享自行车、电动游览车实现低碳出行。当游客在慢节奏的游览过程中感受到愉悦时，会更加深入体会到低碳旅游活动给他们带来的好处，逐渐建立起低碳经济思维。在住宿方面，景区也应践行低碳经济，增加酒店碳排放足迹监控设备，购买节能减排的电器，酒店餐厅提供绿色食品和循环使用餐具实现低碳饮食。

（4）鼓励旅游者低碳"游娱购"。西南民族地区具有浓郁的民族特色，通过开展特色民俗活动，使游客切身参与到手工艺品的制作，吸引游客进行低碳游玩；通过设计特色环保小物品，对低碳环保商品进行价格补贴，对奢侈品进行限购等方式，引导游客在旅游购物中购买低碳环保商品。引导游客注重低碳旅游产品的消费，注重低碳旅游商品的错位开发，设计出带有景区特色的商品，避免与其他景区雷同。

4. 开展旅游信息化建设，推进旅游发展方式转型

（1）开展旅游信息化建设。随着信息时代的到来及互联网的普及，景区要充分地将科技的力量运用到旅行的方方面面，构建涵盖西南民族地区的旅游信息平台。例如，建设景区官方网站平台，游客可通过官方网站进行景区内门票的预

定、住宿酒店的预定等。同时，鼓励游客使用电子门票，用手机二维码扫码入园，减少纸质门票的使用，减少碳排放。加大旅游产业的科技投入，充分利用互联网技术，完善旅游地和景区的地理交通信息系统、景区设施导读系统、饭店管理系统等旅游服务电子系统，尽可能减少旅游活动过程中指示牌、标识牌、宣传册、导引册等高消耗材料的使用，实现旅游行业的无纸化、网络化、电子化转型，通过产业集聚和分化使西南民族地区的旅游产业结构呈现合理的大型企业集团化、中型企业专业化、小型企业网络化的金字塔型结构。

（2）加大和推进旅游发展方式转型。旅游活动各个环节产生的碳排放都将直接影响环境与气候的变化，因此，对旅游的方方面面均要进行彻底转型与升级，包括旅行过程中的食、住、行、购等方面。具体而言，需要从旅游产业结构调整入手，创新低碳技术，推动旅游产业结构调整和优化升级。设置行业节能和环保准入标准，改变能源与资源依赖性旅行方式。推广使用太阳能、风能等清洁能源，提高西南民族地区旅游经济的整体运行质量。

第八章 结论与展望

一、研究结论

本书综合运用低碳经济理论、可持续发展理论、环境库兹涅茨理论、脱钩发展理论、循环经济理论、碳交易及碳排放理论、利益相关者理论、产业发展理论和产业生命周期理论等，采用碳排放测度模型、Tapio 脱钩模型、回归分析法、差异分析法、灰色关联评价方法、层次分析法、DEA 投入产出效率分析法、系统动力学分析法、情景分析法等多种方法，剖析了西南民族地区旅游产业低碳化转型的内外条件、现状和潜力，对旅游产业低碳化转型的作用机理、影响因素和发展效率进行了研究和评价，提出了西南民族地区产业低碳化转型的调控模式和政策建议。

第一，本书通过对国内外有关旅游产业碳排放及旅游产业低碳化转型的研究成果进行梳理和归纳，指出其研究不足和本书主要研究侧重点，并指出国内外有关旅游产业碳排放及旅游产业低碳化转型的研究存在系统性研究不足、研究范围过窄、研究方法单一，缺乏对旅游产业低碳化转型影响因素及其作用机理的系统研究，对西南民族地区旅游产业低碳化转型的现实性、特殊性、复杂性、艰难性等的理论和实证研究也较缺乏等。因此，本书深入剖析西南民族地区旅游产业低碳化转型的影响因素和作用机理研究，并结合多种理论和实证研究方法，从不同角度、不同层面对西南民族地区旅游产业低碳化转型的理论和实践问题进行研究，同时结合系统动力学、情景分析法等方法，进一步拓展西南民族地区旅游产业低碳化转型的研究视角和理论内容。

第二，从内外条件的分析、碳排放的测算、碳排放与旅游经济的脱钩关系、碳排放减缓制约因素、旅游产业碳排放预测与趋势、碳排放规模差异、潜力分析等角度，对西南民族地区旅游产业低碳化转型的条件、现状与发展潜力进行深入研究。可以发现以下几方面：（1）西南民族地区旅游业发展的内外条件主要体现在：拥有良好的资源禀赋优势，旅游资源丰富；旅游能源消费以碳结构为主，过于依赖高碳化石燃料，旅游能源消费结构不合理；旅游企业低碳技术应用水平仍较低，碳排放量仍难以得到合理控制；居民低碳意识和环保意识仍较薄弱，低碳旅游管理体制有待完善；受旅游发展水平的制约，旅游产业低碳化转型的资金投入和资源开发力度仍不够；旅游生态环境破坏较为严重。(2) 结合碳排放测度方法，从旅游交通、旅游住宿、旅游餐饮业和旅游活动等角度，深入研究西南民族地区旅游产业的碳排放情况及特征，研究发现，西南民族地区旅游产业碳排放总量仍呈增长态势；不同旅游行业的碳排放量存在较大差异，旅游交通、旅游住宿是主要的碳排放来源，旅游餐饮业、旅游活动的碳排放量所占的比例相对较小；不同地区的碳排放量变动存在较大差异，贵州、广西的碳排放量仍保持较大幅度的增长，但是云南的碳排放量近年来有所减少，尤其是其旅游住宿的减排效果更明显。(3) 采用 Tapio 的脱钩模型来测算西南民族地区旅游产业碳排放与旅游经济发展之间的脱钩状态，可以发现，2005~2009 年、2009~2013 年、2013~2017 年，西南民族地区旅游产业碳排放与旅游经济发展之间大多呈现了弱脱钩状况，即随着西南民族地区旅游经济的快速增长，旅游产业碳排放不断增加，但是旅游产业碳排放增加的速度小于旅游经济增长的速度，总体上处于相对较理想的状态，但是与强脱钩的目标仍有较大差距。(4) 通过进一步分析，可以发现，西南民族地区旅游产业碳排放减缓的制约因素主要体现在旅游产业能源消耗总量大，对旅游能源消耗具有路径依赖；旅游产业发展水平仍比较低，旅游产业结构仍不够健全；旅游产业技术创新和应用水平有待提高等方面。(5) 通过从理论和实证角度对西南民族地区旅游产业碳排放变化趋势及其潜力进行评价，可以发现，旅游产业低碳化转型存在着较大的发展空间，具有较大的发展潜力，但西南民族地区旅游产业碳排放量在短期内将仍持续扩大，旅游生态环境保护仍将面临严峻的压力和挑战；国家推动创新发展和绿色发展的政策为旅游产业低碳化转型提供了良好的政策环境和发展机遇；旅游管理部门、景区、旅行社、酒店、游客等旅游主体对旅游低碳化发展的需求越来越强烈。

第三，通过对西南民族地区旅游产业低碳化转型的影响因素及作用机理进行研究，可以发现，西南民族地区旅游产业低碳化转型的驱动力因素主要包括：低碳规制、资源环境约束、能源利用效率提高、旅游消费结构优化、低碳技术进步和创新等；抑制力因素主要包括：旅游经济发展、旅游人口规模扩大、碳锁定等。通过构建西南民族地区旅游产业低碳化转型的影响因素模型，探析各影响因素之间的内在逻辑联系，进一步探析了各影响因素对西南民族地区旅游产业低碳化转型的作用机理过程及影响路径；同时，研究发现，各影响因素对西南民族地区旅游产业低碳化转型的综合作用,具有整体性、层次性、结构性和动态性等特点。

第四,从西南民族地区旅游产业低碳化转型的影响因素角度,构建了西南民族地区旅游产业低碳化转型评价指标体系,采用灰色关联评价分析法和目标层次分析法,对西南民族地区旅游产业低碳化转型的影响因素进行综合评价,同时采用 DEA 投入产出效率分析法,对西南民族地区低碳旅游发展效率进行评价,研究发现:2017 年西南民族地区旅游产业实现低碳化转型的各大影响因素中,按照其灰色关联度和重要性从强到弱的排序依次为:低碳技术进步和创新、低碳规制、碳锁定、资源环境约束、旅游人口规模、能源利用效率提高、旅游经济发展、旅游消费结构优化;按照各大影响因素得分从高到低的地区排序依次是贵州、广西、云南;根据目标层次分析法,西南民族地区旅游产业低碳化转型的影响指标权重或影响大小从高到低的排序依次为状态类指标、结果类指标、环境类指标;层次分析法与灰色关联分析法的研究结果显示,低碳技术进步和创新、碳锁定、低碳规制等因素是主要的影响因素。云南的低碳旅游发展效率落后于广西和贵州地区,西南民族地区低碳旅游发展技术进步指数对低碳旅游发展的全要素生产率起到正相关的增强作用,而效率变动指数和规模效率变化指数则对全要素生产率的影响作用较弱,而纯技术效率变化指数对全要素生产率指数的影响不明显,全要素生产率的提高则主要取决于技术进步指数。

第五,采用系统动力学分析法和情景分析法,对西南民族地区旅游产业低碳化转型进行情景仿真模拟和预测分析,为西南民族地区选择合理的旅游产业低碳化转型路径提供决策参考。研究发现:广西、贵州和云南的旅游者数量受影响的情况各不一样,其中,广西地区旅游者数量增加值的变化对旅游者数量增加的影响大于旅游者数量增长率变化对旅游者数量增加的影响;贵州地区的旅游者数量受到旅游者数量增长率变化的影响更大,尤其是在 2017 年以后,贵州地区的旅游者数量增加值变化和增长率变化对旅游人数的变化都有较大影响。在旅游交通人均碳排量或旅游交通碳中和量发生调整时,都会影响旅游交通碳排放量的改变,如广西和贵州地区旅游交通人均碳排量对本地旅游交通碳排放量的影响更大,在相同变化幅度情况下,旅游交通碳中和量所引起的旅游交通碳排放量变化幅度较小;而云南地区的旅游交通碳中和量对旅游交通碳排放量的作用更为明显。旅游餐饮碳排放量对旅游餐饮人均碳排量和旅游餐饮碳中和量变化都比较敏感,但是每个地区对不同的影响因素敏感程度都不尽相同。同时,通过情景分析发现,在基准情景下,2025 年西南民族地区旅游产业的碳排放量预计将达到 75228.0755 万吨,与 2025 年碳强度下降 40% 的目标仍有较大的差距;在高速增长情景下，2025年碳排放量将达到95463.1145万吨，但是在高增长情景下，碳排放的负荷较大，碳减排压力较大；在低增速情景下，2025年碳排放量将达到57463.5312万吨，但是由于受到低碳技术、能源使用效率等条件的限制和影响，西南民族地区旅游产业碳强度下降的空间和减排的潜力仍较有限；在碳脱钩情景下，旅游产业碳排放的负荷保持不变，但是能源结构优化以及能源强度的下降对旅游产业碳排放变化的贡献正好抵消旅游人口规模扩大与旅游经济发展对旅游产业碳排放的贡献。

第六，根据上文研究结果，对西南民族地区旅游产业低碳化转型的调控模式、政策保障体系以及对策建议进行了研究。研究发现：（1）可以从低投入、高产出、高效率原则，低能耗、技术创新应用原则，低排放、优结构、资源节约原则，分区域、重生态环境保护原则，可持续性和协调发展原则，良性循环发展原则等角度，构建西南民族地区旅游产业低碳化转型的调控原则。（2）可以进一步从低碳旅游萌芽初创期调控模式——政府主导调控模式、低碳旅游发展成长期调控模式——企业和公众主导调控模式、低碳旅游成熟稳定期调控模式——市场主导的调控模式等角度，构建西南民族地区旅游产业低碳化转型的调控模式。（3）从促进西南民族地区旅游产业低碳化转型的基本保障、重要保障、兜底保障等层面，构建西南民族地区旅游产业低碳化转型调控政策的保障体系。（4）可以从宏观、中观和微观层面采取政策措施，加快促进西南民族地区旅游产业实现低碳化转型。在宏观层面，需要进一步完善低碳法律制度结构，构建旅游产业低碳转型规制；加快低碳旅游城市的建设，加强旅游产业环境约束；引进社会资本，提高西南民族地区旅游产业能源利用率；从旅游产业要素、结构、布局出发，促进旅游产业结构优化；推进西南民族地区旅游产业低碳化转型的技术创新。在中观层面，需要健全低碳技术创新机制，倡导低碳产品开发与创新；开展低碳旅游活动，提高能源利用率；建立政策体系，完善低碳规制；优化旅游消费结构，促进低碳技术产业化与市场化；加强交流与联系，构建低碳合作长效机制。在微观层面，需要营造倡导低碳氛围，提升低碳关注度；加强低碳旅游宣传，培养低碳消费观；完善奖惩制度，引导游客开展低碳旅游活动；开展旅游信息化建设，推进旅游发展方式转型，等等。

此外，本书对西南民族地区旅游产业低碳化转型进行研究，在研究视角、研究方法上均具有创新性。在研究视角上，以旅游产业低碳化转型为视角，从低碳规制、资源环境约束、能源利用效率提高、旅游消费结构优化、低碳技术进步和创新等驱动力因素角度，以及旅游经济发展、旅游人口规模扩大、碳锁定等抑制力因素角度，对西南民族地区旅游产业低碳化转型的影响因素和作用机理进行理论和实证研究，并且相关研究贯穿于课题研究的全过程，有利于深入剖析西南民族地区旅游产业低碳化转型的内在影响机理。在研究方法上，综合运用碳排放测度模型、Tapio 脱钩模型、灰色关联评价方法、层次分析法、DEA 投入产出效率分析法、系统动力学分析法、情景分析法等多种方法，对西南民族地区旅游产业低碳化转型进行机理分析以及情景模拟和仿真预测，具有较大的创新性。

二、研究展望

在探究西南民族地区旅游产业低碳化转型的作用机理、影响因素评价及情景仿真模拟和预测的过程中，由于研究时间有限，旅游产业低碳化转型问题研究具有较大难度，在获取旅游产业低碳化转型的具体数据和资料上的难度较大，尤其是由于统计数据的缺乏，获取旅游产业碳排放和能源消耗的具体数据的难度较高，同时由于笔者的学术研究能力和水平确实有待进一步提高，所以研究深度和广度都有待进一步提升。总之，本书还存在一些研究不足，可以在以后的研究中进一步拓展。

（1）本书仅从西南民族地区的省域层面和旅游行业进行了研究，但由于旅游业碳排放及低碳化转型问题还涉及地区的内部分布结构以及旅游相关行业的碳排放问题，若能从各个省域的地级市以及县域的角度进行深入研究，以及从旅游产业的生产、运输、服务、消费等角度来共同探讨旅游产业的碳排放及低碳化转型问题，相关问题研究会更深入；同时如果通过与国内外其他旅游业发展区域进行比较研究，有利于深化对旅游产业低碳化转型问题的研究，相关研究结论也将更具针对性、系统性以及说服力，对旅游产业低碳化转型机理的研究以及提出的调控政策和措施也将更具针对性和可操作性。

（2）由于关于旅游业碳排放的相关统计数据缺乏或数据缺失，使本书在对西南民族地区旅游产业低碳化转型的研究过程中，在地区旅游产业、旅游企业、旅游景区、旅游交通、旅游游览、旅游购物、旅游住宿、旅游餐饮等的统计数据搜集方面存在较大难度，甚至现有的统计数据无法完全满足旅游产业低碳化转型的研究需要，并且受到数据局限的影响，能够收集到的西南民族地区旅游产业低碳化转型的相关数据仍然不多，在理论和实证的研究深度和广度方面仍存在较大局限性，不利于推进西南民族地区旅游产业低碳化转型问题的深入研究以及相关内容的拓展，不利于深入把握旅游产业低碳化转型的客观规律；由于数据的局限，在对旅游产业低碳化转型进行目标层次分析、系统动力学分析以及情景分析时，需要提前设定有关旅游产业低碳化转型的相关变量参数，虽然已充分考虑变量的影响特点和趋势以及现有的研究成果，但难免会存在一些研究的主观性，致使研究结果仍存在一些不足之处。

（3）由于旅游产业低碳化转型问题的复杂性，本书尚未完全对旅游产业低碳化转型的影响因素进行深入的挖掘，需要根据研究区域的特殊性和差异性，从不同角度、不同层面深度分析西南民族地区旅游产业低碳化转型的作用机理，并将其应用到西南民族地区旅游产业低碳化转型的具体实践中，充分发挥其对旅游产业低碳化转型调控以及政策保障体系和对策的现实指导作用，为旅游产业低碳化转型提供理论和决策依据。

（4）由于研究条件限制，本书尚未就西南民族地区具有代表性的区域做更深入的案例研究，需要根据研究区域的代表性，结合案例分析和实证研究，进一步完善西南民族地区旅游产业低碳化转型的相关路径与政策设计，更好地推动旅游产业实现低碳化转型与可持续发展。

（5）在研究方法上，需要综合运用投入产出分析、非线性规划、遗传算法、神经网络算法等工具对具体旅游产业的低碳化转型情景进行预测，对本书结论进行比较和验证，进而根据研究结论，制定未来更具针对性和准确性的旅游产业低碳化转型模式、碳排放规制制度以及低碳旅游发展政策保障体系。

参 考 文 献

[1] 蔡海亚,徐盈之,双家鹏. 区域碳锁定的时空演变特征与影响机理 [J]. 北京理工大学学报(社会科学版),2016,18(6):23-31.

[2] 蔡萌. 低碳旅游的理论与实践 [D]. 上海:华东师范大学,2012:73-85.

[3] 蔡萌,汪宇明. 低碳旅游:一种新的旅游发展方式 [J]. 旅游学刊,2010,25(1):13-17.

[4] 查冬兰,周德群,孙元. 为什么能源效率与碳排放同步增长——基于回弹效应的解释 [J]. 系统工程,2013,31(10):105-111.

[5] 陈贵松,陈建成,陈秋华. 森林旅游业低碳化探讨 [A]. 中国林业经济学会技术经济专业委员会,中国技术经济研究会林业技术经济专业委员会. 低碳经济与林业发展论——中国林业学术论坛·第6辑 [C]. 中国林业经济学会技术经济专业委员会,中国技术经济研究会林业技术经济专业委员会,2009:207-211.

[6] 陈海波,莫莉萍. 低碳旅游的概念、特征及动力机制探析 [J]. 北京第二外国语学院学报,2011(7):33-36.

[7] 陈海珊. 长沙市低碳生态旅游发展评价体系构建 [D]. 长沙:中南林业科技大学,2012:17-18.

[8] 陈秋华,纪金雄. 森林旅游低碳化运作模式构建研究——基于利益相关者视角 [J]. 林业经济,2012(12):105-109.

[9] 陈小连. 旅游者低碳旅游决策影响因素实证研究 [D]. 武汉:湖北大学,2011:29-33.

[10] 陈颖. 无锡市发展低碳旅游的条件及路径 [J]. 现代企业教育,2011(24):149-150.

[11] 邓必年. 低碳旅游景区的创建与管理 [J]. 科技和产业,2016,16(8):140-144.

[12] 董雪旺. 国内外碳足迹研究进展述评 [J]. 浙江工商大学学报,2013(2).

[13] 杜陈猛. 我国发展低碳旅游条件及路径思考 [J]. 成都航空职业技术

学院学报，2010（4）：60-62.

[14] 段毅，魏娜. 资源环境约束下生物质电力企业竞争力研究 [J]. 当代经济，2013（11）：46-47.

[15] 方金生，许杨，路漫其，许信旺. 低碳旅游景区评价模型研究 [J]. 湖北民族学院学报（自然科学版），2015，33（1）：101-105.

[16] 冯灿飞，曹捷. 崀山发展低碳旅游 SWOT 分析及其对策 [J]. 邵阳学院学报（社会科学版），2012，11（1）：58-62.

[17] 付景保. 西南民族地区生态旅游发展战略的选择——基于 SWOT 的分析 [J]. 西南民族大学学报（人文社会科学版），2013，34（3）：126-129.

[18] 付薇. 低碳旅游视角下酒店管理模式探讨 [J]. 现代商业，2014（14）：204-205.

[19] 甘娟. 试论新疆发展低碳旅游的有利条件及路径选择 [J]. 丝绸之路，2011（8）：56-58.

[20] 高明. 低碳旅游与旅游消费结构优化——基于中国入境旅游的实证分析 [J]. 东华理工大学学报（社会科学版），2017（2）：116-120.

[21] 关丽洁，纪玉山. 资源环境约束下的新型城市化内涵及推进对策 [J]. 社会科学辑刊，2015（1）：97-102.

[22] 何彪，马勇，朱连心，郭强. 海南省旅游业碳排放的测算分析 [J]. 旅游研究，2014，6（3）：65-70.

[23] 何建坤，周剑，刘滨，孙振清. 全球低碳经济潮流与中国的响应对策 [J]. 世界经济与政治，2010（4）：18-35，156.

[24] 何凌云，林祥燕. 能源价格变动对我国碳排放的影响机理及效应研究 [J]. 软科学，2011（11）：94-98.

[25] 何小钢，尹硕. 低碳规制、能源政策调整与节约增长转型——基于发达国家经验的比较研究 [J]. 现代经济探讨，2014（3）：88-92.

[26] 胡利民. 基于利益相关者视角的低碳旅游发展研究 [J]. 长沙大学学报，2012（3）：11-12，23.

[27] 胡婷婷. 江西低碳旅游发展的动力机制研究 [J]. 老区建设，2012（22）：16-17.

[28] 黄文胜. 广西"中国长寿之乡"发展低碳旅游 SWOT 分析 [J]. 科技广场，2015（7）：231-235.

[29] 黄文胜. 论低碳旅游与低碳旅游景区的创建 [J]. 生态经济，2009（11）：100-102.

[30] 黄雨生, 曲建升, 刘莉娜. 中国各省份碳足迹与碳承载力差异研究 [J]. 生态经济, 2016, 32 (6): 38-43.

[31] 贾英. 中国6大热点城市入境旅游消费结构比较研究 [J]. 旅游科学, 2008 (3): 13-17, 30.

[32] 姜启亮, 吴勇. 低碳经济的实施路径——基于技术创新与政策规制的视角 [J]. 经济研究导刊, 2011 (1): 191-192.

[33] 蒋芩. 低碳旅游景区评价指标体系研究 [J]. 资源与产业, 2012, 14 (5): 140-146.

[34] 金鑫. 安徽省低碳旅游发展现状及问题研究 [J]. 旅游纵览 (下半月), 2017 (4): 216, 219.

[35] 雷石标. 海南低碳旅游经济发展模式与路径研究 [J]. 产业创新研究, 2019 (2): 37-40.

[36] 李宏伟, 郭红梅, 屈锡华. "碳锁定"的形成机理与"碳解锁"的模式、治理体系——基于技术体制的视角 [J]. 研究与发展管理, 2013, 25 (6): 54-61.

[37] 李晖. 三峡库区重庆段低碳旅游发展效率研究 [D]. 重庆: 重庆师范大学, 2017.

[38] 李锴, 齐绍洲. 贸易开放、经济增长与中国二氧化碳排放 [J]. 经济研究, 2011 (11): 60-72, 102.

[39] 李林朱. 基于低碳经济视角下无锡体育旅游产业发展研究 [J]. 体育科技, 2018 (1): 74-75.

[40] 李晓琴. 西部地区旅游景区低碳转型动力机制及驱动模式探讨 [J]. 西南民族大学学报 (人文社会科学版), 2013, 34 (8): 128-131.

[41] 李晓琴. 西部地区旅游景区低碳转型动力机制及驱动模式探讨 [J]. 西南民族大学学报 (人文社科版), 2013 (8): 128-131.

[42] 李颜戎, 李雯. 基于PSR模型构建低碳旅游评价指标体系——以江苏省镇江市为例 [J]. 中国商论, 2016 (19): 91-94.

[43] 李焱, 刘野, 黄庆波. 我国海运出口贸易碳排放影响因素的对数指数分解研究 [J]. 数学的实践与认识, 2016, 46 (22): 105-115.

[44] 廉超, 何小贞. 我国各地区公共图书馆服务水平的灰色关联评价 [J]. 图书馆学研究, 2014 (8): 67-71, 66.

[45] 梁琴. 低碳旅游城市评价体系研究 [D]. 青岛: 中国海洋大学, 2012.

[46] 梁鑫. 中国低碳经济发展的挑战与机遇分析——基于系统论角度的思

考[J]. 石河子大学学报（哲学社会科学版），2012，26（4）：80-84.

[47] 廖元琨，陆志波，杨海真等. 上海国际旅游度假区低碳旅游评价指标体系及实施路径分析[J]. 四川环境，2015，34（1）：85-92.

[48] 林伯强，蒋竺均. 中国二氧化碳的环境库兹涅茨曲线预测及影响因素分析[J]. 管理世界，2009（4）：27-36.

[49] 林朋. 京津冀经济圈人口因素对低碳经济发展的影响研究[D]. 天津：天津大学，2016：35.

[50] 刘长生. 低碳旅游服务提供效率评价研究——以张家界景区环保交通为例[J]. 旅游学刊，2012，27（3）：90-98.

[51] 刘长生. 低碳旅游服务提供效率评价研究——以张家界景区环保交通为例[J]. 旅游学刊，2012（3）：90-98.

[52] 刘长生，杨梅. 低碳旅游消费行为评价模型构建及其实证分析[J]. 消费经济，2018（1）：36-43.

[53] 刘国斌，邓巍. 法库县低碳旅游发展的SWOT分析[J]. 全国商情（理论研究），2013（9）：55-58.

[54] 刘红峰. 资源与环境要素约束下农业科技创新驱动经济增长研究[J]. 华侨大学学报（哲学社会科学版），2015（3）：60-67.

[55] 刘晓凤. 湖北省区域碳锁定分布现状及立体化解锁对策[J]. 统计与决策，2019，35（6）：66-69.

[56] 罗大华主编. 犯罪心理学[M]. 北京：中国政法大学出版社，2007：90.

[57] 刘笑明. 低碳旅游及其发展研究[J]. 商业研究，2011（2）：175-179.

[58] 刘啸. 低碳旅游——环境经济价值实现的新方向[J]. 科技创新导报，2010（16）.

[59] 刘啸. 论低碳经济与低碳旅游[J]. 中国集体经济，2009（13）：154-155.

[60] 刘艳艳. 低碳旅游保障体系的构建与实现路径[D]. 秦皇岛：燕山大学，2012：15-25.

[61] 刘志红. 基于STIRPAT模型的中国碳排放EKC验证及影响因素分析[J]. 绥化学院学报，2019（3）：9-13.

[62] 卢永忠，蒋小华. 云南腾冲北海低碳旅游景区的创建研究[J]. 生态经济（学术版），2011（1）：207-209.

[63] 路琪. 基于低碳视角的山东省入境旅游消费结构优化[J]. 山东财政

学院学报，2012（3）：116－121.

［64］梅燕．发展低碳旅游五大措施［J］．商业研究，2010（9）：157－159.

［65］孟凡生，韩冰．政府环境规制对企业低碳技术创新行为的影响机制研究［J］．预测，2017（1）：74－80.

［66］年四锋，李东和，杨洋．我国低碳旅游发展动力机制研究［J］．生态经济，2011（4）：81－84，108.

［67］潘植强，梁保尔．国外低碳旅游研究领域知识图谱——基于文献共词分析的计量研究［J］．地域研究与开发，2016，35（2）：84－90，95.

［68］裴金平，廉超．广西北部湾经济区低碳城市发展水平灰色关联评价［J］．合作经济与科技，2017（8）：10－13.

［69］彭佳雯，黄贤金，钟太洋，赵雲泰．中国经济增长与能源碳排放的脱钩研究［J］．资源科学，2011，33（4）：626－633.

［70］秦军，唐华一．技术创新推动低碳经济发展的机理研究［J］．生态经济，2015（9）：39－42.

［71］盛德华．永济市低碳旅游发展的现状与对策分析［J］．山西农业大学学报（社会科学版），2012，11（9）：959－962.

［72］宋甜．旅游业碳排放测算及碳减排对策研究［D］．南昌：东华理工大学，2014.

［73］宋甜，郑玉洁．旅游碳排放量初步测算研究——以鄱阳湖生态经济区为例［J］．东华理工大学学报（社会科学版），2013，32（2）：121－128.

［74］宋一兵．广东省低碳旅游发展现状及挑战［A］．中国可持续发展研究会．2011中国可持续发展论坛2011年专刊（一）［C］．中国可持续发展研究会，2011.

［75］苏礼华．影响中国低碳经济发展的因素分析［J］．地方财政研究，2011（10）：61－64，70.

［76］粟娟，王凤玲．产业生成视角下张家界入境旅游消费结构演化态势及动因分析［J］．吉首大学学报（社会科学版），2015（4）：88－97.

［77］孙晋坤，章锦河，汤国荣，胡欢，陈敏．旅游交通碳排放研究进展与启示［J］．中国人口·资源与环境，2016，26（5）：73－82.

［78］孙秀梅．资源型城市低碳转型机理与调控对策研究［D］．徐州：中国矿业大学，2011.

［79］孙耀华，李忠民．中国各省区经济发展与碳排放脱钩关系研究［J］．中国人口·资源与环境，2011（5）：87－92.

参考文献

[80] 谭锦, 程乾. 论低碳旅游景区评价体系构建——以四川贡嘎燕子沟景区为例 [J]. 经济研究导刊, 2010 (11): 117-118, 156.

[81] 谭娟. 政府环境规制对低碳经济发展的影响及其实证研究 [D]. 长沙: 湖南大学, 2012: 58-69.

[82] 汤光华. 灰色关联综合评价方法评析 [J]. 江苏统计, 1997 (6): 18-20.

[83] 田原, 孙慧. 资源型产业低碳转型的影响因素及作用机理分析 [J]. 求是学刊, 2016, 43 (4): 58-64.

[84] 汪娟, 龙勤. 云南低碳旅游发展模式研究综述 [J]. 中国林业经济, 2014 (5): 59-61, 65.

[85] 王长建, 张小雷, 张虹鸥, 汪菲. 基于 IO-SDA 模型的新疆能源消费碳排放影响机理分析 [J]. 地理学报, 2016 (7): 1105-1118.

[86] 王迪. 能源效率, 结构变动对碳排放的影响效应研究——基于因素分解模型 [A]. 武汉大学, 美国 JamesMadison 大学, 美国科研出版社. Proceedings of International Conference on Engineering and Business Management（EBM2010）[C]. 武汉大学, 美国 JamesMadison 大学, 美国科研出版社: 美国科研出版社, 2010: 4.

[87] 王红曼, 张方译. 西部民族地区发展低碳经济的机遇与挑战 [J]. 西北民族大学学报（哲学社会科学版）, 2010 (5): 92-96.

[88] 王军. 发展低碳经济: 中国的机遇与挑战 [J]. 西部金融, 2010 (2): 27-28.

[89] 王凯, 周婷婷, 邵海琴, 邓楚雄. 中国旅游业碳生产率区域差异及其格局演变: 1995-2014 [J]. 中国人口·资源与环境, 2017, 27 (6): 27-35.

[90] 王立军. 浙江省低碳技术创新路径与创新政策体系研究 [J]. 中国科技论坛, 2011 (5): 27-31.

[91] 王琳, 陆小成. 低碳技术创新的制度功能与路径选择 [J]. 中国科技论坛, 2012 (10): 98-102.

[92] 王强, 郑颖, 伍世代等. 能源效率对产业结构及能源消费结构演变的响应 [J]. 地理学报, 2011 (6): 741-749.

[93] 王欣. 九华山发展低碳旅游 SWOT 分析及其对策 [J]. 旅游纵览（下半月）, 2014 (7): 149-150.

[94] 王艳秋, 胡乃联, 苏以权. 资源型城市绿色转型影响因素的 TPE 模型构建及其作用机理 [J]. 商业经济研究, 2012 (31): 102-103.

[95] 王燕, 孙德亮, 张军以, 周秋文. 贵州乡村生态旅游发展现状及对策

[J]. 贵州农业科学, 2013, 41 (6): 221-225.

[96] 王志强, 蒲春玲. 新疆区域碳锁定形成机制与判定研究 [J]. 环境科学与技术, 2018, 41 (3): 168-172, 185.

[97] 王中英, 王礼茂. 中国经济增长对碳排放的影响分析 [J]. 安全与环境学报, 2006 (5): 88-91.

[98] 魏守华, 王缉慈, 赵雅沁. 产业集群: 新型区域经济发展理论 [J]. 经济经纬, 2002 (2): 18-21.

[99] 魏卫, 黄杜佳. 低碳乡村旅游驱动"美丽乡村"建设 [J]. 农林经济管理学报, 2015, 14 (4): 438-444.

[100] 吴儒练. 低碳旅游目的地竞争力评价指标体系构建研究 [J]. 江汉学术, 2013, 32 (4): 19-24.

[101] 吴晓山. 低碳旅游发展评价指标体系的构建 [J]. 统计与决策, 2011 (13): 47-49.

[102] 肖岚. 低碳旅游系统研究 [D]. 天津: 天津大学, 2014.

[103] 谢红, 叶知秋, 谢秀琴, 周涛. 基于SWOT分析的武汉市低碳旅游景区的开发现状及策略 [J]. 价值工程, 2017, 36 (18): 1-5.

[104] 马兴泉. 云南旅游产业发展的SWOT分析 [J]. 商, 2016 (24): 291.

[105] 徐晓庆, 储德发. 扬州市低碳旅游模式构建 [J]. 四川旅游学院学报, 2014 (6): 84-87.

[106] 徐晓庆. 扬州市发展低碳旅游SWOT分析及其对策 [J]. 市场论坛, 2013 (12): 69-71, 74.

[107] 宣昌勇, 唐成伟, 晏维龙. 论资源型地区产业结构转型: 基于"资源诅咒"机理的解析 [J]. 江海学刊, 2012 (6): 62-67.

[108] 闫红娟. 河南省低碳旅游主体构建及现状评价 [J]. 焦作大学学报, 2014, 28 (1): 70-72.

[109] 杨军辉. 国内外低碳旅游研究述评 [J]. 经济问题探索, 2011 (6): 112-115.

[110] 杨军辉. 国内外低碳旅游研究述评 [J]. 经济问题探索, 2011 (6): 112-115, 146.

[111] 杨俊. 低碳旅游开发模式研究 [J]. 当代经济, 2015 (1): 88-90.

[112] 杨德云. 基于DEA-Malmquist模型的我国旅游饭店业效率评价研究 [J]. 旅游论坛, 2014 (3): 55-62.

[113] 杨泽军. 低碳经济对中国可持续发展的机遇与挑战 [J]. 环境经济,

2010 (4): 28-35.

[114] 杨正怀. 基于低碳经济视角下的中国旅游经济发展模式探析 [J]. 农村经济与科技, 2016 (14): 19-20.

[115] 尧波, 胡丹, 郑丽雯, 戴晓凤, 胡启武. 庐山世界地质公园旅游碳排放特征与原因分析 [J]. 江西师范大学学报 (自然科学版), 2017, 41 (3): 326-330.

[116] 姚从容. 城市化进程中人口变动对气候变化的影响机制: 理论框架与协整检验 [J]. 城市发展研究, 2012 (10).

[117] 尹荣楼等. 全球温室效应及其影响 [M]. 北京: 文津出版社, 1993.

[118] 马勇. 旅游规划与开发 [M]. 北京: 高等教育出版社, 2006.

[119] 马勇, 颜琪, 陈小连. 低碳旅游目的地综合评价指标体系构建研究 [J]. 经济地理, 2011, 31 (4): 686-689.

[120] 于潇. 环境规制政策影响经济增长机理的生成逻辑 [J]. 经济问题探索, 2018 (6): 179-185.

[121] 于潇. 环境规制政策影响经济增长机理的生成逻辑 [J]. 经济问题探索, 2018, No. 431 (6): 179-185.

[122] 于小桐. 天津市制造业碳排放影响因素及碳排放结构研究 [D]. 天津: 天津工业大学, 2018.

[123] 余含. 古镇低碳旅游发展研究 [D]. 吉首: 吉首大学, 2012: 16-19.

[124] 张蓓. 低碳经济视野的都市农业旅游: 政府行为与市场边界 [J]. 改革, 2011 (2): 62-68.

[125] 张兵生. 绿色经济学探索 [M]. 北京: 中国环境科学出版社, 2005.

[126] 张朝, 胡道华. 中国低碳旅游研究综述 [J]. 云南地理环境研究, 2011, 23 (4): 53-57.

[127] 张成, 陆旸, 郭路, 于同申. 环境规制强度和生产技术进步 [J]. 经济研究, 2011 (2): 113-124.

[128] 张宏, 黄震方, 琚胜利. 水乡古镇旅游者低碳旅游行为影响因素分析——以昆山市周庄, 锦溪, 千灯古镇为例 [J]. 旅游科学, 2017, 31 (5): 46-64.

[129] 张济建, 苏慧. 碳锁定驱动因素及其作用机制: 基于改进PSR模型的研究 [J]. 会计与经济研究, 2016, 30 (1): 120-128.

[130] 张雷. 经济发展对碳排放的影响 [J]. 地理学报, 2003 (4): 629-637.

[131] 张露, 冉景亮. 产业低碳发展的环境法律规制与政策体系建构 [J]. 前沿, 2011 (17): 83-86.

[132] 张敏, 苗红, 冯会会. 基于可持续发展的低碳旅游发展模式研究 [J]. 旅游研究, 2012, 4 (1): 26-30.

[133] 张伟, 孙燕玲, 朱萌. 区域性中心城市的碳排放测定及影响因素分析——以青岛市为例 [J]. 经济与管理评论, 2012, 28 (4): 150-156.

[134] 张欣. 中国发展低碳经济的机遇与挑战 [J]. 中国发展, 2010, 10 (6): 9-12.

[135] 张钟元等. 国外低碳旅游发展动向及其启示 [J]. 浙江旅游职业学院学报, 2011, 1 (7): 17-21.

[136] 赵得萍. 乡村旅游与农村经济互动持续发展模式与对策探析 [J]. 农业开发与装备, 2017 (6): 32.

[137] 赵金霞, 徐卫萍. 乡村低碳旅游模式构建的实证研究——以扬州市为例 [J]. 扬州职业大学学报, 2012 (4): 34-37.

[138] 赵磊. 旅游发展中国经济增长效率——Malmquist 指数和系统 GMM 的实证分析 [J]. 旅游学刊, 2012 (11): 44-55.

[139] 赵楠等. 技术进步对中国能源利用效率影响机制研究 [J]. 统计研究, 2013 (4): 63-69.

[140] 赵锐. 成都市低碳旅游城市发展模式研究 [J]. 旅游纵览 (下半月), 2014 (12): 162-163.

[141] 赵一雷. 桂林七星公园建设低碳景区的对策探析 [J]. 衡水学院学报, 2015, 17 (1): 71-74.

[142] 郑长德, 刘帅. 基于空间计量经济学的碳排放与经济增长分析 [J]. 中国人口·资源与环境, 2011 (5): 80-86.

[143] 郑丽. 低碳旅游的若干基本问题研究 [D]. 青岛: 青岛大学, 2012.

[144] 郑琦. 低碳旅游: 低碳城市转型的模式创新 [J]. 学习与探索, 2010 (4): 126-129.

[145] 中华人民共和国应发展和改革委员会应对气候变化司. 欧盟气候变化政策进展 [EB/OL]. http: //qhs. ndrc. gov. cn. 2012-7-27.

[146] 周佳, 李东和, 靳非. 低碳景区创建动力机制研究 [J]. 浙江旅游职业学院学报, 2012 (1): 50-55.

[147] 周连斌. 低碳旅游发展动力机制系统研究 [J]. 西南民族大学学报 (人文社会科学版), 2011 (2): 149-154.

[148] 周连斌. 国内外低碳旅游研究进展综述 [J]. 湖南财政经济学院学报, 2013, 29 (2): 53-58.

[149] 周连斌. 国内外低碳旅游研究进展综述 [J]. 湖南财政经济学院学报, 2013, 29 (2): 53-58.

[150] 朱飞. 旅游景区低碳发展的途径, 模式与测试研究 [D]. 南京: 南京师范大学, 2011: 18-20.

[151] 朱国兴, 王金莲, 洪海平, 胡善风, 钱进, 翟金芝. 山岳型景区低碳旅游评价指标体系的构建——以黄山风景区为例 [J]. 地理研究, 2013, 32 (12): 2357-2365.

[152] 朱敏. 分析低碳经济背景下乡村旅游功能构建策略 [J]. 旅游纵览 (下半月), 2016 (12): 164.

[153] 朱志华, 叶俊南主编. 中国刑事司法辞书 [M]. 北京: 中国公安大学出版社, 1996: 360.

[154] Andrew Hares, Janet Dickinson, Keith Wilkes. Climate Change and the Air Travel Decisions of UK Tourists [J]. Journal of Transport Geography, 2010, 18 (3): 466-473.

[155] Arnold H E, Cohen F G, Warner A. Youth and Environmental Action: Perspectives of Young Environmental Leaders on Their Formative Influence [J]. Journal of Environmental Education, 2009, 40 (3): 27-36.

[156] A. Walz, G.-P. Calonder, F. Hagedorn, C. Lardelli, C. Lundstrm, V. Stckli. Regional CO_2 Budget, Countermeasures and Reduction Aims for the Alpine Touristregion of Davos, Switzerland [J]. Energy Policy, 2008, 36 (2): 811-820.

[157] Ballantyne R, Packer J. Using Tourism Free-choice Learning Experiences to Promote Environmentally Sustainable Behavior: the Role of Post-visit "Action Resources" [J]. Environmental Education Research, 2011, 17 (2): 201-215.

[158] Becken S. Analysing International Tourist Flows to Estimate Energy Use Associated with Air Travel [J]. Journal of Sustainable Tourism, 2002, 10 (2): 114-131.

[159] Becken S. A Review of Tourism and Climate Change as an Evolving Knowledge Domain [J]. Tourism Management Perspectives, 2013 (6): 53-62.

[160] Becken S. Developing Indicators for Managing Tourism in the Face of Peak Oil [J]. Tourism Management, 2008 (4): 695-705.

[161] Becken S, Frampton C, Simmons D. Energy Consumption Patterns in the

Accommodation Sector: the New Zealand Case [J]. Ecological Economics, 2001, 39 (3): 371-386.

[162] Becken S, Hay J. Tourism and Climate Change: Risks and Opportunities [M]. Clevedon: Channel View Publications, 2007: 77.

[163] Becken S. How Tourists and Tourism Experts Perceive Climate Change and Carbon Offsetting Schemes [J]. Journal of Sustainable Tourism, 2004, 12 (4): 332-345.

[164] Becken S, Patterson M. Measuring National Carbon Dioxide Emissions from Tourism as a Key Step towards Achieving Sustainable Tourism [J]. Journal of Sustainable Tourism, 2006, 14 (4): 323-338.

[165] Becken S, Simmons D G, Frampton C. Energy Use Associated with Different Travel Choices [J]. Tourism Management, 2003, 24 (3): 267-277.

[166] Becken S, Simmons D G. Understanding Energy Consumption Patterns of Tourist Attractions and Activities in New Zealand [J]. Tourism Management, 2002, 23 (4): 343-354.

[167] Beckon S. Simmons Understanding Energy Consumption Patterns of Tourist Attractions and Activities in New Zealand [J]. Tourism Managemant, 2002, 23 (4): 343-354.

[168] Belle N, Bramwell B. Climate Change and Small Island Tourism: Policymaker and Industry Perspective in Bbabados [J]. Journal of Travel Research, 2005 (1): 32-41.

[169] Bigano A, Bosello F, Roson R. Economy-wide Impacts of Climate Change: a Joint Analysis for Sea Level Rise and Tourism [J]. Mitigation and Adaptation Strategies for Global Change, 2008 (8): 765-791.

[170] Chiesa T, Gautam A. Towards a Low Carbon Travel and Tourism Sector [J]. World Economic Forum, 2009: 1-36.

[171] Coombes E G, Jones A P. Assessing the Impact of Climate Changeon Visitor Behavior and Habitat Use at the Coast: a UK Case Study [J]. Global Environmental Change, 2010 (2): 303-313.

[172] Dalton G J, Lockington D A, Baldock T E. Case Study Feasibility Analysis of Renewable Energy Supply Options for Small to Medium-sized Tourist Accommodations [J]. Renewable Energy, 2009, 34 (4): 1134-1144.

[173] Dawson J, Stewart E J, Lemelin H, et al. The Carbon Cost of Polar Bear

Viewing Tourism in Churchill, Canada [J]. Journal of Sustainable Tourism, 2010, 18 (3): 319 - 336.

[174] Deng H B, Liu T X, Zhao J Z. Strategic Measures for an Integrated Approach to Sustainable Development in Lijiang City [J]. International Journal of Sustainable Development & World Ecology, 2011, 18 (6): 559 - 562.

[175] Denise Eby Konan, Hing Ling Chan. Greenhousegas Emissions in Hawai'i: Household and Visitor Expenditure Analysis [J]. Energy Economics, 2010, 32 (1): 210 - 219.

[176] Dong Y F, Yang X X. A Review of Domestic and Overseas on Low Carbon Tourism [J]. Journal of Southwest Agricultural University: Social Science Edition, 2011, 9 (12): 5 - 11.

[177] DTI (Department of Trade and Industry). UK Energy White Paper: Our Energy Future-creating a Low Carbon Economy [J]. London: TSO (The Stationery Office), 2003: 21 - 63.

[178] Dubois G, Ceron J P. Tourism/Leisure Greenhouse Gas Emissions Forecasts for 2050: Factors for Change in France [J]. Journal of Sustainable Tourism, 2006, 14 (2): 172 - 191.

[179] Dwyer L, Forsyth P, Spurr R, et al. Estimating the Carbon Footprint of Australian Tourism [J]. Journal of Sustainable Tourism, 2010, 18 (3): 355 - 376.

[180] Eames C, Cowie B, Bolstad R. An Evaluation of Characteristics of Environmental Education Practice in New Zealand Schools [J]. Environmental Education Research, 2008, 14 (1): 35 - 51.

[181] Fotiou S, Simpson M. Climate Change and Tourism: Mitigation Challenges and Proposed Responses for the World's Largest Industry. In: UNEP. Climate action-getting greener: getting slimmer, and going digital (2nd edition). UNEP, 2009: 57 - 60.

[182] Gossling S. Carbon Neutral Destinations: a Conceptual Analysis [J]. Journal of Sustainable Tourism, 2009 (1): 17 - 37.

[183] Gossling S, Peeters P. "It Does Not Harm the Environment!" an Analysis of Industry Discourses on Tourism, Air Travel and the Environment [J]. Journal of Sustainable Tourism. 2007 (4): 402 - 417.

[184] Gossling S, Schumacher K. P. Implementing Carbon Neutral Destination

Policies: Issues from the Seychelles [J]. Journal of Sustainable Tourism, 2009 (3): 377 – 391.

[185] Gössling S. Carbon Neutral Destinations: a Conceptual Analysis [J]. Journal of Sustainable Tourism, 2009, 17 (1): 17 – 37.

[186] Gössling S. Global Environmental Consequences of Tourism [J]. Journal of Sustainable Tourism, 2000, 8 (5): 410 – 425.

[187] Gössling S, Peeters P. It Does Not Harm the Environment: an Analysis of Discourses on Tourism, Air Travel and the Environment [J]. Journal of Sustainable Tourism, 2007, 15 (4): 402 – 417.

[188] Gössling S, Schumacher K P. Implementing Carbon Neutral Destination Policies: Issues from the Seychelles [J]. Journal of Sustainable Tourism, 2010, 18 (3): 377 – 391.

[189] Hamilton J M, Maddison D J, Tol R S. Effects of Climate Change on International Tourism [J]. Climate Research, 2005, 29 (3): 245 – 254.

[190] Hares A, Dickinson J, Wilkes K. Climate Change and the Air Travel Decisions of UK Tourists [J]. Journal of Transport Geography, 2010, 18 (3): 466 – 473.

[191] Haybatollahi M, Czepkiewicz M, Laatikainen T, KyttäM. Neighbourhood Preferences, Active Travel Behaviour, and Built Environment: an Exploratory Study [J]. Transportation Research Part F, 2015, 29 (2): 57 – 69.

[192] Howitt O J A, Revol V G N, Smith F J, et al. Carbon Emissions from International Cruise Ship Passengers' Travel to and from New Zealand [J]. Energy Policy, 2010, 38 (5): 2552 – 2560.

[193] Hu Y, Ritchie J R B. Measuring Destination Attractiveness: Acontextual Approach [J]. Journal of Travel Research, 1993 (2): 25 – 34.

[194] Inga J. Smith, Craig J. Rodger. Carbon Emission Offsets for Aviation-generated Emissions Due to International Travel to and from New Zealand [J]. Energy Policy, 2009, 37 (9): 3438 – 3447.

[195] Jamal T, Stronza A. Collaboration Theory and Tourism Practice in Protected Areas: Stakeholders, Structuring and Sustainability [J]. Journal of Sustainable Tourism, 2009, 17 (2): 169 – 189.

[196] James E. S. Higham, Scott A. Cohen. Canary in the Coalmine: Norwegian Attitudes towards Climate Change and Extreme Long-haul Air Travel to Aotearoa/New

Zealand. Tourism Managemen, doi: 10. 1016/j. tourman. 2010. 04. 005.

[197] Jones C, Munday M. Exploring the Environmental Consequences of Tourism: a Satellite Account Approach [J]. Journal of Travel Research, 2007, 46 (2): 164 – 172.

[198] Karen Mayora, Richard S. J. Tol. The Impact of the UK Aviation Tax on Carbon Dioxide Emissions and Visitor Numbers [J]. Transport Policy, 2007 (14): 507 – 513.

[199] Karen Mayora, Richard S. J. Tol. Scenarios of Carbon Dioxide Emissions from Aviation [J]. Global Environmental Change, 2010, 20 (1): 65 – 73.

[200] Karen Mayor, Richard S. J. Tol. The Impact of the EUUS Open Skies Agreement on International Travel and Carbon Dioxide Emissions [J]. Air Transport Management, 2008, 14 (1): 1 – 7.

[201] Kellstedt P M, Zharan S, Vedlitz A. Personal Efficacy, the Information Environment and Attitudes toward Global Warming and Climate Change in the United States [J]. Risk Analysis, 2008, 28 (1): 113 – 126.

[202] Koetse M J, Rietveld P. The Impact of Climate Change and Weather on Transport: an Overview of Empirical Findings [J]. Transportation Research Part D: Transport and Environment, 2009 (3): 205 – 221.

[203] Kuo N W, Chen P H. Quantifying Energy Use, Carbon Dioxide Emission, and other Environmental Loads from Island Tourism Based on a Life Cycle Assessment Approach [J]. Journal of Cleaner Production, 2009, 17 (15): 1324 – 1330.

[204] Lecoeq F, Capoor K. State and Trends of the Carbon Market [M]. Washington, D. C. : The World Blank, 2005.

[205] Lee T H. A Structural Model to Examine How Destination Image, Attitude and Motivation Affect the Future Behavior of Tourists [J]. Leisure Sciences, 2009, 31 (3): 215 – 236.

[206] Leiserowitz A. Climate Change Risk Perception and Policy Preferences: the Role of Affect, Imagery and Values [J]. Climatic Change, 2006, 77 (1/2): 45 – 72.

[207] Lin T P. Carbon Dioxide Emissions from Transport in Taiwan's National Parks [J]. Tourism Management, 2010, 31 (2): 285 – 290.

[208] Lise W, R S J Tol. Impact of Climate on Tourist Demand [J]. Climatic Change, 2002 (55): 429 – 449.

[209] Mahlman J D. Uncertainties in Projections of Human-caused Climate War-

ming [J]. Science, 1997, 278 (5342): 1416 – 1417.

[210] Margarita Robaina – Alves. Change in Energy-related CO_2 Emissions in Portuguese Tourism: a Decomposition Analysis from 2000 to 2008 [J]. Journal of Cleaner Production, 2016, 111 (1): 520 – 528.

[211] Mayor K, Tol R S J. The Impact of the UK Aviation Tax on Carbon Dioxide Emissions and Visitor Numbers [J]. Transport Policy, 2007, 14 (6): 507 – 513.

[212] McKercher B, Prideaux B, Cheung C, Law R. Achieving Voluntary Reductions in the Carbon Footprint of Tourism and Climate Change [J]. Journal of Sustainable Tourism, 2010 (3): 297 – 317.

[213] Miyoshi C, Mason K J. The Carbon Emissions of Selected Airlines and Aircraft Types in Three Geographic Market [J]. Journal of Air Transport Mangement, 2009 (3): 138 – 147.

[214] Nae – Wen Kuo, Pei – Hun Chen. Quantifying Energy Use, Carbon Dioxide Emission, and other Environmental Loads from Island Tourism Based on a Life Cycle Assessment Approach [J]. Journal of Cleaner Production, 2009 (17): 1324 – 1330.

[215] Noble I, Scholes R J. Sinks and the Kyoto Protocol [J]. Climate Policy, 2001, 1 (5): 5 – 25.

[216] Oliver J A Howitt, Vincent G N Revol, Inga J Smith, Craig J Rodger. Carbon Emissions from International Cruise Ship Passengers' Travel to and from New Zealand [J]. Energy Policy, 2010, 38 (5): 2552 – 2560.

[217] Peeters Paul, Dubois Ghislain. Tourism travel under climate change mitigation constraints [J]. Transp Geogr, 2009, 9 (3): 1 – 11.

[218] Peeters P, Gossling S, Lane B. Moving towards Low-Carbon Tourism: New Opportunities for Destinations and Tour Operators. Sustainable Tourism Futures: Perspectives on Systems, Restructuring and Innovations [M]. London: Routledge, 2009: 240 – 257.

[219] Peeters P. Mitigating Tourism's Contribution to Climate Change: an Introduction. In: Peeters P. Tourism and Climate Change Mitigation: Methods, Greenhouse Gas Reductions and Policies [M]. NHTV Academics Studies No. 6. Breda, the Netherlands: Breda University, 2007: 11 – 26.

[220] Perch N S, Sesartic A, et al. The Greenhouse Gas Intensity of the Tourism Sector: the Case of Switzerland [J]. Environmental Science & Policy, 2010, 13 (2): 131 – 140.

[221] Petri Tapio. Towards a Theory of Decoupling: Degrees of Decoupling in the EU and the Case of Road Traffic in Finland between 1970 and 2001 [J]. Transport Policy, 2005, 12 (2): 137 – 151.

[222] Richard S. J. Tol. The Impact of a Carbon Tax on International Tourism [J]. Transportation Research Part D, 2007 (12): 129 – 142.

[223] Sabine P N, Ana Sesartic, Mathias S. The Greenhouse Gas Intensity of the Tourism Sector: the Case of Switzerland [J]. Environmental Science & Policy, 2010, 13 (2): 131 – 140.

[224] Scott D, Amelung B, Becken S, Ceron J P, Gossling S, Simpson M C. Climate Change and Tourism: Responding to Global Challenges [M]. Madrid: World Tourism Organization, 2008.

[225] Scott D, Amelung B, Becken S, et al. Climate Change and Tourism: Responding to Global Challenges [M]. Madrid: UNWTO – UNEP – WMO, 2008: 169 – 172.

[226] Scott D, McBoyle G, Schwartzentruber M. Climate Change and the Distribution of Climatic Resources for Tourism in North America [J]. Climate Research, 2004 (2): 105 – 117.

[227] Scott D, Peeters P, Gossling S. Can Tourism Deliver Its "Aspirational" Greenhouse Gas Emission Reduction Target? [J]. Journal of Sustainable Tourism. 2010 (3): 393 – 408.

[228] Shi C B, Peng J J. Construction of Low-carbon Tourist Attractions Based on Low-carbon Economy [J]. Energy Procedia, 2011 (5): 759 – 924.

[229] Simpson M C, Gossling S, Scott D, Hall C M and Gladin E. Climate Change Adaptation and Mitigation in the Tourism Sector: Frameworks, Tools and Practices [M]. UNEP, University of Oxford, UNWTO, WMO: Paris, France, 2008: 65 – 102.

[230] Smith I, Rodger C. Carbon Emission Offsets for Aviation Generated Emissions Due to International Travel to and from New Zealand [J]. Energy Policy, 2009, 37 (9): 3438 – 3447.

[231] Stefan Gossling, Brian Garrod, Carlo Aall, et al. Food Management in Tourism: Reducing Tourism's Carbon "Foodprint" [J]. Tourism Management, 2011, 3 (32): 534 – 543.

[232] Stefan Gssling, Brian Garrod, Carlo Aall, John Hille, Paul Peeters.

Food Management in Tourism: Reducing Tourism's Carbon "Foodprint" [J]. Tourism Management, doi: 10.1016/j.tourman.2010.04.006.

[233] Stefan Gössling, Daniel Scott, C. Michael Hall. Intermarket Variability in CO_2 Emission-intensities in Tourism: Implications for Destination Marketing and Carbon Management [J]. Tourism Management, 2015, 46: 203 – 212.

[234] Stefan Gssling, Paul Peeters, Jean – Paul Ceron, Ghislain Dubois, Trista Patterson, Robert B. Richardson. The Ecoefficiency of Tourism [J]. Ecological Economics, 2005, 54 (4): 417 – 434.

[235] Strasdas W. Carbon Management in Tourism: a Smart Strategyin Response to Climate Change. In: Conrady R&Buck M. Trends and Issues in Global Tourism 2010, Berlin, SpringerBerlin Heidelberg, 2010: 58 – 69.

[236] Susanne Beckena, David G. Simmonsb. Chris Frampton. Energy Use Associated with Different Travel Choices [J]. Tourism Management, 2003 (24): 267 – 277.

[237] Susanne Becken. Harmonising Climate Change Adaptation and Mitigation: the Case of Tourist Resorts in Fiji [J]. Global Environmental Change Part A, 2005, 15 (4): 381 – 393.

[238] Taylor S, Peacock A, et al. Reduction of Greenhouse Gas Emissions from UK Hotels in 2030 [J]. Building and Environment, 2010, 45 (6): 1389 – 1400.

[239] The Hotel Energy Solutions Official Partners. Hotel Energy Solutions: Fostering Innovation to Fight Climate Change – Public Report [M]. Hotel Energy Solutions Project Publications, 2011.

[240] TOL R S J. The Impact of A Carbon Tax on International Tourism [J]. Transportation Research Part D: Transport and Environment, 2007, 12 (2): 129 – 142.

[241] Tsaur S H, Lin Y C, Lin J H. Evaluating Ecotourism Sustainability from the Integrated Perspective of Resource, Community and Tourism [J]. Tourism Management, 2006, 27 (4): 640 – 653.

[242] Viachaslau Filimonau, Janet Dickinson, Derek Robbins. The Carbon Impact of Short-haul Tourism: a Case Study of UK Travel to Southern France Using Life Cycle Analysis [J]. Journal of Cleaner Production, 2014, 64 (2): 628 – 638.

[243] Weaver D. Can Sustainable Tourism Survive Climate Change? [J]. Journal of Sustainable Tourism, 2011, 19 (1): 5 – 15.

[244] Wiedmnn T, Minx J. A Definition of Carbon Footprint [J]. ISA Research Report, 2007, 14 (2): 1 -7.

[245] Wit R C N, Dings J M W, Mendes de Leon P. Economic Incentives to Mitigate Greenhouse Gas Emissions from Air Transport in Europe [M]. Delft: CE Delft, 2002: 71 -80.

[246] Wurzinger S, Johansson M. Environmental Concern and Knowledge of Ecotourism among Three Groups of Swedish Tourists [J]. Journal of Travel Research, 2006, 45 (2): 217 -226.

[247] Xu J P, Yao L M, Mo L W. Simulation of Low-carbon Tourism in World Natural and Cultural Heritage Areas: an Application to Shizhong District of Leshan City in China [J]. Energy Policy, 2011, 39 (7): 4298 -4307.

[248] Yang De - yun, Li Dong, Yang Xiang, et al., Urban Tourism Competitive Power Difference and Grey Relational Analysis on Influencing Factors of the Urban Agglomeration in Central Plain [J]. AISS: Advances in Information Sciences and Service Sciences, 2013, 5 (2): 712 -719.

后 记

本书的出版受到了桂林旅游学院"人文地理与城乡规划"、广西本科高校特色专业建设项目大力支持。

感谢本书的合作者，是他们支持着我共同完成了这部著作。还要特别感谢杨翔、阙菲菲、杨莎莎、付德申、杨慧敏、陈伍香等老师，他们或提供相关研究资料，或提供思路和观点，或分担部分写作任务。感谢经济科学出版社的大力支持。感谢所有关心和支持我的人。

本书围绕西南民族地区旅游产业低碳化转型现状、条件、影响因素、作用机理、绩效评价、系统仿真、情景模拟、政策建议等问题展开，内容涉及面较广，研究跨度也较大，在写作过程中密切跟踪国内外相关政策文件，参阅大量经典文献，收集大量统计数据，尽可能地把握研究的理论前沿和实践指向，但也难免会有疏漏，甚至失误之处，在此，向所有提供帮助和支持的作者表示感谢和歉意。

最后，虽然低碳旅游并不算是新生的热门事物，但是目前学界尚未形成统一的分析框架和成熟的理论模式，本书中有些内容也是第一次尝试性开展，在相关经验和条件方面尚有欠缺。在本书的研究框架、内容安排、研究方法上，还有诸多不足和需要完善的地方，敬请各位同仁和读者批评指正。

杨德云

2020 年 10 月